新闻与传播学译丛·国外经典教材系列

精确新闻报道

记者应掌握的社会科学研究方法

Precision Journalism

A Reporter's Introduction to Social Science Methods (4th Edition)

（第四版）

[美] 菲利普·迈耶 (Philip Meyer) 著

肖 明 译

柯惠新 作序推荐

中国人民大学出版社

·北京·

"新闻与传播学译丛·国外经典教材系列"
出版说明

"新闻与传播学译丛·国外经典教材系列"丛书，精选了欧美著名的新闻传播学院长期使用的经典教材，其中大部分教材都经过多次修订、再版，不断更新，滋养了几代学人，影响极大。因此，本套丛书最大限度地体现了现代新闻与传播学教育的权威性、全面性、时代性以及前沿性。

在我们生活于其中的这个"地球村"，信息传播技术飞速发展，日新月异，传媒在人们的社会生活中已经并将继续占据极其重要的地位。中国新闻与传播业在技术层面上用极短的时间走完了西方几近成熟的新闻传播界上百年走过的路程。然而，中国的新闻与传播学教育和研究仍然存在诸多盲点。要建立世界一流的大学，不仅在硬件上与国际接轨，而且在软件、教育上与国际接轨，已成为我们迫切的时代任务。

有鉴于此，本套丛书书目与我国新闻传播学专业所开设的必修课、选修课相配套，特别适合新闻与传播学专业教学使用。如传播学引进了《大众传播效果研究的里程碑》，新闻采访学引进了《创造性的采访》、《全能记者必备》，编辑学引进了《编辑的艺术》等等。

本套丛书最大的特点就是具有极强的可操作性，不仅具备逻辑严密、深入浅出的理论表述、论证，还列举了大量案例、图片、图表，对理论的学习和实践的指导非常详尽、具体、可行。其中多数教材还在章后附有关键词、思考题、练习题、相关参考资料等，便于读者的巩固和提高。因此，本丛书也适用于新闻从业人员的培训和进修。

需要说明的是，丛书在翻译的过程中提及的原版图书中的教学光盘、教学网站等辅助资料由于版权等原因，在翻译版中无法向读者提供，敬请读者谅解。

为了满足广大新闻与传播学师生阅读原汁原味的国外经典教材的迫切愿望，中国人民大学出版社还选取了丛书中最重要和最常用的几种做双语教材，收入"高等院校双语教材·新闻传播学系列"中，读者可以相互对照阅读，相信收获会更多。

中国人民大学出版社

推荐者序 >>>>>>
Preface

精确新闻报道（第四版）

新闻记者如何能够客观地报道民意？有些新闻报道需要了解社会整体情况，比如针对某个新闻事件民众的态度如何？这个时候，出于习惯或是便利，一些记者往往会随意采访几个民众或是选用几条相关的微博；慎重一些的记者可能会列出该事件中几方的态度。不过，如果仔细推敲一下，该报道的准确性、精确度是值得质疑的：随意采访的几个民众能代表其他民众吗？持不同态度的各方力量是否均衡，或是否能够代表总体呢？

解决上述问题，需要我们找到一种方法或模式，而本书正是提供了这样一种被称之为精确新闻报道（precise journalism）的模式。所谓精确新闻报道，就是将社会科学的研究方法，比如抽样调查、实验和内容分析等，引入到新闻报道中，用其搜集资料、报道新闻。这恰恰是我国的新闻记者们所欠缺的，因为他们中很少会有人具备数据意识、抽样意识及相应的技能。本书的出版正好可以弥补这个欠缺，因此就显得很有必要了。

近年来，自新媒体兴起，很多重大事件的第一报道者并不是专业的新闻记者，而是微博用户，专业记者的合法性正在逐渐被消解。逆转这一过程的方法之一就是加强记者的专业性，使记者从单纯的新闻采集者变成新闻的整合者与分析者，而采用社会科学的研究方法的精确新闻报道的介入可以加速这一过程。本书的出版正好处于这一关键时期，不可谓不及时。

需要说明的是，正如本书原著者菲利普·迈耶在本书作者序中所说，精确新闻报道不仅仅意味着调查研究和计算机，更重要的是，它是一种搜集和展现新闻的科学方法。

本书原著者菲利普·迈耶，现为美国北卡罗来纳大学新闻和大众传播学院的荣誉退休教授。在 1981 年成为大学教授之前，他已在新闻业界工作了 26 年，其中在奈特·里德报业集团（Knight Ridder Inc.）供职 15 年。1968 年在《底特律自由新闻》工作期间，他还与同事共同获得了普利策新闻奖。迈耶的主要研究领域包括精确新闻报道、新闻工业、传播技术等。他为国人所熟知是因为其《正在消失的报纸：在信息时代拯救新闻业》一书在中国的出版。在该书中，迈耶提出了一种帮助报业走出困境的新模型——影响力模型，并预言"2044 年 10 月，最后一位日报读者将结账走人"。

本书是迈耶在中国出版的第二部著作，也是精确新闻报道领域的权威著作。本书的第一版于 1973 年出版，"精确新闻报道"这一概念正是由于该书的出版而成形和丰富的。虽然在此前，新闻报道中也曾突出过数学和统计数字的作用，比如 1810 年，《北卡罗来纳州明星报》的记者对该州不同地区民众进行的一项问卷调查，就被认为是世界新闻史上的第一次民意调查，但迈耶的著作是首次系统地在学理和实践上探讨精确新闻报道的可能和未来。该书出版后，精确新闻报道的各类教科书和参考书就开始在美国流行。

这次中译本是该书的第四版，由此算来，本书是精确新闻报道诞生 40 多年来首次引入中国。作为一部介绍如何做精确新闻的专著，本书不仅阐释了相关的概念和理念，还提供了做精确新闻的具体步骤。应用得当的话，本书对于中国相关领域的新闻报道应有相当的促进作用。

本书的翻译工作是由中国传媒大学副教授肖明博士承担的，20 年来，肖老师一直从事着精确新闻报道相关领域的教学和科研工作，撰写过有关精确新闻报道方面的教材，有相当丰富的社会调查研究的实践经验。为了准确地翻译，肖老师付出了极大的努力。相信这部译著的出版，会对促进我国精确新闻报道的应用和发展大有裨益。

柯惠新

中国传媒大学教授、博士生导师，中国市场信息调查业协会副会长

2014 年 3 月 28 日

译者前言
Preface

精确新闻报道（第四版）

　　菲利普·迈耶①1930年出生于美国，1948—1952年就读于堪萨斯州立大学，学习科技新闻学（technical journalism）。1956—1958年在北卡罗来纳大学学习，获政治学硕士学位。在多家报社当过记者，曾长期在奈特·里德报业集团工作。1981年，菲利普·迈耶来到北卡罗来纳大学新闻和大众传播学院任教，直至2008年荣誉退休。

　　菲利普·迈耶在奈特·里德报业集团工作期间，获得哈佛大学的尼曼奖学金，1966—1967年在哈佛大学学习一年，这期间全面接触到了社会科学的研究方法，并认为这些方法可以应用在新闻报道中。

　　1967年在迈耶担任奈特·里德报业集团的国内通讯员期间，底特律市爆发了严重的黑人骚乱，迈耶和另外两位同事采用随机抽样的方法，对居住在底特律种族骚乱地区的400多位黑人进行了访问调查，并利用电脑对数据进行了统计分析，结果显示，参与骚乱的人大部分是在北方长大的。而当时流行的观点认为，骚乱的根源在于在南方长大的黑人难以与北方的文化融合，调查结果证实流行的观点是错误的。在对调查数据进行分析的基础上，迈耶写出了《十二街那边的人们》系列报道，发表于《底特律自由报》（*Detroit Free Press*），并称这种报道方式为精确新闻报道。

　　迈耶对底特律黑人骚乱的系列报道不仅为《底特律自由报》赢得了1968年的普利策新闻奖，也使得精确新闻报道声名鹊起，逐渐受到美国以及世界各国新闻界的重视。

———————————

　　① 菲利普·迈耶（Philip Meyer）的网页为http：//pmeyer. web. unc. edu/，他的博客地址链接为http：//philipmeyer. authorsxpress. com/。

1973 年菲利普·迈耶出版了《精确新闻报道——记者应掌握的社会科学研究方法》（*Precision Journalism：A Reporter's Introduction to Social Science Methods*）一书。在很多的新闻学课堂上和新闻报道的高级研讨班上，该书成为标准的参考手册。1996 年美国民意研究协会（American Association for Public Opinion Research，AAPOR）把该书列为关于舆论研究最重要的 50 本书之一；2000 年，《新闻学季刊》（*Journalism Quarterly*）把该书列为 20 世纪新闻学与大众传播学领域最重要的 35 本书之一。

自 1973 年《精确新闻报道》出版以来，多次再版。这里所翻译的是 2002 年更新的第四版，共分为 12 章，各章的主要内容如下。

第 1 章，我们所需要的新闻学，论证了在日益复杂的社会中，学习精确新闻报道，将社会科学的研究方法应用在新闻采写中，可以创作出令人欣赏的作品。社会科学方法中的抽样、计算机分析和统计推断等工具，在不改变记者的核心使命——发现事实、理解事实、及时解读事实——的情况下，提升了记者的力量。同时，本章中介绍了社会科学方法的基本逻辑，从理论（也可能是流行的观点、假设）出发，搜集经验数据，来验证理论或流行的观点。

第 2 章，合理使用数字，通过日常生活中的一些例子，解释了最难懂、最复杂的数字运用之一：博弈论与经济行为。这些应用对于记者的日常行动也有所帮助。

第 3 章，数据分析基础，介绍了连续型数据和分类数据的常用统计分析方法，包括比率、百分比等。对于一些历时性的或者说反映长期趋势的数据，要考虑根据通货膨胀因素、人口增长因素、季节因素等进行调整。同时也介绍了指数的构建以及标准化值。

第 4 章，利用统计学的力量，篇幅较长，针对单一的连续型变量，介绍了总体分布情况以及常用的样本统计量，如均值、中位数、方差、标准差等。同时，针对两个变量的关系，介绍了散点图、线性回归、交互分析以及假设检验等概念和方法。

第 5 章，计算机，介绍了计算机硬件和软件的发展历程，同时讲述了如何利用计算机统计软件来录入、分析数据。另外也不忘强调，计算机只是帮助我们达成目标的工具，而不是目的本身。

第 6 章，调查，篇幅最长，介绍了精确新闻中最经常采用的数据搜集方法：调查。对于调查的全过程进行了介绍，包括不同类型的访问方式，如电话调查、入户调查、邮寄调查等；同时针对不同的访问类型，介绍了相应的抽样过程；调查过程中数据的采集以问卷为工具，在问卷设计中涉及了无回答问题、中间类别问题、敏感问题、应包括的人口统计信息等。

第 7 章与第 8 章介绍的是潜在变量，涉及了数据的转换、在原有变量的基础上生成新变量以及利用回归模型来进行预测。

第 9 章，实验：在实验室里、在实地、在自然环境中，通过作者实际完成的案例，介绍了通过实验的方法，尤其是通过实地实验的方法来获得有新闻价值的信息，同时对于可能影响实验内部效度的所谓"堪培尔的恶魔"进行了说明。

第 10 章，数据库，介绍了数据库的常见格式，以及如何利用现成的数据库，尤其是来自政府机构的公开数据库，进行分析，从而找出具有新闻价值的信息。

第 11 章，怎样解析选举，详细介绍了有关选举的民意调查，包括抽样、提问、处理尚未决定或犹豫不决的选民、出口民意调查等，并以几个生动的例子再现了选举之夜的民调预测。

第 12 章，精确新闻报道中的政治，简单介绍了代议制民主在美国的发展过程、选前预测所带来的策略性投票、对选前民调的评价以及媒体的担心等。作者认为选举过程的目的是达成共识。如果精确新闻报道，以选前调查和出口民调的形式，帮助选民进行自我沟通并达成共识，那么就有希望到达大众传播技术试图带给我们的直接民主的、勇敢的新世界。

总的说来，第四版《精确新闻报道》信息量非常大，内容丰富，涉及了博弈论、定量研究方法中的内容分析、抽样调查、实验方法、基础统计学、对大型的来自政府的数据库的分析、对选举民调的分析，以及精确新闻报道中的政治等内容。同时还在附录中对根据人口普查数据可以获得的有新闻价值的议题进行了说明。

因为本书侧重于介绍社会科学研究方法在新闻报道中是如何应用的，所以对于方法本身介绍得并不多。建议在学习本书之前，最好先系统学习社会科学研究方法、基础统计学等课程。

本人多年来一直在中国传媒大学从事有关传播研究方法的教学和科研工作，2002 年曾与同事丁迈合作出版了面向新闻专业本科生的教材，该教材就是以菲利普·迈耶所提出的"精确新闻报道"来命名的。

2011 年年底，经由苏林森博士推荐，承接了中国人民大学出版社引进的菲利普·迈耶《精确新闻报道》第四版的翻译工作。

由于中国传媒大学从 2005 年起开设了新的专业方向——传播学媒介市场调查与分析方向，这个方向的学生在学习新闻学、传播学的核心课程以外，还系统地学习社会科学研究方法，包括统计学、统计软件、抽样技术、定量与定性研究方法等，使得相关教师的授课任务倍增；加之本人的懒惰，在与中国人民大学出版社签订协议后，一直未能着手开始翻译工作。于是直到 2012 年才请硕士研究生周楠以及 2011 级媒调专业的八位本科生对书稿进行了初译，具体分工如下：

周楠（第 1、第 2、第 11 章）、袁月明（第 3 章）、谢筱楚（第 4 章）、叶剑语（第 5 章）、赵越（第 6 章）、王彩臻（第 7、第 12 章）、康佳（第 8 章）、于晨（第 9 章）、章文颖旨（第 10 章）。各位同学的初译工作使我后来的翻译提高了效率。在此，对各位同学的辛勤工作表示感谢。

从 2013 年 5 月份起，我差不多每个工作日抽出 3～5 个小时对书稿进行翻译，到 2013 年暑假结束初稿基本完成。在此基础上，又对书稿进行了二次检查和审校。然后按出版社的要求，在中文中标出英文页码，又对索引进行了查对。到 2014 年 4 月终于定稿。

感谢策划编辑翟江虹女士细致的工作，耐心解答了有关问题。感谢家人的支持，幼稚小儿也不时问我"翻译到哪一页了？"

这次的翻译过程也是自己不断学习和提高的过程。由于本人学识水平有限，书中翻译不妥之处在所难免，还望广大读者不吝赐教。

肖明

中国传媒大学，中国传播能力建设协同创新中心新闻学院

2013 年 12 月 6 日初稿

2014 年 4 月 12 日定稿

目　录

　　精确新闻报道作为一种理念所获得的敬意与赞誉来自它的应用性要多于理论性，但作为本版的出版说明，我自己以及新的出版商都看不出有什么理由来停止强调理论性。

　　当本书最初的版本在 1973 年由印第安纳大学出版社发行时，给目标受众留下的第一印象就是电脑的使用。在这之前的五年，《新闻周刊》把我描绘为电脑记者（computer repor-ter），因为那时电脑还很昂贵、不便于使用，一个纯粹的新闻记者应用电脑无疑还是新奇的。

　　在随后的日子里，很多报纸和广播公司都开始对掌控民意测量感兴趣，以此来远离政治家和商业利益，他们发现《精确新闻报道》是一本有用的书，能告诉他们怎样做。因此，对他们来说，精确新闻的概念就意味着问卷调查研究。

　　虽然民意调查和电脑对很多人——包括记者——来说，都是有用的工具，但精确新闻绝不是只关注这两个方面。我那时的意图，就像现在精确新闻的情况，是鼓励我新闻界的同事应用科学方法的基本原理来搜集和展现新闻。1968 年当我的尼曼奖学金（Nieman Fe-llowship）项目的导师之一托马斯·佩蒂格鲁（Thomas Pettigrew）教授第一次把我介绍给罗素·塞奇基金会（Russell Sage Foundation）时，这种想法看起来尤其切实可行。电脑的应用使得任务繁重的定量工作变得更容易，社会科学也正经历着日新月异的发展。当时，这看起来是革命性的。向那些日复一日从事着发现和传播真相的人来传授这些革命性的成果无疑是个好主意。于是奈特·里德报业集团（Knight Newspaper）的李·希尔（Lee Hill）以及《阿克伦灯塔杂志》（*Akron Beacon Journal*）的本·梅登伯格（Ben Maidenburg）赞同我离开记者队伍，并且罗素·塞奇基金会也对我的目标给予了支持。

现在，在新世纪，我认为，对社会科学——尤其是定量方面——的信心已经减弱，不仅因为后现代主义者质疑普遍规律的存在，也因为这些方法在电脑使用还是新鲜事物时被过度吹嘘了，是伴随着怀疑论而产生的强烈反应。但对于记者来说，这些方法仍然可以击败经验猜测、无用行为以及过去的随意性的数据搜集。科学方法仍然是人类创造出来的一种好办法，来应对偏见、痴心妄想以及感性忽略。新闻学确实需要这些方法，现在比以往更需要，因为这些技能在努力保持着新闻的特性，以免成为娱乐和广告的变体。

本版的严密性又上了一个台阶，介绍了使用连续测量来巧妙获取因果关系中潜在变量的方法。在我的一些学生的建议下，本版还恢复了在第一版后曾去掉的关于博弈论的章节。

感谢我的编辑布伦达·哈登费尔特（Brenda Hadenfeldt），她的鼓励为这个项目注入了新的活力；感谢我的学生们，特别是 J. J. 汤普森（J. J. Thompson）和肖恩·麦金托什（Shawn McIntosh），他们没有浪费时间，证明了这些技能是有市场的；感谢我在新闻教育界的同事；感谢芭芭拉·埃利斯（Barbara Ellis）提供了她的大量注释材料的复印件，作为修订的依据资料；感谢约翰·贝尔（John Bare）、凯茜·弗兰科瓦奇（Kathy Frankovic)、布兰特·休斯顿（Brant Houston）以及保罗·欧沃伯格（Paul Overberg）帮助我与现在的业界保持联系。最后，特别感谢苏伊·奎尔·梅耶（Sue Quail Meyer）45 年来坚定不移的支持。

第1章

我们所需要的新闻学

如果你是一名记者或者想成为一名记者，可能已经注意到：成为一名记者所需要的技能正在增加。

曾经有一个时期，成为一名记者所需要的只是对真理的献身精神、充沛的精力和一些写作的天赋。现在作为记者仍然需要具备这些条件，但是已经不再足够了。当今世界开始变得如此的复杂，可用的信息正以爆炸似的速度在增长，所以记者在作为传播者的同时，需要成为信息的过滤器；记者在搜集和发送事实信息的同时，也是一名组织者和传译者。记者除了应该知道怎样把信息在刊物、网络、广播、电视上传播之外，也必须知道怎样把信息传送进接收者的脑海中。简而言之，一名记者必须是数据库的管理者、数据的处理者以及数据的分析者。

这需要特殊的训练。在昔日的黄金时代，在新闻专业领域曾有过严肃的讨论：新闻学作为一门学科，是否包含任何知识体系。从这个角度来看，新闻学是一个记录过程（procedure），而不探究其本质（substance）。[1]当詹姆斯·布莱恩特·科南特（James Bryant Conant）① 在处理一笔捐给哈佛大学的旨在"促进

---

① 詹姆斯·布莱恩特·科南特，1933—1953 年任哈佛大学校长。1937 年，美国《密尔沃基新闻报》创办人休斯·W·尼曼（Lucius W. Nieman）的遗孀阿格尼丝·瓦尔·尼曼（Agnes Wahl Nieman）将 100 万美元捐献给哈佛大学，尼曼女士生前明确表示希望用这笔资金来"提升新闻品质，教育新闻精英"。1938 年尼曼基金会成立，用来对职业中期记者（至少工作了七年以上）进行为期一年的培训。有关尼曼基金会的详情见 http：//nieman. harward. edu。——译者注

和提升新闻的标准"的意外遗产时，他选择了为职业中期记者提供实质性的专业训练。"科南特先生认为没有任何一个知识库是能满足新闻学院的需求的……这个结论带来了一个非常成功的项目的诞生，对于这个项目我们没有任何改变的欲望，"哈佛大学校长德里克·伯克（Derek Bok）[1] 在 50 年后回忆道。[2]

在一个相对简单的世界里，忽视新闻学的新闻项目似乎是合理的。而在信息社会，需求更加复杂。阅读任何一本媒介批评的流行杂志，你都会找到一些对于现代新闻学的抱怨。比如，现代新闻学错过了重要的内情、太依赖于新闻出版物、容易被政客和利益集团操控、不能用有效的方式把已知的信息传播出去。所有的这些抱怨都被证明是有道理的。就像一些批评家所暗示的那样，这些问题的根源不在于记者缺少精力、天赋以及对真理的献身精神。这些问题的根源是，记者在令人气馁的新闻报道上应用信息科学——一个知识体系——的能力落后于这个信息过剩的时代。

哈佛大学的尼曼项目给挑选出来的职业中期记者提供一年的学习时间来弥补他们的教育欠缺，使作为全才的记者们视野更加开阔。但是适应新需求的最有效的方式就是变得更加专业。在这个信息量每五年翻一番的年代[3]，需要一个专家来更好地理解这个世界，然后进行传播。今天，一位优秀的记者仍然需要懂很多事情，但是他仍然需要对一个学科领域特别了解。

当代记者必须熟悉发展中的新闻学的知识框架体系，它包括以下要素。

（1）如何寻找信息。

（2）如何评估和分析信息。

（3）如何用有效的方式来传播信息，即穿透信息过剩的混乱局面，到达需要和想要这些信息的受众。

（4）如何判定，并且获得一个特别报道所需要的精确信息。[4]

记者们应学会怎样处理这些事情，因此他们需要具备成为专业人员的一个要素：就是掌握一套深奥的知识体系。记者在不断地学习，新闻学也在变得更加专业化，然而如同任何彻底性的变革一样，新闻学的变革进展不是一帆风顺的，并且在不同的地区进展的速度也不一样。

当技术与理论相遇

在新闻学院中，精确新闻报道（precision journalism）的概念——将社会行为科学研究方法应用到新闻实践中——已经获得了认同。学术界之所以愿意接

---

① 德里克·伯克，1971—1991 年及 2006—2007 年任哈佛大学校长。——译者注

受这个概念，部分是因为它在弥合研究领域聚焦在新闻采编业务的教授和强调卡方检验的教授之间的裂痕方面做出了贡献。在这个日益复杂的社会中，精确新闻报道致力于将社会科学研究方法应用于非常实际的新闻采集中，它创造出科研人员和新闻采编人员都很欣赏的作品。抽样、计算机分析和统计推断等工具，在不改变记者的核心使命——发现事实、理解事实、及时解读事实——的情况下，提升了他们的传统力量。

　　然而，在新闻业界，障碍越来越大。精确新闻报道威胁着新闻的被动性（passivity）和新闻的无知性（innocence）这两个传统。新闻的被动性这个传统使媒体报道新闻，而不是创造新闻。媒体从事民意调查被批评，理由是媒体不应该自己做调查访问，而是应该被动地等待其他机构做完调查后再报道。[5] 媒体民调也威胁到了无知性原则。无知性传统认为记者必须是一个能对所有事物投去新鲜目光的人，而拥有太多专业知识的人则不能胜任。佛蒙特·罗伊斯特（Vermont Royster），一名传统派的杰出记者，告诉 1976 年尼曼项目的学员们，一个优秀的记者应该努力成为"一名专业的业余爱好者"（a professional amateur）。一个极端的例子是，我曾经认识一位派驻外国的记者，当我问他是否学习了他所派驻国家的语言时，他大笑了起来。在他看来那没有必要，甚至会成为一种阻碍。他的读者们不懂那个国家的语言，他的工作仅仅是观察那些假使他的读者们在现场所能观察到的事物，然后报道他所观察到的。如果他学习了那门外语，他或许会开始像外国人那样思考，就失去了与读者们的联系。

　　就像任何被动无知的人一样，作为一个被动无知的记者所遇到的一个麻烦就是特别容易被利用。大多数现代新闻批评隐含的主题是，媒体太容易被强大的政治家及其高明的助选顾问公关专家所操控，这些人可以轻易地决定什么能成为新闻、什么不能成为新闻。为了抵抗被操纵，媒体需要更多的自信，而找到自信的最佳路径就是掌握知识。媒体从事民意调查从 20 世纪 80 年代开始激增，准确地说就是因为编辑们不再相信那些政客们试图给他们的民意调查结果，新闻从业者出于自卫，通过自主的数据收集来武装自己。当然，倘若记者们负责整个过程，从概念界定到研究设计，再到数据分析和结果解释，这样一来，民意调查就不再是一个新闻搜集过程中生产新闻的高级工具，精确新闻报道不再是雇用民意调查专家来创造新闻事件，而是记者本身就成为民意调查的专家。《今日美国》的吉姆·诺曼（Jim Norman）、《华盛顿邮报》的里奇·莫林（Rich Morin）、哥伦比亚广播公司的沃伦·米托夫斯基（Warren Mitofsky）都是其中的典范。

超越客观性

记者被动无知的模式至少有一个好处：它提供了一系列原则。被动无知模式与客观性（objectivity）传统相一致，客观性传统避免了记者将个人观点强加给受众。但是客观性模式是针对一个相对简单的世界而设计的，在那里未经修饰的事实是可以自己说话的。理想的客观性没有得到满足所带来的失望感，导致一些媒体在 20 世纪 60 年代开始接受"新新闻学"（new journalism），这把记者从客观性的约束中解放了出来，允许在新闻报道中增加艺术性的内容使其成为讲故事的人。吉米·布莱斯林（Jimmy Breslin）和汤姆·伍尔夫（Tom Wolfe）就是第一批成功的实践者，而这种方法一直沿用到他们不再从事新闻工作。借助小说的文学性，包括细腻的细节描绘、内心独白（有报道价值的人在想什么，与他公开的行为一样展现出来）、短篇小说的结构、一个人物、一个问题和一个小篇幅的发展过程和结果，能写出让人愿意去阅读的新闻作品。然而遗憾的是，资料搜集的过程是极为困难的。为了使生活显得像一篇短篇小说，作者必须极具选择能力，并且需要从选取的报道对象那里搜集大量的事实。每天都需要新闻的限制使得这种高强度的付出无法日复一日地进行。迫于截稿日期的压力，一些"新新闻主义"的实践者开始编造事实。其他人虽然没有编造事实，但是他们将来自不同案例的事实结合在一起，把所描绘的合成图景当做实际例子发表出来。[6]

尽管存在问题，这种新型的非小说类写实文学还是在处理信息复杂性以及寻找传播本质真相方面进行了有益的探索。新新闻学推动新闻学向艺术方向发展，它的问题是新闻学需要学科体系，但艺术的学科体系或许不是最适合的。更好的解决方法是把新闻学推向科学，包括强大的科学的数据搜集和分析工具，以及对可检验事实的规范化探究。

这不是一个新的观点。沃尔特·李普曼（Walter Lippmann）在 70 年前就提出了新闻学依赖于可获得的客观事实的可能性。"要点越多，任何事件都能被固定、被客观化、被测量、被命名，更多新闻的要点才能出现。"[7]科学方法提供了一种途径，可以使事件被客观化、被测量以及被命名。

作为科学的新闻学

你可能认为，科学家会反对这样的尝试，把它看成是部分记者的荒唐主张。

不是这样的，1973 年在致力于支持社会科学的拉舍尔·赛奇基金会（Russell Sage Foundation）的资助下，《精确新闻报道》（*Precision Journalism*）的第一版得以出版。1989 年，物理学家劳伦斯·克兰伯格（Lawrence Cranberg）认为"新闻学本身就是一门科学……一个合格的、有责任感的记者就是一位实践型的科学家"。无论科学家还是记者，都是"向着同样的目标前进，满足人类分享知识和理解的共同需求"[8]。

　　克兰伯格说，如果记者只承认这种分享的责任，将会有利于更好地学习调查研究方法，更少地容忍迷信（占星术本是一个僵死议题，直到报纸在第一次世界大战后将其复活），为更理性和平的社会秩序而努力。新闻学是如此地沉浸于客观性和思想开放的理想中，以至于任何类型的社会目标的陈述都会使我们心神不安，即使那些社会目标是良性的，比如减少了迷信、建立了更理性的社会。但是关于更有效调查研究工具的请求呼吁着我们，毕竟，寻找事实的能力是我们拥有力量的源泉。

　　然而，克兰伯格没有提到的是，新闻学的科学研究方法有另一个惠及我们大多数人的益处。信息科学已经充分地发展起来了，因此我们会系统地关注我们所准备的消息形式，以及组成并发布消息的最好方法，从而使得这些消息被理解和接受。这个知识体系使我们找到了把消息送到受众的头脑中，而不仅仅是送到他们的手上的方法。20 世纪 60 年代之前，在一些较好的新闻学院里，大众传播过程与效果的课程已成为常规课程。到 20 世纪 80 年代，新闻行业的领军人物已经看到了认真对待这些基本问题的需求。奈特·里德公司（Knight Ridder Inc.）首席执行官詹姆斯·巴顿（James K. Batten）讲述了一个故事，其内容是一个在各方面都很有前途的年轻记者没有被一家很有声望的新闻集团雇用，因为他在面试中很轻蔑地声明他写作是为了取悦自己而不是读者。

　　"这些年来，我们招聘的所有人都像他一样，这使我们的报纸在运营中变得越来越少地以读者为中心。"巴顿如是说，"我们那些在学院和大学里培养年轻记者的同盟者们需要了解这个事实——那个时代已经结束了，他们需要向我们输送那些渴望接触读者的人才。"[9]

　　精确新闻报道是科学的新闻学（在法国，"精确新闻报道"这个术语被翻译为 *le journalisme scientifique*，科学新闻）。这意味着要把新闻当做一门科学来对待，在大众传播的整个过程中采取科学方法、科学客观性和科学思想。如果这听起来荒谬且自命不凡，那么请记住科学本身就是被它的成就和可能性约束的，科学自身还拥有制裁自负的方法。"总有一些隐藏的事实，人们在每个领域探寻的真相是难以捉摸的。"物理学家克兰伯格这样写道。"探寻隐藏事实和找到捉摸不定的真相需要的是一些有技术的测量方法，这些测量方法像适合一位经过训练的物理学家一样，适合一位经过训练的记者。"

　　从 20 世纪 70 年代开始，新闻学沿着两条不同的路径迈向了更加科学化的道路。随着计算机可用性的提高，记者们获得了庞大的数据，这在以前是不可能发生的。在业务部门，报纸发行量没有随着家庭数量的增长而同步变化，使得出版商更系统地关注市场，关注那些影响读者在出版物上花更多时间和金钱的因素。报纸是一种商品，读者是一种理性的生物，他能做出是否付钱来使用这种产品的决定，这种观念变成了值得尊敬的观点。所以市场的力量将新闻学的整体，而不仅仅是一些领域内的相关人员，推向一个更加科学的立场。

一项进步总是有它的批评者和怀疑者。就在最近的 1989 年，在一个报业的高峰论坛上，人们决心要探究出读者流失的原因，一名都市报的编辑公开指责了 20 年来的读者调查的主要发现：不读报纸的最普遍原因是缺乏时间。"我不购买这样的报告，"他这样说，并坚持认为如果报纸在基础服务比如准时投递方面做得更好的话，结果就会更好。[10]他的观点并不是孤立的，许多调查报告都试图解释"没时间阅读"的真正含义。克里斯丁·厄本（Christine Urban）在 1986 年向美国报纸发行人协会（American Newspaper Publishers Association）宣布已有了最好的答案。读者在告诉我们什么？她答道："看着我的嘴唇——我没有时间每天都阅读报纸。"[11]在这个喧嚣的信息时代，受众从新闻报道中提取信息的时间成本必须成为记者在写作时所考虑的因素。《今日美国》在 20 世纪 80 年代的贡献是，它展示了一家报纸如何定位为一个时间节约者。为达到节约时间的目的，《今日美国》用心地、精确地编辑报纸的内容和设计报纸的版式，满足了读者的监视需求——浏览世界上关于个人的风险和机遇——花费最少的时间。它所呈现的信息是经过了广泛并且昂贵的加工处理的。

 ## 如何处理资料

精确新闻报道的本质是了解如何处理资料。这个问题被认为有两个阶段：输入阶段，即资料搜集和分析阶段；输出阶段，即资料准备呈现给读者的阶段。本书主要讲的是关于第一阶段的内容，但是这两个阶段是紧密地联系在一起的，所以本书在某种程度上也会涉及输出阶段。

以下的方法是告诉你如何对资料进行这样的处理：

（1）搜集资料。无论你以前是否模仿过科学家的资料搜集方法，你都能从他们的方法中获益。1967 年春，道格拉斯·普赖斯（H. Douglas Price）教授在哈佛大学告诉过我一句值得铭记的话："资料不是从天上掉下来的。"

（2）储存资料。过去的记者们用档案夹把纸质的资料文件整理好，堆放在办公桌上或办公室的角落里。现在用计算机储存资料会更好。

（3）检索资料。精确新闻报道的工具能帮助你检索各种资料：你自己搜集和储存的资料、其他人所储存的目的是为你这样的用户服务的资料，或者其他人所储存的与你的兴趣完全无关的资料——他们也许完全没想到一名记者或公共用户会去检索这些资料。

（4）分析资料。新闻业的分析通常仅仅通过分类来发现和列举出有意思的异常。但是它也包括探索暗含的原因，比如提出这样的模式，不同的现象由于某种原因而一起变化，甚至去评估公共政策的有效性。

（5）简化资料。资料简化已经成为与资料搜集同样重要的一项新闻业务技能。一篇优秀的新闻报道取决于它舍弃了什么，就像取决于它包含了什么一样。

（6）传播资料。一篇未经阅读或者未被理解的报道就是一篇无用的报道。你可以把它假想为森林里的一棵树倒地的声音这样的哲学案例，那根本就不存在。①

理论模型

在一个春天的早晨，我沿着雾气缭绕的教堂山大街跑步，然后爬上了一座小山的山顶，看见在远处蜷伏着一个大约 18 英尺高的仿佛狗一样的黄色身影。它看起来好像已紧绷身躯，准备跳起来，露出尖牙，盯着我所在路上的某一点。当我走近并且能更清晰地判断它时，我看清了那到底是什么：一个普通的消防栓。那只狗的形象是我脑海里想象出来，并给我眼睛里看到的模糊资料强加了一种命令和模式而产生的。

仅有原始资料是远远不够的。为了有用处，为了被理解，资料必须被加工、被摘要、被提取，以适应各种结构。你必须将材料放入一个脑海中的框架，以帮助得到解释和理解。这个不言而喻的道理适用于每天感知到的资料和计算机中的字符串。为了更好地理解，你需要一个感知的框架。如果你不能有意识地提供一个框架，那么你的无意识会被焦虑所驱使，就像养狗的社区里那个跑步者，为你提供一个错误的框架。

不同领域的专家给这种知觉结构起了不同的名称。有时它被心理学家称做"范式"（schema）。它还被称做构想、假想、期望、组织原则、框架、脚本、计划、原型，甚至是"暗示性分子"（implicational molecules）[12]（来自心理学）。沃尔特·李普曼把它称做"刻板印象"（stereotypes）[13]。在通常情况下，他讲道，"我们看待事物的方式是把事物本身与我们期待看到的结合在一起。天空对于一位宇航员来说是不同于一对恋人的……比起《国家地理杂志》的读者，塔

———————————
① 无人的森林里一棵树倒地是否会有声音？这是一个古老的哲学命题。唯心主义认为物质依赖于意识，没有被感知到的事物就是不存在的。——译者注

希提的美女对于塔希提的求婚者来说是更美的姑娘"[14]。你看到的是狗还是消防栓取决于你期待看到的是什么。

依据最复杂和有意的形式，范式、框架或刻板印象形成一个理论模型。一个正式的模型描述了一个过程的基本部分是天然存在的还是人为创造的，从模型中得到的结论可以通过实验、观察或二者结合的方式进行检验。但是在大多数情况下，我们运用模型或框架的方式并没有那么复杂和仔细。我们简单地运用它，因为我们需要模型来进行全面的思考。日常生活中的资料，有些是不适合任何模型的，我们花再多的努力也无法对这些原始资料进行加工和解释。我们的感官接收了太多的这样的原始资料。

检验模型

理论模型——无论是日常生活的模型还是科学领域正式的模型——存在的问题是，我们常常被困在其中。发表于1985年和1986年的两个全国性的报纸可信度（newspaper credibility）研究提供了一个案例。其中一项研究（我们现在称它为 Y 项目）表明，53％的公众相信新闻机构在报道政治和社会议题时会有倾向性，而只有34％的人认为媒体对于事件各方都是公平公正的。同时也有大部分人（73％对21％的比例）认为新闻机构经常侵犯人们的隐私。

另一项研究（X 项目）用一个五点量表问了同样的问题，结果表明，有52％的人认为报纸是公平公正的，相比之下，只有10％的人认为报纸是不公平不公正的。公众在关于隐私问题上的看法几乎是相同的：有32％的人认为报纸侵犯了个人隐私，30％的人认为它们保护了隐私。这两项研究实施时间仅相隔了六个月，一项是在1984年12月，一项是在1985年5月。

可能正如你所期待的，其中一份报告的结论是好消息，对公众所持有的媒介态度充满了乐观情绪。另一份报告的结论则充满了忧郁和不祥的悲观气息。令人惊奇的是：乐观的结论是 Y 项目给出的，就是前面所引用的负面态度；而悲观结论则是基于 X 项目的数据得出的，就是那个发现大多数人相信报纸的研究。

是电脑中出错了吗？不是。这两个项目组是通过不同的范式来进行研究的。X 项目是由美国报纸编辑协会（American Society of Newspaper Editors）的信任度委员会资助的。该信任度委员会主席大卫·劳伦斯（David Lawrence）想把这个研究当做休克疗法以唤醒编辑们意识到这个问题，并促使他们行动起来。[15] Y 项目是由时代明镜公司（Times Mirror）资助的，其目的是提高公司的曝光度和制造一些新闻。而公布"与传统观点背道而驰的"结果是一种好方法。[16]

　　两组研究者都想告知事实，但是他们看到了狗还是消防栓取决于他们处理问题的范式。在接受过客观性训练的记者看来，这是因为一开始就存在着框架所带来的问题。新闻理想是思想开明无偏见的，从头开始进行调查研究，不做任何预先判断，而建立假设似乎是有预先判断的。这个观点尽管出发点是好的，但是不切实际的。你不可能脱离任何理论框架而开始思考一个问题。你一定有一个框架，无论你是否意识到它的存在。用科学的方法进行假设构建的过程，可促使我们把框架提升到意识水平，这样可以冷静客观地评估框架。

　　在评估过程中确实存在着不够冷静、不够客观的危险。上文中引用的两个报纸研究就是一个很好的例证。解决这个问题的办法不是摒弃提出假设的过程，而是把陈述假设和评价假设的过程公开出来，使其他研究者能够检验你的工作。时代明镜公司和美国报纸编辑协会的研究人员就是这样做的。他们所进行的两项研究都留下了描述研究方法、研究发现和论证过程的书面记录。更可贵的地方是他们公开了原始数据，这使得其他学者可以进行二次分析（secondary analysis）。如何做才能理解新闻媒介和读者、听众、观众之间的特殊关系，他们发表的研究报告对于该议题的分析和讨论起到了促进作用。科学的一个特征就是它经常需要进行这样的检验和再检验。这就是从以上两个信任度研究的例子中所得到的经验教训之一。另一个经验教训就是，重视用理论框架来处理问题，以及选择范式模型来提升结论都是非常重要的。

现实检验

　　一旦选择了模型，你可能会很长时间都深陷其中。掌握了一个能解决问题的模型，人很快会变得舒适起来，就像一只旧鞋，你会很不情愿放弃它。紧紧依附着有用性已消失的不合适的模型，就是迷信、传统观点、封建思想的来源。现代科学史学家赫伯特·巴特菲尔德（Herbert Butterfield）主张，在现代物理学创新领域，新模型的发展要比新数据的搜集更重要。一个成功的科学家需要"掌握像以前一样处理大量数据的艺术，但是需要给它们一个不同的框架结构，从而把它们放在一个新的相互联系的关系系统中，从目前来看，所有这些框架结构本质上都是不同的思考方式"[17]。现代科学研究方法通过促进一系列旧模型检验和不断探索新模型的方式，激励了不同的思考方式的运用。亚里士多德（Aristotle）的运动力学模型认为，一个正在运动的物体，只要给它施加一个力，它就会在已给路径上持续运动下去。虽然他的这个理论是错误的，但是他的模型在几个世纪中都处于主导地位，其部分原因是当时的科学并不习惯于挑战和实验（阻碍亚里士多德和他同时代希腊人的一个问题是哲学家和实际工作者之

10

间存在的巨大差异。真正地实施一个实验必须包括动手操作。这种重视思考、轻视实验的传统一直持续到伽利略时代，伽利略更偏好进行实物实验而不是"头脑中的实验"）。

现代科学研究方法提供了主动的积极进取的现实检验（reality testing）手段。记者也对检验现实很感兴趣。它们两者之间主要的不同在于——除了记者更加急切这个明显的不同外——记者更加被动。记者不是用自己的观察、演绎和实验来直接对现实进行检验，而是更愿意对持有不同观点和不同兴趣的不同权威进行咨询，从而反复核对、相互校验。这种方法的弊病是记者可能不具备相应的能力，无法对那些互相矛盾的资料进行评估。记者们保持客观公正的努力实际上把他们推向了一个相对论者的立场，这个立场需要一个不太可能存在的假设，即对于真理，所有的言论都有平等的发言权。记者们把科学方法作为工具应用到自己的职业中去，就能够用更强大的科学客观性来进行更有效的评估。

记者已经具备了一些与科学家同样的素质，这一点记者自己经常也没有意识到。它们包括以下方面：

（1）质疑的态度（skepticism）。"如果你妈妈说她爱你，检查一下，"这是来自新闻领域而不是科学传统的格言，但是它同样地适用于二者。不论是记者还是科学家，他们都不认为公众舆论或者权威断言就是真理。真理总是暂时的，总是有改进和提高的空间的。

（2）公开性（openness）。其关键词是"可重复性"。一个好的调查记者用文件来证明他对真相的寻求，并书面记录下研究过程以便其他人可以重复调查，并得出相同的结论。

（3）操作化的本能（an instinct for operationalization）。为了检测一个模型，科学家会思考这个模型展现和发展的过程。然后他将会在可观测世界中找到某一部分，用一种方法对过程的各个方面进行测量，来证实或者反驳这个模型。找到那个可观察和检验部分的过程叫做操作化（operationalization）。科学家和调查记者都依赖于此。证实一种理论就是它预测操作化测量结果的能力。

（4）探索真理的观念（a sense of the tentativeness of truth）。在关于绝对论和相对论的古老争论中，科学是最适用于实用主义的。检验一个观点就是检验它是否有效。当那些科学所发现的真理提高了我们的理解能力和科技水平时，真理是受欢迎的；但是还必须承认，它们有可能被将来更强大的真理所取代。这种观念对记者来说并不容易，因为记者对简单和确定性的追求使得绝对论更吸引人。

（5）简洁性（parsimony）。在两个竞争性理论中进行选择，我们通常更喜欢简单的那个。最好的理论用最少的语言解释了最多的事情。哥白尼（Copernican）关于宇宙的学说（日心说）压倒了托勒密（Ptolemy）古老的模型，是因为日心说更简洁。为了说明行星的运动，托勒密提出了一个"本轮（周转圆）"模型，行星循着本轮的小圆运行，而本轮的中心绕地球运行。随着测量仪器的改善，天文学家检测到了这个理论不能解释的运动，除非假定本轮里有更多的本轮。把太阳放在中心的理论则消除了需要更多本轮的假定。

谦逊的重要性

具有讽刺意味的是，今天通常是从专制角度来讨论《美国宪法第一修正案》①对新闻业的防护。18 世纪的政治思想是美国宪法的基础，尤其是第一修正案，是基于反对专制主义的。在科学时代的黎明时期，大家都清楚强迫任何观念都是徒劳的，因为新资料或者对旧资料的新理解总是在不断地出现来挑战旧观念。所以，包容非正统的观念并且用基本法律保护它们是有道理的。今天的异端邪说可能会是明天的真理。

所以保持一点谦逊对每个人都是有益的，尤其是对于科学家和记者们而言。大法官奥利弗·温德尔·霍姆斯（Justice Oliver Wendell Holmes）②指出，我们所认为的真理最好应该称为"不得不信的"：

> 当我说到一个事情是真的时，我指的是我不得不相信它……但是……我不会冒险去假设，我在思想方面的无能就是整个宇宙的无能。因此我定义真理为我的有限系统，而把绝对真理留给那些有更好储备的人……确信（certitude）不是对确定性（certainty）的检验。我们对很多事情都过度自信了。[18]

谦逊能给科学家和记者一定的自由。你不必等到已证实你发现了确定的、绝对的、无懈可击的真理，再去分享你的发现。如果你犯了错并且公开了导致你犯错的过程，其他人就会发现错误并发表出来，导致真理也会向前推进一个等级。民主多元化（democratic pluralism）可令真理从多种话语论战中涌现出来，这对于科学家和记者来说都是个良好的环境。

新闻业采用理论模型的一个优点是，理论模型可使记者和读者们关注问题的实质。公共事务中的很多信息都是晦涩的、复杂的。单纯作为所报道领域专家的记者，很快会迷失在无关紧要的细节上。

我当新闻记者时从事的第一个重要的调查报道，是关于为学校建筑物毫无

---

① 美国新闻自由的法律根源是 1791 年通过的《美国宪法第一修正案》："国会不得制定关于下列事项的法律：确立一种宗教或禁止信教自由；剥夺言论自由或出版自由；或剥夺人民和平集会和向政府请愿申冤的权利。"——译者注
② 霍姆斯在 1902—1932 年担任美国联邦最高法院大法官，被公认为美国实用主义法学、社会法学和现实主义法学的奠基人。——译者注

12

必要地购买了火灾保险和风暴保险，这发生在佛罗里达州戴德县。实际上根据规定，保险项目是由一个机构来掌控的，而这个机构是拿佣金的。保险费支出越多，这个机构赚得就越多。学校董事会就此问题的辩论在细节上是模糊的、不可追溯的。在挫败中，学校负责人想从董事会申请一万美金的经费来研究解决技术上的复杂性，但是这一请求被搁置，并且最终被否决。

理解这个情形需要的是一个可以被操作化的理论模型。我用的是一个基本的互相捧场（logrolling）或者说互投赞成票的模型。它引出了以下假设：

（1）保险服务机构的假公济私会比那些没有利益冲突的相似机构产生更大的保险支出。

（2）如果董事会赞同这项支出，董事会成员们必定得到某种好处，比如，给他们的朋友参与此项保险业务的权利。

（3）如果能使自己的朋友受益，作为回报，董事会成员必定从朋友那里得到了好处。

每个命题都很简单，你不需要详细地理解保险业务或者规则就可以了解这些命题。每一个命题都可以被操作化。

第一个命题是通过比较戴德县学校的财产保险支出和县政府的财产保险支出来检验的，县政府是同一地域内的独立政治机构。每一美元的建筑物价值，县政府的支出是戴德县学校的三分之一。此外，按行业标准来说，学校保险的赔付率是非常低的。在此项目的长期经历中，只有15％的赔偿金通过索赔归还到学校系统。

通过对校董事会成员和相关保险机构的直接质询，已证实这个过程中存在着政治赞助。为了使这个共同体中的其他保险机构也对此系统满意，学校系统的服务机构与他们共享佣金中的一部分，学校董事会成员决定这些佣金如何分配。揭露出董事会成员所得到的回报就可以搞清楚这么做的原因了。

佛罗里达州在选举报告法律方面走在前面，每个人的竞选捐献都在法院记录在案。每个条目都显示一个捐献者的名字、候选人的名字和捐款金额。第三个假设的确认需要在捐献者和保险业务之间建立联系。一共有181家机构参与了学校保险项目。在一本工商名录上我找到了机构负责人的名字，并且做了一个卡片索引，每张卡片上一个名字，依照字母顺序排列。然后，我对照着卡片索引，检查了竞选捐献名单上的每个名字。你答对了！在上次选举中进入学校董事会的全部五位成员的重要捐款人是保险从业人员。董事会主席从保险从业人员中收取的捐款占到总捐款的65％，另外两个人获得的捐款中有超过半数来自保险从业人员。这三部曲的系列结果占据了当地报纸的头版头条。[19]学校董事会迅速改革了保险系统，最终用省下的钱给教师们涨了工资。

今天做类似报道的记者当然会用电脑而不是索引卡片来核对名字，但是技术手段没有观念那么重要。能指出相关事实并给出操作化的模型，比起做办事员工作的机器，在提高记者能力方面是更重要的。机器能使以前不能做的事情现在成为可能，但是要充分地利用它们，我们还需要像科学家那样来思考问题，构建模型来使我们运用新的计算力量成为可能。

　　记者倾向于成为实践者，我们有时候太追求快捷而轻视那些从事理论研究的人，在我们看来这些是在现实世界中缺乏实际应用的空洞理论。但是没有理论的话，我们除了无序的原始数据之外一无所有，而且我们会被数据困扰。计算机能为我们按字母表顺序排列数据，计算机能按照数据中所发现的任何维度来排列名单，但是我们必须有理论来为名单指引方向。

14

理论来源

　　理论从哪里来？理论来源的范围是广泛的，从民间传说到科学领域最具有创造性的和最富有经验的思想都可以是理论的来源。一个好的理论拥有能够被检验的结果，它们是构建更多发现和理论的基础材料。科学与新闻学一样依赖公开性。迈克尔·波兰尼（Michael Polyani），一位核时代早期的化学家，比较了科学过程和一组拼装一个巨大拼图玩具的工人的区别。除非每个成员都知道其他成员在做什么，否则一组人不能有效地工作。他说："只有在拼图时人们能相互看到，这样每当一块拼图被拼好时，所有其他人才能立即看出下一步。"[20] 记者们报道公共事务的方法论是完全相同的，即使这个过程是不自觉的。记者，像科学家一样，所处的行业致力于事实检验、检验已存在的理论、通过结果来思考它们、发展能被操作化（或者是能被检验）的相关假设，并检验它们。

底特律骚乱案例

　　社会动荡时期能提供特别好的检验理论的机会。20 世纪 60 年代种族骚乱开始的时候，首先是在洛杉矶瓦茨地区（Watts area of Los Angeles），然后是在纽瓦克（Newark）和底特律（Detroit），有很多流行的理论来解释其中的原因。其中一个编辑记者们熟悉的观点是，骚乱分子是经济阶层中最失意的、最绝望的人群，他们参与骚乱是因为他们没有其他前进或者表达的方式。这个观点能用调查研究来检验。如果你能识别出骚乱参与者，并把他们与非参与者相比较，如果这个观点是正确的，你就会发现，受教育少的人更有可能成为骚乱的参与者。《底特律自由报》（Detroit Free Press）在 1967 年进行了一项调查发现，受过大学教育的人与高中没毕业的人一样有可能参加暴乱（见表1—1）。然而数据并不能支持这种观点。[21]

表1—1

	教育程度		
	辍学	高中	大学
骚乱参与者（%）	18	15	18
非参与者（%）	82	85	82
合计	100	100	100

那个时代另一个流行观点是，骚乱的根本原因是南方黑人在被北方文化同化的过程中存在困难。在南方受到的镇压和奴隶身份的影响使南方黑人成为消极角色，一旦他们离开了南方，骚乱就成为他们长期被压制的一个发泄口。这个观点同样是容易被操作化的。如果这个观点是正确的，那么比起在北方长大的黑人，从南方来的移民会更多地参与骚乱行为。《底特律自由报》的调查却得出了一个不同的结论。来自南方的黑人比北方土生土长的黑人更多地参与骚乱，成为经由事实检验而被否定的另一个理论（见表1—2）！

表1—2

	童年生活地区	
	南方	北方
骚乱参与者（%）	8	25
非参与者（%）	92	75
合计	100	100

另一个机会来自1968年马丁·路德·金遭遇暗杀后，随之而来的流行观点认为非暴力运动将随着马丁·路德·金而逝去，黑人将会寻求支持倡导暴力的领导人。《迈阿密先驱报》（*Miami Herald*）在暗杀发生前就在黑人群体中做过一次态度调查，在暗杀发生后又对同一群体进行访问，结果发现相信马丁·路德·金的理想的力量比以往任何时候都要强大。[22]

有时，你四处走走就能得到一些理论。《迈阿密先驱报》的前专栏作家弗莱德·谢尔曼（Fred Sherman）在1992年"安德鲁"飓风（Hurricane Andrew）袭击迈阿密的时候，他注意到在同一个社区里老房子比新房子更结实。当戴德县委员会采纳1957年"南佛罗里达建筑标准"来保护房子免受120英里/小时速度的大风破坏时，他是房地产编辑。但是多年以后，规则和上诉委员会（the Board of Rules and Appeals）在房地产开发商的压力下，逐渐降低了标准，允许使用便宜的材料，监督检查也变得松懈了。

一位专家通过观察周围而得到的印象就足以用来书写一个很好的故事了。但是斯蒂芬·K·多伊格（Stephen K. Doig），一位精通SAS软件①的记者，用

---

① SAS 为 Statistical Analysis System 的简称，是一个数据统计分析软件包，功能强大，在各个领域得到广泛引用。其官方网址为 http://www.sas.com/。——译者注

一种严格的量化方法对腐败的建筑标准理论进行了检验，写出了一篇很棒的报道。多伊格得出此理论的途径比谢尔曼更直接：他发现"安德鲁"飓风几乎掀起了他家相对较新的房子的大半个屋顶。多伊格的验证涉及了四个数据库的整合：县里关于 50 000 例飓风损失的检查报告；县里 1992 年财产税的资料，其中包括房子类型、价值和修建年份的详细信息；县里建筑物拥有者的文件，包含每个建筑物的建筑类型和所用建筑材料的信息；县建筑物和土地分区数据库，包含过去几年建筑物许可和审查的 700 万条记录。

《迈阿密先驱报》公布了一张标出 420 个细分区域的地图，用来比较被评估为无法居住的房屋的百分比，以及每年所建造的房屋数量的平均值。还有一幅简图以风速作为控制变量，例如，它显示了在轻微飓风（minder winds），即风速为 85～127 英里/小时经过的区域，1979 年以后建成的房子被摧毁的可能性是早期建筑物的 3 倍。[23]

读者们喜欢地图，因为他们能在其中发现自己。统计表格使得建筑标准腐败理论不可能被驳倒，但记者们并没有止步不前，他们用传统的实地报道方式找到了更直接的证据，包括审查员在一天中记录下来的报告超过了他们所能正常完成的数量。

对于未来的精确新闻记者来说，仅仅写出一堆描述是不够的。就像讲故事的人需要设计情节来把他们的描述组织起来，社会科学家和精确新闻记者需要理论来赋予数据充分的意义。有时我们为计算机里涌出的数据而骄傲自豪，想把它原封不动地打印在纸上或发布到网上。但是我们不能！我们必须有合理的理论解释，而且这里就是老式的叙事新闻和新的精确新闻报道交汇之处。

【注　释】

[1] 例如，"这个领域没有实质性的独立存在的知识体系。"见 Ron Lovell, *The Quill* (October 1987)：22 - 24。

[2] Derek Bok，个人交流，1990 - 02 - 27。

[3] "很快它将每四年翻一番。" Richard Saul Wurman, *Information Anxiety* (New York：Doubleday，1989)，32。

[4] 从历史的角度来看待这个问题是有帮助的，见 James Franklin, *The Science of Conjecture：Evidence and Probability before Pascal* (Baltimore, Md.：Johns Hopkins University Press，2001)。

[5] 例如，Nicholas Von Hoffman, "Public Opinion Polls：Newspapers Making Their Own News?" *Public Opinion Quarterly* 44，no. 4 (Winter 1980)：572。

[6] 关于"新非虚构类文学"的讨论的例证见 Philip Meyer, *Ethical Journalism：A Guide for Students, Practitioners, and Consumers* (New York：Longman，1987)。

[7] Walter Lippmann, *Public Opinion* (New York：Free Press, Paperback Edition，1965；first publication，1922)，216。

［8］ Lawrence Cranberg, "Plea for Recognition of Scientific Character of Journalism," *Journalism Educator* (Winter 1989): 46－49.

［9］ James K. Batten, Press-Enterprise Lecture, Riverside, California. April 3, 1989. Miami, Fla.: Knight-Ridder, Inc.

［10］ Michael J. Davies, quoted in *Keys to Success: Strategies for Newspaper Marketing in the '90s* (Reston, Va.: American Newspaper Publishers Association, 1989), 5.

17

［11］ Christine D. Urban, "Reader Expectations—What They Think of US," address to American Newspaper Publishers Association, San Francisco, Calif., April 1986.

［12］ Reid Hastie, "Schematic Principles in Human Memory," in N. Cantor and J. F. Kihlstrom, eds., *Personality, Cognition and Social Interactions* (Hillsdale, N. J.: Erlbaum, 1981), 39－40.

［13］ Walter Lippmann, *Public Opinion*, 53－68.

［14］ Walter Lippmann, *Public Opinion*, 76.

［15］ "Newspaper Credibility: Building Reader Trust" (Reston, Va.: American Society of Newspaper Editors, 1985).

［16］ "The people & the Press: A Times Mirror Investigation of Public Attitude toward the News Media Conducted by the Gallup Organization" (Los Angeles: Times Mirror, 1986), 4.

［17］ Herbert Butterfield, *The Origin of Modern Science*, Revised Edition (New York: Free Press, Paperback Edition, 1965; first publication, 1957), 13.

［18］ Oliver Wendell Holmes. Quoted by Arthur Schlesinger, Jr., "The Opening of the American Mind," *New York Times Book Review*, July 23, 1959, 27.

［19］ "Freeloading Insurors Get Your ＄59,000," *Miami Herald*, September 27, 1959, 1B.

［20］ Quoted in Richard Rhodes, *The Making of the Atomic Bomb* (New York: Simon & Schuster, 1986), 34.

［21］ Philip Meyer, "The People beyond 12th Street: A Survey of Attitudes of Detroit Negroes after the Riot of 1967," *Detroit Free Press reprint*, 1967.

［22］ Philip Meyer, "The Aftermath of Martyrdom: Negro Militancy and the Death of Martin Luther King," *Public Opinion Quarterly* (Summer 1969).

［23］ "What Went Wrong," *The Miami Herald*, Special Report, December 20, 1992.

第 2 章

合理使用数字

数字像火焰一样，可以用来做好事，也可以做坏事。被误用的数字能产生确实性和重要性的错觉，使我们失去理性。就像大卫·博伊尔（David Boyle）指出的那样，有些事物比其他事物更容易量化，我们的注意力也经常聚焦在问题中与数字相关的方面。数字使问题看起来更重要。[1]另一方面，如果用好了，数字能让人在信息时代嗡嗡的噪音和刺眼的炫光中注意到本质状态。在这个除了死亡和纳税毫无确定性的世界里①，我们有时会试图放弃定量，取而代之会更喜欢依赖于直觉和故事讲述。但是运用得当，数字的优点是能自我量化的。许多现代科学是基于概率论的，不是因为我们相信上帝会跟世界玩骰子（借用爱因斯坦的名言），而是因为概率是整理和组织我们的无知的一种方式。所以信息行业的每个人，不论是记者还是宣传者，必须使用和理解数字，对发生的事情和我们所做的事情进行计数、测量和评估。在门外汉以及旧式的记者看来，把人类行为这样不稳定的事情简化为可以计数和测量的基本要素，有时是不太可能的。我们习惯于对保持不变的事物进行计量。

为了帮助你说服自己那是可能的，本章大胆地向前迈了一步，我们直接进

① 本杰明·富兰克林是美国 18 世纪最伟大的科学家和发明家，著名的政治家、哲学家、文学家，美国独立战争的伟大领袖。他有一句名言："人的一生有两件事是确定无疑的，一是死亡，一是纳税。"这句名言在美国家喻户晓。——译者注

19

20

入最难懂、最复杂的数字运用之一：博弈论（theory of games）与经济行为（economic behavior）。但是我们会举一些日常的例子来解释这些应用。

第一个案例是很久以前丹尼尔·艾尔斯伯格[①]（Daniel Ellsberg）提供给我的，在他作为五角大楼文件事件的导火索而名声大噪的前几年，他的行动被认为引导了公共舆论反对越南战争。我这里举的例子是更日常化的。1964年，艾尔斯伯格在兰德公司工作，住在加州的比弗利山庄，那一年发生了一场丛林大火。艾尔斯伯格站在那里眼看着火焰在日落大道北侧肆虐，他住在日落大道的南侧，他和他的邻居们都站在距离火场仅有半英里的家门前，努力想着应该做什么。如果风向改变了，火就会向他们这个方向袭来。风向会改变吗？他们如果撤离，所冒的风险是做了很多事情，但风向没变，白忙一场；如果他们保持不动，所冒的风险就是财产被烧光。

"大家都不愿意撤离家园。"艾尔斯伯格回忆道，"人们站在那里，一直说着大火不会越过日落大道的，仿佛街上已经有了一道防火墙。事实上，人们的谈论是有宗教意味的，好像上帝在毁掉日落大道北侧的人们，并且它也不会持续地烧到我们这一侧来。"

这是一个有趣的哲学观点，但艾尔斯伯格没有在这上面浪费时间。首先，基于对此地变化无常的天气的了解，他估计了风向改变的可能性。然后，他估算了他的财产价值，以及把家当搬到不同距离的成本。这是一个双人博弈，艾尔斯伯格在一边，大自然在另一边掷骰子。最后他的方程显示，把家当移到完全没有危险的地带是不值当的；然而，把它们短距离移走是值得的，所以他就这样做了。

大火并没有触及他的房子，搬东西的行为被证明是无用的。但是艾尔斯伯格那天晚上睡得很踏实，因为不管大火烧向何方，基于令人欣慰的常识，他没有犯下任何可避免的错误。

"住在下街的邻居做了一个更加漂亮的推算。"艾尔斯伯格回忆道，"他们在后院有一个防空洞，家庭女教师告诉男仆不要在意貂毛，快把貂皮大衣放下去。"

在此案例中，艾尔斯伯格所使用的方法是测量了一个期望成本（expected cost）与期望回报（expected return）。数学期望（mathematical expectancy）的想法是非常简单的。当你在佛罗里达的赛马场上下赌注的时候，州政府和赌场会从总赌注中抽取15％。在前三名赢家分享全部赌金的规则（parimutuel system）中，你与其他参赌者博取剩下的85％。如果每个人都随机下赌注或者所有参赌者的水平相同，你每下1美元赌注你的期望回报就是85美分。博弈论简化了事物本身，假定期望回报总是有一个固定的收益，就像你在现实生活中玩游

---

① 丹尼尔·艾尔斯伯格，美国著名反战人士，1971年他把美国卷入越南战争的国防部绝密文件交给媒体，引发民众对越南战争的反对浪潮。详细资料可见林达著《如彗星划过夜空——近距离看美国之四》。——译者注

戏足够多的话，就足以中和偏差。但是重要的是要记住会有这样的案例，其相关期望不会这样直接地表现出来。假设你借了 1 000 美元的高利贷，并且没有钱来还。实际上，你身无分文，根据借款协议，如果你不还钱的话，你将被打断一条腿。这时一个怪人出现了，要给你两个选择：一个是有 90％ 的机会赢取 1 000 美元，另一个是有 50％ 的机会赢取 3 000 美元。如果只是数字本身，当然第二个选择更好：1 500 美元的数学期望值对 900 美元的期望值。但是放高利贷者随时会召唤你，你也无法多玩几次这个游戏，那么你会坚定地选择第一个机会。这个案例中的至关重要的期望不是你将会获得的金钱数量，而是在还款日能保住腿（当然，除非你认为一条腿比不上 1 500 美元同 900 美元之间的差异——也就是 600 美元。如果你那样低估你的肢体，你完全可以尝试获得更多的金钱）。

如果应用得当，数学期望是做决策时方便好用的概念，甚至当决策时需要考虑他人的行为也是这样。一个冬日，当我和妻子苏伊·奎尔行驶在波士顿西部的美国 128 号公路回家的时候，我们看见了一位车抛锚的司机，他车的引擎盖开着，红色标志牌显示着请求，"帮我打电话"[①]。

"我们将在下一个电话亭停下来，然后给高速公路巡逻队打电话，"我说道。

"没关系，"苏伊说，"其他人会停下来的。"

"不，"我回答，"每个人都说别人会停下来，因此没有人会停下，所以我们必须停下来。"

"不要这么难缠，"苏伊说，"每个人都会说其他人会停下，因此没有人停下，所以他们会停下，为什么我们必须帮忙？事实上，我们停下来只会添乱。高速公路巡逻队的电话总机会占线的，我们也因添乱可能耽误了救援。"

我非常擅长这类智力游戏，如果用手指数一下，我可能逆转这个辩论而不是失败。但是我需要我的手来开车，并且苏伊也有道理。如果每个有打电话冲动的人都打了电话，那将会是浪费的和无效的。我们对此是有一项契约义务的，但是它处在不打电话和打电话之间的连续区间上的一点，在零个电话和一个电话之间。怎样计算它？很简单：

一项关于我们身边可见交通事故的调查表明，每小时有 300 辆轿车会注意到那个抛锚的司机。我对于人性是一个乐观主义者，估计 80％ 的司机都会关心他人（300×80％ ＝ 240）。他们会与我们一样推理，大约有一半的司机会站在打电话这一边（240/2 ＝ 120），另一半不会打电话。那些感到有责任去打电话的人中，一半人会找到理由没有打电话（120/2 ＝ 60）。这样所剩下的净期望值就是 60 个电话。

60 个电话对于救助一个汽车抛锚的司机显然是一个无效的数字，这么多的

---

① 此时还没有移动电话，在公路的两侧每间隔一定里程就设有电话亭。抛锚的汽车需要过往的其他汽车上的人在下一个电话亭帮忙打电话求援。——译者注

电话会让电话总机占线，电话一直占线会导致其他紧急电话接不进来。如果那个被困司机一直未被救助，我们的良心也会受到自我谴责。6个电话，而不是60个，会更好一些——足以保证信息传递到了，并且不会产生不必要的混乱（我知道混乱的危险是真实存在的。一次当我打电话报告高速公路上的一起交通事故时，我与警方调度员有一段很长并且令人沮丧的对话，我得试图去判断我所看到的事故是新发生的一起，还是他已派遣了一辆巡逻车的那一起）。

从社会的视角来看，这个问题就是将60个电话缩减到6个。如果有完美的沟通，路过的司机每50个为一组，每组中的第50个司机停下来。或者那个抛锚的司机把标志放下来，仅显示给路过的每10辆车中的第10辆看。

在一个自由社会中，这样的解决方案要适用的话，还需要更多的指南。每个独立的人必须独立评估自己的责任。我所需要的是履行我那部分社会责任的方法。我的责任份额就是一个电话的1/10。

当然没有1/10个电话存在，电话是不可分割的，但是存在1/10个电话的数学期望。

"没问题，"我对苏伊说，"当你说'真理'这个词时，我会看一眼手表上的秒针。如果秒针在0～6之间，我们就打电话，否则，我们就不打。"

"真理，"她说道。

此刻是整分钟后的第17秒。我们没有打电话。

后来，我问托马斯·谢林（Thomas Schelling）我们做得是否恰当——在我上尼曼项目时，托马斯·谢林在哈佛大学给本科生讲授博弈论课程。

"非常恰当，"他说道，"给出两个必要条件：如果你停下来，苏伊不会感到愤怒；你也不会因你没有停下来而产生负疚感。"

这个必要条件，就像谢林指出的那样，正是多年来支撑抽签去越南服兵役（Vietnam draft lottery）的思想。在抽签之前，每个人都有一个数字放在玻璃鱼缸里，每个人都有均等的机会到越南去服兵役。没有比这更公平的了。但是抽签结束后，那些没有抽中签的人会有负疚感，那些抽到签的人或许会感到不满。这两种感觉，虽然都是可以理解的，但展现出对这个极好的数理的公平解决方案缺乏了解。这是一个普遍的不足。在系里的茶歇会上，当我讲述抛锚司机的故事时，人们坚持试图使我感到有负疚感，因为我没有停下车给巡逻队打电话。他们失败了。在那个场合下我贡献了我精确的社会责任。在一生中相似的事件里，我会平均每十次打一次电话。在任何事件中我打电话或者没有打电话，抛锚司机被救助或者没有被救助，我都会在晚上安心地睡觉，并且宽慰地意识到我没有犯下任何可避免的错误。

这些案例表明怎样利用概率去权衡收益和损失，而且在处理这类问题时需要考虑他人的行为。现在我将介绍博弈论中最有趣的部分：矛盾。此刻让我们来假设一个完全矛盾的案例：两个利益完全冲突的对手，一个人的收益是另一

个人的损失。因为从一个人的收益里减去另一个人的损失等于零，这种情况被
称为零和博弈（zero-sum game）。

　　现在假想这样一个困境：一位市长声称自己是一位旗帜鲜明的赌博反对者。
他的秘密是他喜欢赌博，不愿意错过晚上在赛狗场或者老兵俱乐部玩宾果游戏
（bingo game）的机会，老兵俱乐部是该市唯一公开的赌博机构。

　　其矛盾之处在于：一个记者正在进行市长侵吞公款的调查，而侵吞公款的
明显动机就是支持他的赌博爱好。这个新闻已经做好公布的准备了，在最后一
分钟，编辑要求记者试着抓住市长的赌博行为，给出更生动的材料。记者知道
市长如果认为没人看见他才会去赛狗场。如果他希望被看见，他会站在正确的
政治立场而去玩无聊的宾果游戏。记者应该去哪个地点呢？为了抉择，她给每
个可能的结果都分配了一个 1 到 10 的数值。然后她构建了一个博弈矩阵（见图
2—1）。

		记者	
		赛狗场	宾果游戏
市长	赛狗场	4	10
	宾果游戏	0	8

图 2—1　博弈矩阵图示

　　图 2—1 单元格中的数字显示了市长的收益结果。同样的数字对于记者来说
就是损失。观察他们的逻辑，如果市长去赛狗场，而记者去宾果游戏场中寻找
他，那么市长没有被发现，他就得到了最高的收益，取值为 10；而且，他想下
多少非法收入作为赌注就下多少。

　　第二好的组合是，如果市长去了老兵俱乐部的宾果游戏场，记者也去了那
里。市长被看见支持老兵们的活动，这里也有政治收益，我们给它打 8 分。如
果市长和记者都去了赛狗场，那个夜晚对市长来说也不完全都是损失，因为他
即使没下赌注，也至少与朋友们在一起，得 4 分。对市长来说最坏的可能性是，
取值为 0，他在宾果游戏中度过了无聊的时光，而媒体没有发现他。

　　在这一点上你可能会质疑用简单的数字来给复杂的态度看法赋值。随后，
我将致力于介绍许多有效的方法，可以把几乎任何的优先权排列出精确的数字
顺序。但是对于这个案例，你需要接受的就是优先权的顺序，这很容易。对于
这个问题中的主人公市长来说，去赛狗场而没被看见无疑是最好的结果，去老
兵俱乐部的宾果游戏场而没被看见是最坏的结果。如果他被记者看见了，在老
兵的宾果游戏场被看见就好过在赛狗场被看见。

　　如果你观察这个表格并做更多的思考，解决方案会很明显。无论记者去哪
里，市长如果去赛狗场，他至少会得 4 分，还有可能得 10 分。从记者的视角出
发，最好的策略相当明晰：如果她去赛狗场，她的损失最小。每个人都会选择
保证自己损失最小的可能结果。他们两个人的策略在表格的左上角单元格中

汇合。

所以这个博弈有一个必然的结果，像这个策略交汇的地方被称为**鞍点**（saddle point）。按阿纳托尔·拉波波特（Anatol Rapoport）所说，"鞍点"这个术语是从马鞍接触马背的中心点而类推过来的。如果你从侧面来观察马，鞍点是马背部的最低点。如果你骑在马鞍上面，从一侧滑向另一侧，鞍点就是最高点。有鞍点的博弈很容易找到解决方案，有一个快速找到答案的方法，就是找那个在行中最小同时在列中最大的数字。如果没有数字满足这个条件，那就是没有鞍点。无鞍点意味着没有一个明确的选择能使你安全性最大化同时收益最高。在这种凄惨的情况下，只能应用我们现在所知道的概率论了。

首先，我们来学习一下两个简单的概率法则。

（1）两个独立事件同时发生的概率，是把两个事件各自的发生概率相乘：抛一次硬币正面朝上的概率是 0.5，抛两次硬币都是正面朝上的概率是 0.5 * 0.5 即 0.25。

（2）两个互斥事件中任何一个事件发生的概率，是将每个事件的发生概率相加：抛硬币正面朝上或反面朝上的概率是 0.5+0.5＝1，或者说必然发生。

现在我们来进行下一个案例的学习。这次，想象一个富裕的、害相思病的大学男生作为主人公。在一次两对男女一起参加的约会上，他遇到了一个迷人的、主修历史的女生，她与他同样热爱滑雪。遗憾的是，历史系女生是另一个男生约会的对象。第二天我们的主人公打电话给她并邀请她一起过一个冬季运动的周末。她接受了邀请，并提议去她滑过雪的地方，新罕布什尔州的雪村（Snow Village）或者是科罗拉多州的阿斯本（Aspen）。

一切顺利。但是不幸的是她男朋友发现了他们的约会。她的男朋友是对女人没有安全感的那种类型，所以当我们的主人公听说情敌要追踪他们并制造一个不愉快的场面时，他感到忧虑胜过感到惊奇。尽管情敌知道他们要去雪村或者阿斯本，但他只有时间到一个地方去找寻他们。

分配矩阵中的收益很简单。情敌想找到我们的主人公和他的女伴，而主人公不想被抓住，所以他依据不被抓住的概率填写了在每个地点的结果。当然，这是需要一些判断的。他以前去过阿斯本，知道那里很大、人很多，他有 60％的可能性藏在人群中不被发现。而雪村是个小地方，如果他带历史系女生去雪村，情敌也去了那里，那么躲开情敌的机会仅有 40％（见图 2—2）。

		情敌	
		雪村	阿斯本
主人公	雪村	40	100
	阿斯本	100	60

图 2—2　矩阵收益图示

记住，这些数字对于我们的主人公来说是收益。有两个单元格的值是 100，因为如果他在一个地点滑雪而情敌去了另一个地点，那么他肯定成功了。

首先，他想寻找鞍点，但注意到这个博弈没有鞍点，没有一个数字是行中最小同时是列中最大的。事情有可能会这样发展，主人公冲动之下或许带着历史系女生去阿斯本，因为在那里没被找到的机会最大。但是在决定之前，他可能会这样分析，类似于我在 128 号公路上与苏伊的对话。

第一种想法：为什么不带她去阿斯本呢？去那里有 60％不被抓住的概率，要大于 40％。

第二种想法：不要那么头脑简单。他也会因为同样的原因而算出来我要去阿斯本。因此，我应该去雪村。

第三种想法：我认为他会算出我去阿斯本，从而推断出我会去雪村，所以我应该去阿斯本。

第四种想法：不。他会认为我以为他算出……

有一种解决所有问题的方法。古代中国的士兵们就用这种方法来决定他们的进攻路线：如果你不希望敌人发现你是怎样思考问题的，那你就别思考。抛一枚硬币，如果你用随机方法做决策，那么没有人能了解你的意图，因为你自己都不了解。原始的猎人们在无意识的情况下也遵循了同样的原则，他们打碎骨头并根据碎骨的样式来决定寻找猎物的地点。当他们认为上帝在告诉他们该怎么做的时候，本质上就是随机化了他们的搜寻方式，这样动物们就不能感知到猎人的规律，无处可逃。一只逃跑的兔子也是一个例子，它左奔右跑，上蹿下跳，线路曲折蜿蜒，都在无意识中被神经中枢控制着。猎人找不到它的模式也不能预测正确的地点来瞄准它，因为兔子自己都不知道将会跳向哪里。

所以抛硬币是决定去哪里滑雪的一种方法，但那不是最好的方法。如果我们的主人公去雪村和阿斯本的可能性是一样的，那个精明的追随者将会去雪村，因为在那里更容易找到他们。诀窍就是组合这两个策略，使得追随者不能做出明确的选择；组合它们，实际上，这样做使得情敌去哪里寻找没有任何差异。你不必是个数学天才，仅需要计算去雪村的两种可能收益之间的差值，并把这个差值作为权重值来计算去阿斯本的概率。同样，计算去阿斯本不同收益之间的差值，得出计算去雪村概率的权重值。如下：

雪村：100－60 ＝ 40

阿斯本：100－40 ＝ 60

两个权重之和 100

此案例中的总和是 100 仅仅是一个巧合，不同的博弈会产生不同的总和。这些数字意味着我们的主人公在行程安排上，在 100 中有 40 的机会去雪村，在 100 中有 60 的机会去阿斯本。具体该怎么做决定呢？他可以在帽子里放 40 个黑色弹珠和 60 个白色弹珠，闭上眼睛，拿一个出来。或者他可以在玻璃瓶里放 4 个黑色弹珠和 6 个白色弹珠。如果他抓出了黑弹珠就会去雪村，如果抓出了白弹球就会去阿斯本。

现在暂停一下，来欣赏一下混合策略之美。他消减了与那个历史系女生在一起被抓住的可能性，从非常伤脑筋的 40%——很有可能成为结果，他和情敌很明显地都会去阿斯本——到一个更令人放松的 24%。不论主人公到哪里，情敌找到他的可能性都下降到了 24%。

（1）情敌去了雪村。主人公在雪村的概率是 40%。如果他在雪村，他被发现的可能性是 60%。60% 可能性中的 40% 是 24% 的概率。

（2）情敌去了阿斯本。主人公有 60% 的可能性在这里，并且他在这里有 40% 的可能性被发现。40% 可能性中的 60% 就是 24% 的概率。没有差异！即使他被抓住并且被打成了乌眼青，他都知道他没有犯下任何可避免的错误。

现在，假设对手也知道这些诀窍，会怎样？他能做以下事情：他能确定无论主人公去哪里，他都至少有 24% 的机会，毕竟，这比他猜错地点得到零收益强。他当然照做了，用一个玻璃罐装进 4 个黑弹珠和 6 个白弹珠……

如果你跟上了这一章节，你应该庆幸，因为你现在懂得了博弈论背后的基本原理，就像 1944 年约翰·冯·诺伊曼（John von Neumann）和奥斯卡·摩根斯坦（Oskar Morgenstern）在他们的《博弈论与经济行为》（*Theory of Games and Economic Behavior*）[2] 中所陈述的那样：它在现实生活中有实际的应用，经济学家利用这种技术来帮助在市场中做决策，军事策划人员运用它，纽约城也运用这些技术来计算部署消防设施的最有效方式。

当晚年的爱德华·G·本尼恩（Edward G. Bennion）成为新泽西州标准石油公司的经济顾问时，他致力于将博弈论运用到资本预算决策中。在《哈佛商业评论》[3] 描述本尼恩的案例中，商人假定自然条件就是他的敌人。当然，他没有假定一个恶毒的自然条件有意识地试图瞒骗他，那将会是一个重要的差别。

本尼恩的案例包括一个手头拥有些多余现金的公司和两个可投资的选择：工厂扩建或者证券投资。自然条件有两种变化趋势：商业周期走向繁荣或者衰退。矩阵中的数字假定在经济衰退期，工厂投资能获利 1%，证券投资能获利 4%。在经济繁荣期，工厂投资能获利 17%，证券投资能获利 5%（见图 2—3）。

		公司	
		工厂	证券
自然条件	经济繁荣	17	5
	经济衰退	1	4

图 2—3　本尼恩案例图示

当自然条件是敌人的时候，我们可以忽略鞍点，因为我们的优势在于能基于过去的经验，计算出经济不同发展趋势的可能性，这就像丹尼尔·艾尔斯伯格能够估计出风向改变使火烧到他家的可能性。在这个商业案例中，公司的经济学家认为有 60% 的可能性经济转向衰退，有 40% 的可能性走向繁荣。那么如何做决策呢？"我们关心的，不是他去凝视哪种水晶球，而是高层管理层如何应用他的发现。"本尼恩如是说。

没有经验的经理人或许会决定，既然经济衰退更可能发生，他应该把钱投入到证券中，这样保证回报至少是 4% 而不是 1%。但是应用我们前面讲过的数学期望，我们能发现这样的投资是一个糟糕的判断。证券投资的预期回报是 60% 中的 4% 加上 40% 中的 5%，一共是 4.4%。工厂投资的预期回报是 60% 中的 1% 加上 40% 中的 17%，即 7.4%（概率之间相加是因为经济衰退和经济繁荣是互斥事件——只会有其中一个发生，不能两个同时发生）。

本尼恩提供了一个更好的判断。他说，应该在无论宏观经济走向如何，公司的收益都没有差异这个条件下来计算衰退和繁荣的概率水平。这所需要的知识仅是高中代数。假定衰退的概率是 R，繁荣的概率是 P。证券投资的预期回报是 $4R+5P$，工厂投资的预期回报是 $1R+17P$。当 $4R+5P = 1R+17P$ 时，预期回报是相等的。用 P 来解 R 的方程，得出 $R = 4P$。因为衰退和繁荣的概率总和是 1，R 就与 $1-P$ 是相等的，因此 $R = 1-P$。解此方程得到 $P = 0.2$，$R = 0.8$。这些是无差异的概率，而且这意味着在走向衰退的概率达到 80% 时，公司把钱放在哪里都是一样的。当衰退的概率被认为高过 80% 的时候，公司需要将投资从工厂转向证券。当精明的商人在可能变化之前来考虑经济趋势时，他应该有贴在墙上的数字。数字也准确地告诉他，为避免公司陷入困境，他的经济顾问的预测应该精确到什么程度。如果经济学家预测有 60% 的可能性经济衰退，而投资收益无差异点是 80%，那么最高管理层就可以放松下来，只要他相信经济顾问的预测是在 20% 的允许误差内。

寻找最佳配合有一个问题，那就是它不能总是这么直接地用代数计算出来。欧文·阿德勒（Irving Adler）描述了针对武装部队应征入伍士兵的血液样本，检测是否存在梅毒的最有效方法。这种疾病极其稀少，检测也是非常昂贵的，针对每个人的血样分别做检测显然是无意义的。最好把多人的血样混合起来检测，如果检测结果是阴性的，就推断血池中血样的所有拥有者都没有感染梅毒；如果检测结果是阳性的，就需要对血池中的所有成员分别再进行检测。假定经验表明任何一个人呈阳性的概率是 5%（再一次，我们偷看了大自然的底牌），那么最佳的方法是混合几个人的血样呢？没有直接的代数解决方案。但是给出任意一个血池规模，都能计算出相应的预期回报。最佳点可以从小血池——也就是说，从来自两个人的血样混合——开始计算检测次数减少的期望收益，然后是三个人的血样混合，以此类推，直到期望收益停止增长，并开始下降。这种重复的过程叫做算法（algorithm），而且计算机对此非常擅长。在这个案例中并不需要计算机，因为阿德勒很快找到解决方案。当血池中的血样数量达到 5 时，运用血池的联合检测方法的优势就逐渐减少。所以，只要预备应征入伍士兵中的梅毒携带者的数量保持在 5%，血液样本就应该以 5 个为一组分批处理。[4]

这样的定量研究方法也可扩展到谈判理论（bargaining theory）。谈判理论第一眼看过去似乎完全取决于人的直觉。谈判问题能被量化，尽管这里的数学运用远远超出了两人、两策略的案例。[5]当你处理博弈双方互惠互利的可能性时，事情进展会变得模糊，就像冲突一样。这样的非零和博弈在生活中是更加常见的，冯·诺伊曼和摩根斯坦也可以应对这些问题，但是在这一点上他们的数学运用变得太难了，以至于我们大多数人都理解不了。事实上，它达到了现代数学的外缘。然而，这不意味着包含非零和博弈的理论对于我们来说是无用的。幸运的是，博弈论已经开创了不用数学层面思考问题的新观点和新方式。

与一个二手车经销商讨价还价是一个博弈论问题，因为这包括了冲突和互利的因素。在你愿意付的最高价和商人愿意卖的最低价之间，有一个重叠的区域，在这个区域中你们都更愿意达成交易而不是取消它。当你们都想在这个区域中找到一个点以达成交易时，你们就处在一个和谐的状态下。在你想把交易价格降低，而他想把交易价格抬高的时候，你们就处在冲突状态。

有时候互利区域比冲突区域更加重要。你和你的公司可能都更愿意将重点放在你继续在这里工作而不是50美元的工资提升上。自相矛盾的是，竞争中的胜者似乎是最不在乎互利区域的那一方。在处理这类非零和博弈的情况中，你必须学会操纵两个决定性因素：承诺（commitment）和沟通。这听起来简单，做起来就不那么简单了。为了说明这一点，我来提供一个真实生活中的案例：我与马里兰州银泉市雪佛兰公司的二手车销售经理关于庞蒂克旅行车的协商。这是一个典型的案例，因为我们都很快意识到原始标价下面有一个我们可以达成交易而不是取消交易的区域，问题变成了在我们交汇的价格范围内找到平衡点（equilibrium point）。

我有备而来，带着我购买二手车时总会用到的策略，开始了讨价还价。我只看那些标价看起来我买不起的车。事实上，这是我所知道的让卖车人明白我不会，也不可能按照要价付钱的唯一办法，就像托马斯·谢林所提到的，证明事实总是比证伪容易。他在《冲突的策略》（*The strategy of conflict*）一书中提醒我们："经验丰富的谈判者会认识到很难像真正顽固的人那样固执。如果一个人敲开一扇大门威胁道，若不给他10美元他将在走廊上刺伤自己，如果他的眼睛是充血的，那么他更有可能得到10美元。"[6]

在购买汽车时，资金紧张会让人真正固执，对这种论点的解释就是背水一战有种特别的力量。我给销售经理还了一个低于报价195美元的价格，下一步就是去确认这个价格是否在他所愿意成交的价格范围内，同样重要的是，我能否使他相信这是我所能出的唯一一价格。为什么是195美元而不是200美元？汽车销售商的商品定价总是低于整数的5美元，因为他们知道普通人仅会考虑价格标签上的第一位数字而忽略其余的。购买者通过用整数来表达他愿意支付的价钱，把价格上这些奇数所带来的精神负担转嫁给了销售者。

销售经理开始向我介绍车的历史，解释其微小的边际收益，而且暗示公司的价格没有太多水分。然而，因为他们愿意使存货流动起来，他可以比报价低95 美元出售这辆汽车。我不为所动，并表示我也很计较金钱。然后他为了平衡点做出了一个标准而有效的试探："让我们折中（split the difference）一下吧。"他说。

折中是解决博弈合作的很多习惯中的一种。这些方法线索缺乏内在逻辑，但是它们被认为是效果显著的，所以寻求合作的局中人常把它们用做标杆。谢林在一系列令人着迷的实验中致力于发现它们。在一个案例中，他向纽黑文（New Haven）的 41 人样本提出这个问题：你要去纽约见一个人，你们都知道见面的日期，但是不知道具体的时间和地点。那么你会去哪里？在什么时间？样本中的大多数人选择了中央火车站（Grand Central Station）的信息亭。事实上所有人都选择了同样的时间，中午十二点。

当大量的人参与进来，心照不宣的合作（tacit coordination）仍然是可能的，但是转折点（landmarks）变得很难发现。在 1958 年，当第一户黑人家庭搬进我以前住过的社区华盛顿特区牧人花园（Shepherd Park，D. C.）时，在白人居民中有两股反对意见，一派想出钱让黑人搬出去，另一派想让他们自己打包离开。最终，第三股意见成为社区中的主导力量——由白人自由主义者和新来的黑人组成——这一群体寻求种族混合的平衡，促进开放售房，挑战房地产中只限定白人购买的协定。这个机构停止设定白人与黑人的比率，定额分配制是相当接近歧视的，以至于自由主义者的良知无法接受。所以他们努力减缓了进程，几年内社区平稳地从白人过渡到黑人。白人不愿意搬进去，因为他们期望这里变成都是黑人的社区，并且这个期望是能够自我实现的；反过来，黑人也不愿意搬进全是白人的社区，尽管有开放售房法律保护，但他们还是期待其他的黑人也搬进去。这也是一个能够自我实现的期望。问题是在 0 个黑人和 100% 是黑人之间没有线索、没有平衡点。

许多年以后，当种族融合变得更加容易接受时，那个社区才稳定下来。在 1980 年的人口普查中，牧人花园社区中 66% 是黑人；在 1990 年的人口普查中，这个比例是 67%。[7]

全球性的军备竞赛（arms race）可被解释为是一个非常类似的现象。均衡点在完全裁军和完全战争之间存在着，但是它是脆弱的而且很难找到。近年来世界就停留在这样的点上，两大主要军事力量都有消灭彼此的能力，但每股力量都阻止使用这种能力，因为缺少有效的防御措施来应对报复。这不是最令人欣慰的想象中的均衡，但是这比没有要好。建立反导式导弹系统的主要缺点是打破了国际军事力量的目前的平衡点，却无法保证能找到另一个、远离战争的均衡点。

所以销售经理提出折中方案的时候，他知道他在做什么。实际上，像谢林的研究折中在中午那样，我们一直在想同一件事情。我只是被自己先前自愿接受的承诺制止了，尽管这甚至会开始失去信誉。我已经仔细地计算过我的财务状况，但是算得再仔细，也很难说服一个人从伙食费中挤出另一个 50 美元。我在寻找一个摆脱承诺（commitment）的方法。

摆脱的方法一定是能被找到的，因为冷淡地违背承诺意味着你的承诺是一个谎言而且你的下一个承诺也会是个谎言（这个事实自身能为承诺贡献信誉。一个工会对 A 公司说，如果我们对你让步，我们就不得不对公司 B 和其他所有的公司让步）。所以在让步之前，有必要找到一个能区分手头案子同其他案子的合理化（rationalization）的解释。

"我可以额外支付 50 美元，"我承认，"但是我必须调整我的维修预算。这么办怎么样：如果你同意帮我修好后车轮那古怪的巨大噪声，我会付你那么多钱。"

如果我这么说，这就是好的改变。销售经理不想去修理那古怪的噪声。没有二手车商会愿意修理那古怪的噪声。但是这个要求给了他一个理由，来放弃他自己的承诺。

"不，"他说，"我猜我宁愿多留给你 50 美元你自己去修理它。"所以这意味着我拥有了我的第一辆旅行车，并把它开走了。

有时一个承诺和交流沟通能在一个行动中联合起来。当一个前进中的军队烧毁了它后面的桥梁，火焰阻止了自己的撤退时，同时也是告诉敌人，入侵者别无选择只能继续前进。

在哈佛广场（Harvard Square），行人和驾车人不停地挑战彼此的承诺。双方都想占领马路中间的地带，但是没有人那么强烈地想要占领而故意引发一场血淋淋的车祸。大多数行人试探性地向前走向街道的对面，希望盯着驶来车辆的目光能让司机催眠，试图使他停下来。但是司机知道行人会在最后一分钟停住脚步。学习过博弈论的哈佛大学学生使用了更成功的策略。他们把头转向另一侧并走过去，而不是朝着过来的车辆看。这标志着承诺，正在驶来的车辆的司机发现自己并没有被看到，也就放弃了行人会跳开让路的期待，所以汽车停下来了，他们在此次博弈中输了。

你可以为非零和博弈构建矩阵，在非零和博弈中你和其他参加博弈的人是有可能双赢的。非零和博弈的矩阵更复杂，因为每个单元格里必须包含两个数字——一个代表你的收益，另一个代表对手的收益。这很值得去做，即使不为了探究所包括的模糊数学，因为它能帮助使情况更明确。通常，你能发现使你和对手双赢的策略。然后这个问题就变成了一个收益公平分配的问题，而且你可以发展一个谈判的策略。

因此把优先权量化（quantifying preferences）的方法是很有帮助的，冯·诺伊曼和摩根斯坦给出了一种方法。为了适应海沃德·阿尔克（Hayward Alker）用到的例子，假设你是出席 2000 年共和党全国大会的代表，你最喜欢的候选人是约翰·麦凯恩（John McCain），最不喜欢的候选人是帕特·布坎南（Pat Buchanan）。你填答了你的量表，给约翰·麦凯恩打了 100 分，给帕特·布坎南打了 0 分。这非常简单，但是你的那些中间偏好呢，比如乔治·W·布什（George W. Bush），或者伊丽莎白·杜尔（Elizabeth Dole）？你在量表上给他们打分，依据自己问自己的一些问题，比如："我最喜欢的麦凯恩有 80％ 的机会胜出，我第二喜欢的布什有 100％ 的机会胜出，我会选择哪一个？"你会这样做，直到你找到那个点，即你认为你所假设的喜欢概率（P）和排名靠后的事实是无差别的。当你对第二选择的确定性和第一选择的概率（P）都同等满意时，布什的得分（在经济学术语中叫效用值）等于 $100 * P$。

这样对候选人进行了定距（interval）排序，这意味着这个代表知道他喜欢一个人的程度比喜欢另一人的程度高多少，而不仅仅是一个排序。因此，当他在会议厅里讨价还价的时候，他能决定他应该为每个人承担多少麻烦和风险。

使得这个量表评分系统切实可行的，当然是填表者发现无差异水平的能力。这不是很难，会分蛋糕的孩子们就能做。一个人切蛋糕，另一个人选择，切蛋糕的人意识到他必须把这些块切得尽可能相等，这使得对于选择者来说，蛋糕是无差异的。大多数人每天都在无意识中做出这样的抉择。

对于一些人来说，把人的特征用这些冰冷的数字打分是一种冒犯。但关于这种实践的传说可以追溯到古巴比伦时期。在谢林的课上，学生们被要求用博弈论的视角仔细考虑巴比伦传统：一年一度在中心广场举行的分配村庄的每个适婚女性。一个拍卖商会从最漂亮的、最值得拥有的女人开始，并且把她拍卖到最高的价格。在这个量表中的某些点上，可能没有比较漂亮的女性，或者没有富有的男人愿意花钱购买权益来与其结婚。在那个转折点上，规则就被反转过来，从那些令人满意的姑娘身上搜集到的钱，被用做支付给较穷的男人来刺激他们选择那些吸引力小的姑娘。

不管这个传说是否真实，它都说明了生活是反复无常的，机会是可以通过数字而被感知的。即便如此，也总是存在着抵制解决方案的情况。一个在博弈论专家中有重大影响力的案例，由于它非常困难，所以不断地被博弈论专家提起。这就是囚徒困境（prisoner's dilemma）：

你和一个朋友在一次大麻搜查中被捕。地方检察官为了定罪，必须使你们中的一人招认，而且他愿意做些让步作为诱饵。然而，如果你们两个人都招认了，他就没有让步的动机了，你们两个人都将被重判。你们两个人关在不同的房间，并且不能交流。

这个收益结果也能被放在矩阵里分析。但是简要地说，他们总计会有这样的结果：如果你们两个人都招认，你们都会得到严厉的处罚；如果没有人招认，你们都免于受罚；如果一个人招认而另一个没有，那么招认的人获得释放而且会得到一笔现金奖励作为鼓励，而那个没有招认的人将得到最重的处罚。

没有最好的策略。第一眼看去，安全的做法是招认，因为你会保证避免最坏的命运——那个最重的刑罚，而且你有可能得到一个较轻的处罚。但是你的朋友也会像你一样想，在这样的情形下你们都会招供并且两个人都会得到重判。毫无疑问，对你们两个来说最好的结果是保持沉默。但是如果你这样做了，你冒的风险就是你的朋友选择安全而招供，这就可能给你带来最坏的结果。[8]

博弈论专家建构了更残忍的例子，其中胜利属于那个成功赢得了大家信任，而后背信弃义的人。耶鲁大学的马丁·舒比克（Martin Shubik）假定了这个令人苦恼的情境：

想象一座监狱，一平方英里大小，监狱的外围是混凝土外墙。在外墙围起来的区域的中心有一个小碉堡。碉堡被铁护栏包围着，没有警卫人员把守。

紧挨着铁护栏是一排按钮——每名囚徒一个。如果同时按下所有的按钮，铁护栏就会倒下，那么所有人都能到达小碉堡。

碉堡只能容纳一个人进去，里面有两个按钮。这两个按钮只有当碉堡的门关上时才能运行，并且这两个按钮是联动的，按下一个按钮，另外一个就不能动了。其中一个按钮的作用是打开混凝土外墙的大门，持续 10 秒钟（这意味着所有的未进入碉堡的囚徒都有充足的时间可以逃出监狱，但进入碉堡的人没有充足的时间逃离监狱）。另一个按钮能激活一个喷射装置，使小碉堡离开地面，飞越混凝土外墙，但是外墙的大门不能打开（这意味着进入碉堡的人可以逃出监狱，但其他人不能）。

妙极了，囚徒们无法让铁护栏变矮，除非他们决定让一个人进入到碉堡中去。唯一的那个他们会选择的人，应该是成功说服了同伴，让同伴相信他会牺牲自己的自由，按动打开大门的按钮，而不是那个喷射按钮。当然，一旦这个人被确定下来，一旦他进入碉堡开始思考自己的安全问题，他有可能重新考虑按下哪个按钮。[9]

不满足于把这个引人入胜的情形只留给理想的理论，舒比克和他的两个同事设计了一个桌游，在现实生活中再现了类似的情景。相应地，这个游戏叫做"再见，吸血鬼"①（So long，Sucker）。这个游戏能用卡片或者筹码来玩。当舒比克在家里与来吃晚餐的客人玩这个游戏的时候，最后的客人，一对夫妇，是乘不同的车分别回家的。"他们中的一个人出卖了另一个人，"他解释道，"我想是那位妻子。"

当然，这个游戏的特征是你必须与另一个参加游戏的人达成一个暂时的、不能强制执行的协定，但那不是赢得游戏的充分条件，你必须也在此次联合中

---

① 详细介绍请见 http：//en. wikipedia. org/wiki/So _ Long _ Sucker。——译者注

背叛你的伙伴。

"一个我所熟悉的精神病医生，"舒比克回忆道，"试图在治疗心理失常的人的环节中用到这个游戏，他希望它能被控制，但是他发现它是如此的邪恶以至于放弃了它。"

这个游戏像理论预测的那样痛苦，而且它是从半个世纪前冯·诺伊曼和摩根斯坦曾经提出的一系列模糊数学思想发展而来，这些都是日常生活中博弈论应用确实存在的令人欣慰的证据。如果你相信变幻莫测的宇宙，如果你认为你自己是原子随机组合的一个奇迹，那么它仍然适用。博弈论不仅告诉我们如何把规则变成随机，还告诉我们如何运用随机性来组织我们的生活。

当然，这么做会让一个人变得机灵。一旦你习惯于用有序的或量化的偏好把一个问题分解成 2×2 矩阵，你可能得到掌控命运的兴奋感，但这也使你暴露在危险中。谢林讲过一个故事，一个同事把办公室借给了一个朋友，但是他没有多余的钥匙，因此把钥匙藏在某地是非常必要的，但不是像大家都知道的那样藏在地垫底下，地垫底下是每个夜贼首先会去查看的地方。作为一个博弈论专家，钥匙拥有者觉得他能应对这个问题。他分析了所有可能的藏钥匙的地方，夜贼的所有可能的行动和做出的判断。然后他找到了夜贼最不可能去查看的藏匿地点，两人都同意把钥匙放在那里。当他结束了一天的工作、锁上了办公室的门、到了双方认可的钥匙藏匿地点时，发现他个人的成就感被残忍地粉碎了：其他人的钥匙已经放在那里了。但这是一个不可避免的错误，他至少能安慰自己：我已经掷了骰子，做出了决策。

运气好的话，这一章已经使你信服，有关人类行为的数字可以用收益来表示，前提是你得到了这些数字。找到数字是社会科学过程中的一部分，被称为操作化（operationalization）：将人类行为的复杂性简化到它们基本的元素，来创建一个更简单的、用量化形式保存事物原始本质的模型。在使用任何数字之前，我们都将考虑这个问题。

【注　释】

[1] David Boyle, *The Sum of Our Discontent: Why Numbers Make Us Irrational* (New York: Texere, 2001).

[2] John von Neumann and Qskar Morgenterm, *Theory of Games and Economic Behavior* (Princeton, N. J.: Princeton University Press, 1944).

[3] Edward G. Bennion, "Capital Budgeting and Game Theory," *Harvard Business Review* (November-December 1956).

[4] Irving Adler, *Probability and Statistics for Everyman* (New York: New American Library, 1963).

[5] 有关解决多策略博弈的规则，请看 J. D. Williams, *The Compleat Strategyst: Being a Primer on the Theory of Games of Strategy* (New York: Dover Publications, 1986).

［6］Thomas Schelling，*The Strategy of Conflict*（New York：Oxford University Press，1963）.

［7］在华盛顿西北部组织起来维护种族融合的牧人花园和相关社区的故事，记录在 Marvin Caplan in *Father Along*：*A Civil Right Memoir*（Baton Rouge：Louisiana State University Press，1999）中。

［8］对囚徒困境更好的解释，见 Douglas R. Hofstadter，*Metamagical Themas*：*Questing for the Essence of Mind and Pattern*（New York：Basic Books，1985），715 - 34. 参见 M. Mitchell Waldrop，*Complexity*：*The Emerging Science at the Edge of Order and Chaos*（New York：Simon & Schuster，1992），262 - 65。

［9］Martin Shubik，*Game Theory and Related Approaches to Social Behavior*（New York：Wiley，1964）.

36

第 3 章
数据分析基础

不需要很多数字就可以使一篇新闻报道定量化。当美国联邦最高法院下令叫停佛罗里达州在 2000 年大选后对选票进行重新计算的时候，所涉及的数字是 5。

如果你已经知道这个事件的背景，知道美国联邦最高法院有 9 位法官，那么，投票否决佛罗里达州高等法院提议的人数为 5 人，这一事实就提供了所有你需要的附加信息。像这样用一个数字就可进行定量的新闻报道，在新闻业务中是很常见的。

然而，在一般情况下，仅用一个数字并不能传达出很多的意义。若想使一个数字真正有意义，就必须把这个数字与另外的一个或多个数字进行比较。在进行数字之间的比较时，必须注意的是，进行比较的数字必须有同类可比的基础。然而在新闻界，人们在试图达到这一简单的要求时却会犯很多错误。因此，本章将会针对如何进行数据比较进行非常基础的阐释。

统计分析的策略有很多种，这取决于你所要处理的是连续型数据（continuous data）还是分类数据（categorical data）。在实际应用中，连续型数据在取值方面没有限制，因此，取值之间可以计算差别——例如，年收入 32 456 美元与年收入 32 460 美元之间的区别。分类数据将事物分成不同的类别，例如民意调查通常只用四到五个类别来表示所有可能的收入情况。这些固定顺序的分类问题更方便处理，但这种方便是以遗失某些信息为代价的。

38

　　首先，我们将分析连续型数据，这些数据常见于政府报告，如人口普查数据以及经济统计数据。然后，我们再涉及分类数据，例如民意调查中的数据。

计算比率

　　对数字进行比较的一种方法是将数字转化为比率（rate）。比率的计算过程会自动地显示出与某些明显的基准进行比较。例如，每个国家中因艾滋病而死亡的人数就不如每万人中因艾滋病而死亡人数有意义。通过将原始数据转化为一个比率，就可以估算出艾滋病对人口的影响，同时也可以比较艾滋病在不同国家造成的不同影响，而不用考虑各个国家在人口规模方面的差异。

　　关于比率，记者们需要记住两件事：

　　（1）比率是一种比例，不是绝对的数值。

　　（2）在多数情况下，比率比它们赖以为基础的绝对数值更有意义。

　　最常用的比率是每一百个中所占的比率（拉丁语称为 per centum），或者叫做百分比（percentages）。要得到百分比，只需将分数化为小数，然后将小数点向右移动两位即可。因此：

$$1/2 = 0.5 = 50\%$$

　　百分比的第一条规则是：

只有知道百分比的基数，百分比才有意义。

39

　　在不丢失基数的情况下计算百分比，就要从分数开始考虑。如果一支 42 人的橄榄球队中有 11 个人是用四年时间上完大学的，那么这个球队的四年毕业率就是 11/42，或者说 26%。在这个分数中，11 表示四年毕业的人数，42 就是四年毕业的人数要与之比较的基数，基数位于分数的底部。我知道，这听起来太初级了，但如果你知道有多少学生记不住这一规则的时候，你一定会感到很惊讶（当我向学生们解释这个问题的时候，我让他们设想校园中的一座雕像，例如，北卡罗来纳大学中的沉默的山姆铜像①，或者是南加州大学的特洛伊铜像②。最基础的信息都在底座。这似乎有帮助）。

　　能够准确识别出基数是非常重要的，这是因为下一条规则：

两个百分比相比较的时候，他们要有着相同的基数。

一些写新闻的人显然认为，当进行百分比比较时，保持基数一致是无聊且没有必要的。我曾经读过这样一篇新闻报道，里面的基数就在句子中发生了转换："在巴克斯特郡，90％的黑人投票支持戈尔，但对小布什来说，95％的支持者都是白人。"前一个百分比的基数是黑人的数量，而后一个百分比的基数是小布什支持者的数量。这种比较毫无意义，如果你知道选民中黑人所占的比例，你可能会对这个结果感到困惑。如果说"戈尔赢得了90％黑人的支持以及40％白人的支持"，结果会好得多。

当你头脑中有了基数的概念，你就可以通过除法将分数化为小数。不要忘记，当把小数转化为百分数时，要将小数点向右移动两位：

$$0.5 = 5/10 = 0.50 = 50\%$$

50％是另外一种表示百分之 50 的方法，更为简便。如果我们保持小数点位置不变，并且说百分之 0.5，这不仅会显得冗长，而且我们表示的还可能是完全不同的数值（1％的一半）。有时你会在一些出版物上看到百分之 0.50 这样的表达，但实际上，作者真正想要表达的却是 50％，使用小数点可能只是为了强调。因此，日常生活中我们要遵循的另一条规则是：

小数点是为了表达意义，而不是为了强调。

有时候你描述的比率很小，以至于它需要用一个百分点以内的分数来表示。那么在这种情况下，考虑用每 1 000 或每 100 000 中所占的比率来进行表述，就可以用整数来进行比较。这样不仅能减少印刷错误，也能减少对数字的误解。

百分数差

也许你会认为，用雕像来加强对百分比基数概念的理解是愚蠢的，但当你试图找出百分数差（percentage difference）时，你就会明白认清基数的重要性。

1998 年 8 月 3 日，道琼斯工业指数（Dow Jones Industrial Average）收于 8 786.74 点。在接下来的第二天，1998 年 8 月 4 日星期二，这一指数为 8 487.31。请问：百分比下降了多少？

顾名思义，百分数差的意思是，将两个值取任意同样的值作基数计算百分数之后，两者之间的差异。如果你想知道从"时期 1"到"时期 2"的百分数变化，那么"时期 1"的值就是该百分数的基数。

因此，首先要获得两个值之间相差的绝对值。用 8 786.74 减去 8 487.31，你会发现道琼斯指数下跌 299.43 点。现在你就可以写出分数了（注意确保你的基数是正确的）。那么，百分比下降的值为：

$$299.43/8\ 786.74 = 0.034\ 077 = 3.41\%$$

需要注意的是，在把小数转化为百分数时，我们要将小数点向右移动两位并加上百分号。小数点后保留两位，比我们需要的精度要高，是参考了《华尔街日报》的风格。

需要注意的是，四舍五入（rounding）并不完全等同于截尾舍去（truncating）。如果我们直接进行截尾舍位，我们将得到的结果是 3.40%。但由于舍去的值超过半数，所以我们需要四舍五入等于 3.41。为了对舍去的数字估值，我们可以把它们假想成一个小数。在本例中，0.77 要大于 0.5，因此要进上一位。但如果它比 0.5 小，你就可以舍去（例如，舍去剩余的数字）。如果刚好是 0.5 怎么办？其实在这种情况下两种做法并没有多大差别，但是，出于一致性考虑，我会进一位——除非我有足够多的信息来计算出更多位的小数，以帮我决定到底是该舍去还是该进上一位。

因此，8 月 4 日，股票市场下跌 3.41 个百分点。

当证券交易所公布了这一降幅之后，各地的报纸所报道的与事实情况却风马牛不相及。在 1998 年 8 月 5 日，《圣路易斯邮报快讯》（St. Louis Post Dispatch）率先发出标题为《道琼斯指数出现有史以来第三大降幅》的新闻报道，并在导语中说道："整个股市迎来了黑色星期二，道琼斯工业指数下跌了 299.43 点——这是迄今为止的第三大跌幅。"

进行历史比较是有益的，但用道琼斯指数从 1896 年以来的绝对跌幅进行比较的做法是十分可笑的。多年以来，道琼斯指数已经发生了大幅增长，这种增长不仅来源于通货膨胀，同时也来源于全国工业总产值的增长。在道琼斯指数的前 50 年内，除了短暂的时间外，299 点的跌幅将会对整个股市造成致命的打击——这在逻辑上是不可能发生的。

那么 299.43 点的降幅转化为百分比能排到第几名呢？至多第 215 名。这并不能刷新纪录，也的确不像头条新闻所暗示的那样会造成灾难性的后果。至今新闻媒体在进行历史数据的比较时，几乎还是千篇一律地关注绝对变化量，好像道琼斯指数是 100 还是 10 000 没有差别。现在常见的新闻报道模式依旧是，先强调指数的降幅进行渲染，然后再用百分比数据来说明实际发生了什么。记者总是更倾向于优先对不太重要的点数进行比较，只因为点数涉及较大的数字，他们不在乎这些数字是有误导的。

现在道琼斯指数比起 20 世纪 30 年代高出了很多，原因是显而易见的：经济增长以及商业公司的价值增大。这些增长中一部分是实际的增长，一部分是由于通货膨胀造成的。社会中存在长期趋势，这意味着长期趋势会影响社会中的一切。如果你想进行不同时期的比较，就必须消除这种长期趋势的影响，才能明确判断所研究的现象到底是如何发展的。换句话说，你需要消除长期趋势对数据的影响，这就要用到库克（Cook）和坎贝尔（Campbell）所青睐的理论。[1]

用百分比来表示变化是一种去趋势化（detrend）的方法，但这不是唯一的方法。根据通货膨胀的情况对道琼斯指数进行调整是另一种方法。金融分析师和会计师通常不会这样做，但如果他们这样做了，会发现通货膨胀对道琼斯工业指数的影响将是惊人的。道琼斯指数的长期增长，虽然也是足够真实的，但不会特别令人印象深刻。

关于百分比的变化，还有另外一点需要注意。当你将变化的方向进行反转时，基数也会随之改变。如果你最喜欢的股票从每股 100 美元跌至 10 美元，则降幅为是 90%。如果接下来的第二天，该股票又增长了 90%，你可能会感到很高兴，但事实上你不可能挽回所有损失。10 美元增值 90%，只能得到 19 美元。要想得到 100 美元，那它必须增值 900%。

"多几倍"与"是几倍"

在结束"如何找出百分数差"这一话题之前，我们需要考虑一个简单的捷径。

在新闻编辑室里，我曾听说人们使用"用大数字来除小数字"的规则。这其实是错误的规则，只有在百分数差小于 100 的时候，这个规则才起作用。我们假设股市回暖，股票从 10 美元涨到 100 美元，此时基数是 10，变化量是 90，所以百分比变化就是 90/10 或者说是 900%。

这里有从高中代数中衍生而来的一种计算捷径：百分比变化 = $(N/O)-1$，其中 N 表示新值（new value），O 表示原值（old value）。这种算法不论百分比是增长还是减少都适用，不论变化是大于还是小于 100% 都适用。

在我们之前的例子中，股票从 10 美元上涨到 100 美元，那么计算步骤应为：

$N/O = 100/10 = 10$

$10-1 = 9$

9×100（转化为一个百分数）$= 900$

接下来，我们来考虑如何将百分比的变化用语言表述出来。

准确的说法是股价的新值是"比原值多九倍"。还有另一种说法是"多 900%"。但我并不建议使用这种说法，因为"多几倍"（times greater）的说法常常被错误地用来表示"是几倍"（times as great），表示 10 的九倍的数字当然是 90，而不是 100。

对于这一混淆，有一种简单的解释。"多几倍"是将基期的值与变化量（即多出来的值）进行比较，而"是几倍"是将基期的值与新得到的值进行比较。

只要认真思考你就会透彻理解这一问题。但不幸的是，许多新闻记者并没有认真考虑，他们将"多几倍"与"是几倍"交替使用，认为这二者表示的意义完全相同。事实并非如此！除非美联社在他们的写作手册中禁用"多几倍"这样的词语，否则这个问题将一直持续下去（事实上我在几年前就曾提议这么做，但美联社的领导层拒绝了这一提议，他们认为"多几倍"的说法就像无害的"数学口语"一样）。但是，如果读者认为这句话的真实含义与其表面意思一样，这句话就不再是无害的了。

当你谈论很大数量级的变化时，这个错误并不会造成很大的影响。但当你谈论较小的、两倍到三倍的变化时，这个错误就会给你造成很大的困扰。如果你是 25 岁，我的年龄是你的三倍，那么我就是 75 岁。可是如果我的年龄比你的年龄多三倍，那么我就是 100 岁。看在我的面子上，请尽可能将这两种说法辨析清楚吧。

根据通货膨胀进行调整

当对不同时间的美元数量进行比较时，扣除通货膨胀的影响是对数据去趋势化的一种比较好的做法。这样做存在的一个障碍就是缺乏一个良好的表示通货膨胀的统计指标。现在常用的表示通胀的指标就是美国劳工统计局（the Bureau of Labor Statistics）发布的居民消费价格指数（the Consumer Price Index，CPI）。CPI 创立于第一次世界大战期间，当时物价飞涨，尤其是在造船中心，不得不根据生活成本对工人的工资进行频繁的调整。CPI 显示了年复一年美元购买力的相对价值。CPI 是通过监测"市场篮子"（market basket）里一段时间内相对稳定的商品和服务的价格来实现的。所谓的"市场篮子"包含了食品、服装、住房、燃料、交通、医疗服务以及其他人们日常生活所需的商品和服务。如果把 1990 年的市场篮子定义得与 1952 年的相同，就会出现问题，一些在 1990 年看起来与生活有关的并且是必需的商品和服务，在 1952 年时并不存在，比如针对汽车的减少尾气排放装置。政府的统计局为了解决这一问题，不断地对市场篮子进行重新定义，以适应不断变化的生活方式和科学技术。[2]

即便如此，创造出一个适用于所有人群的"市场篮子"也是不可能的。例如，拥有自己房子的退休人员不受房屋租金或房贷利率变化的影响。对于那些拥有住房的联邦政府退休人员来说，他们的退休金是与 CPI 进行挂钩的，而这会为他们增加一笔额外收入。他们的收入会自动地增多，多于他们本身正常的生活成本。

这种标定指数① （indexing）的做法，当然是一种去除长期趋势影响的方法，

---

① 指依据居民消费价格指数进行调整。——译者注

而通过排除通货膨胀的长期趋势的影响，可以得到数据所包含的真正意义。哪怕粗略地这样做，也比什么都不做要好，这将得到数百万领取固定私人养老金的退休者的认同，因为他们的退休金的实际价值每年都在减少。

但迄今为止，会计师仍旧不愿意根据指数调整或者消除长期趋势的影响，因为这将会给他们的工作带来不确定因素。企业资产负债表很少会显示出通货膨胀的影响。新闻媒体经常对盈利记录进行夸耀和吹嘘，但如果进行持续的美元价值比对的话就会发现，有时这些利润反而是低于历史水平的。劳工领袖们也曾这样过度夸耀，归功于盈利，但实际上，如果去除通货膨胀的影响，可能反而是亏损的。

消除通货膨胀影响的步骤很简单。当你对历年的美元总值进行比较时，选取某一年作为定值美元，将其他年份的美元总值转化为定值美元来表述。当某一年被拿来与当前年份相比时，通常的做法是将原来的值转化为与之等价的现值或定值美元再进行比较。当然这也能用其他简单方法来完成。

下面我们选取一个例子进行讲解，这个例子涉及了一个通胀肆虐的历史时期。1986 年大卫·韦弗（David H. Weaver）和克利夫兰·威尔霍伊特（G. Cleveland Wilhoit）指出，记者收入的中位数从 1970 年的 11 133 美元增加到 1981 年的 19 000 美元。他们指出，对记者们来说这是坏消息，因为记者们的实际购买力每年减少了大约 7 000 美元。[3] 为了核实他们的计算结果，你需要 1970 年和 1981 年的居民消费价格指数。根据美国政府出版社（U. S. Government Printing Office）每年出版的《美国统计摘要》（*Statistical Abstract of the United States*）来看，这一指数分别是 38.8 和 90.9（该指数是将 1982—1984 年的价格视为 100 作为基础，从而计算得出的）。然后，把 1970 年记者收入的中位数转化为 1981 年的定值美元。使用你在高中时就学过的分数相等的公式进行计算：

$$\frac{38.3}{11\ 133} = \frac{90.9}{X}$$

用句子表述可能会比等式让你感觉更舒服：38.8 相对于 11 133 美元，就好比 90.9 相对于某个未知数（即把 1970 年的收入用 1981 年的定制美元来表示）。按照高中代数中交叉相乘的原则，你会得到以下等式：

$$38.8 * X = 11\ 133 * 90.9$$

等式两边同时除以 38.8 可得：

$$X = (11\ 133 * 90.9)\ /38.8$$

（本书中的等式使用计算机符号：表示"乘以"的符号为星号，而不是老式的"×"。"X"表示未知数。斜线表示"除以"。）

把这个数字输入你的计算器，你会得出 1970 年的 11 133 美元转化为 1981 年的定值美元之后，相当于 26 082.21 美元。因此，在那一个时期，新闻从业人员的薪水实际上降低了 27 个百分点。为什么会这样？因为发生了两件事。其一，《华盛顿邮报》的两位年轻记者在"水门事件"中的表现，激励了众多年轻人投身新闻行业。与此同时，女性进入这一行业的门槛变低。这两种现象都使得新闻工作中可用的劳动力数量大幅增加。理想主义的、积极性高的年轻人的增多使媒体拥有者有了更多的选择。选项一：提高新闻行业的从业标准，从众多候选者中选择最优秀的人，使最优秀、最出色的人才加入新闻界；选项二：选择那些愿意为最少的钱并且养老储蓄金在最低线而工作的人作为下一代的记者。我们都知道选择的结果是第二个。

美国劳工统计局的网站收录了当前的居民消费价格指数和历史比对。该网站还有在线计算器，为你演示高中代数。[4]如果你想追溯到1913年之前的数据，你可以翻阅一套名为《美国历史统计数据》（*Historical Statistics of the United States*）的文献[5]，它可以给出从第一次世界大战开始至今美国劳工统计局的所有数据，并且根据其他历史因素评估并推导出1800年以来每年的居民消费价格指数。

每月的数据将被分为两类，城市消费价格指数CPI-U和工人消费价格指数CPI-W。城市消费价格指数针对所有生活在城市中的消费者，涵盖了大约80%的人口；而工人消费价格指数针对的是城市中的工人和普通职员。这两种数据是独立搜集的，因此通货膨胀造成的不同的影响能通过这两组人员进行追踪（虽然他们之间会有大量重合）。从服务于公共政策的目的出发，人们常常采用人员基数更大的城市消费价格指数来进行通货膨胀调整。

因人口增长而调整

趋势能成为新闻，可能是因为它们一直以来默默无闻被大多数人所忽略，还可能是因为某一发展趋势的突然中断。为了更好地关注有报道价值的趋势，你必须把它从背景的多个平行趋势中分离出来。人口增长是一种长期的趋势，就像通货膨胀一样，能够使其他的趋势看起来更强或更弱。

美国报业协会（Newspaper Association of America）每年都会出版一本关于新闻行业统计趋势的小册子。这个小册子显示，在美国，每年报纸的发行量都会略有降低。但真实情况要比公布的数字严重得多，因为人口总量和家庭数一直在增长。发行渗透率（circulation penetration），即用报纸的发行量除以家庭数，已经持续下降很长时间了，并且下降速度很快。渗透率是美国报业协会真正关心的，虽然这个数字并未在小册子中出现（见图3—1）。

凭直觉这个数字很容易理解。在某一给定的市场中，当渗透率是100%时，表明每家都有一份报纸。当渗透度超过100%时，表明报纸销售量大于家庭

45

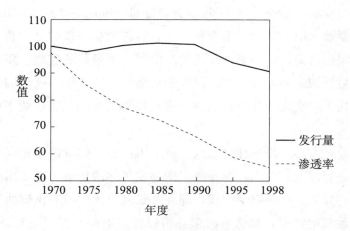

图 3—1 报纸发行量和渗透率

数——这在 20 世纪 50 年代是很常见的。但现如今,这个数字已经非常小了,并且还在持续下降,有些都市报的家庭渗透率已经低于 50%。把报纸发行量表述为相对于家庭数量的比率(因为入户投递的报纸是出售给某一家庭而非个人的)可以使人们更加容易地看到真实的趋势。

消除长期趋势时所用到的人口数据从何处获得?美国人口普查每 10 年才搜集一次数据,但美国人口现状调查(Current Population Survey)在每年的 3 月更新基本的人口统计数据。许多机构也会提供间断性的人口特征的估计。标准比率和数据服务公司(Standard Rate and Data Service)提供媒体受众研究以及人口估计的数据,这些资料在大型图书馆和媒体机构的市场部都可以查到。美国发行量审计局(Audit Bureau of Circulations,ABC)每年都会对县一级的家庭数量进行估计,大多数报纸和许多新闻学院都是 ABC 的会员,能够以打印和磁盘形式使用这些数据。

 曲线拟合

有时,一些有意义的趋势会被各种因素干扰,包括随机误差(random error)。基于样本数据的调查研究往往受到随机误差的限制,尤其是在对一些小的子群体进行检验的时候。为得到更加清晰明了的趋势图,一种做法是将趋势拟合成平滑的线。

直线可以用来拟合许多种趋势的数据。你可以用计算器或统计分析软件如 SPSS[①](Statistics Package for Social Science)来进行回归分析(regression)并

① SPSS 是世界上最早和最常用的统计分析软件之一,原名为社会科学统计软件包(Statistics Package for Social Science)2000 年更名为统计产品与服务解决方案(Statistical Product and Service Solutions),2009 年被 IBM 收购。——译者注

画出散点图（scatter plot），把时间作为自变量（independent variable）或者 X 变量。相关系数（第 4 章会详细介绍）会告诉你数据与所建立的直线模型的拟合程度。如果拟合很好，甚至可以通过画出拟合度最好的直线并用直尺将其延伸，来预测数据的未来走势。如果现有趋势继续保持不变，这样的线性预测便可以告诉你接下来会发生什么；当然，现有趋势也可能无法继续下去，而是发生改变。

　　不幸的是，大自然并不喜欢直线。但不用担心。你可以使用同样的回归分析来对曲线进行拟合。首先，查看散点图并发挥你的想象力来找出它可能符合哪一种曲线。如果是一条简单曲线，即在其长度范围内没有出现曲线在某一点处发生方向改变的情况，那么有时候你可以通过对某一变量进行非线性转换，如计算其平方或平方根等，来将散点拟合为直线。

平滑化

　　如果说大自然不喜欢直线，那么它也不喜欢光滑的对数曲线（smooth loga-rithmic curves）。最有趣的趋势往往弯曲得异乎寻常。图基（Turky）开发了一个程序来处理这类复杂数据，他称之为"平滑"（smoothing）。平滑背后的理论是：测量误差本身是一种长期的趋势，可以通过将每一个点与周围的点进行检查而提取出来。移动平均是一种常见的平滑方法。如果你有个月度数据需要平滑，那么取 1 月份的数据为 12 月份、1 月份、2 月份的平均数。对于 2 月份来说，取 1 月份、2 月份、3 月份的平均数。选举前的追踪民意调查有时也会用三天的移动平均数来表示候选人的处境。

　　图基建议使用三者的中位数，而不是平均数。下面是具体做法：将每一个数据点与其两侧的点进行比较，然后用三者中处于中间位置的点来代替它。例如，在数列 324 中，2 要变为 3，因为 3 是这一组数字的中位数。如此一来，特别超范围的点将会被舍去。图基认为这种做法很好，因为那些奇怪的点总会吸引人们的注意，使人很难看出曲线的真正走势。"平滑化的价值在于，"他说，"只要不受细节的干扰，我们就能对整体有一个更加清晰明确的把握。"[6]换句话说，这正是作为一名记者所需要的。如果经过一次平滑化处理之后，每三个数中的移动中位数之间还遗留有缺口，图基的建议是，继续进行平滑化处理，直到平滑化处理前后，图形不再发生变化。当然，还有更加复杂的方法对数据进行平滑化处理，其中的一种可以在统计分析软件 SPSS 的建立时间数列的程序中找到［在菜单的"变换"（transform）选项下］。试用这个方法的一个好去处是综合社会调查[①]（General Social Survey）中关于报纸读者群的数据。几十年来编辑们已经知道让年轻人读报是很困难的。图 3—2 使用了 20 世纪 90 年代历次综合社会调查的汇总数据。

图 3—3 是使用图基的某一种复杂方法对数据进行平滑化处理后得到的。

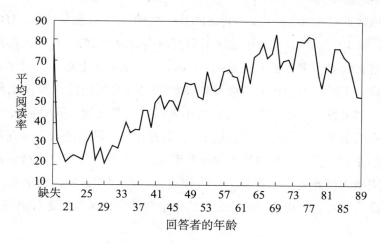

图 3—2　未进行平滑处理的各年龄组日报阅读率

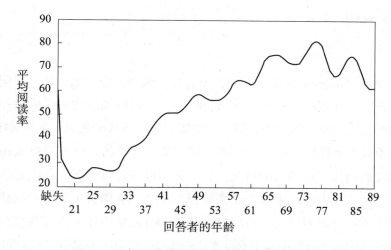

图 3—3　经平滑处理后的各年龄组日报阅读率

在图 3—2 中，折线上锯齿参差不齐的主要原因是每年各个年龄抽取的样本都很小。解决这个问题有很多种方法，其中一种方法就是合并现有的年龄分组，增大年龄间距。另一种方法是将这些数据点与根据理论所确定的曲线进行拟合。在接下来的几章中我们将讨论这些处理数据的策略。

48

① 综合社会调查（General Social Survey，GSS）是由设在芝加哥大学的美国全国民意研究中心（National Opinion Research Center，NORC）负责实施的定期的全国性大型社会调查项目。由美国国家科学基金会（NSF）支持，其调查的宗旨是：采集当代美国社会的数据，以了解和解释美国民众在态度、行为以及社会属性方面的现状和变化趋势；从总体上探讨社会的结构与功能，以及社会各子群体所扮演的角色。原始数据公开，可供学术研究使用，其网址如下：www.norc.org。——译者注

指数

使用指数是实现明确的分析和传播的另一种方法。CPI 就是一个很好的指数运用的例子。将 1982—1984 年度的居民消费价格指数设为 100，每个人都能很容易地明白，当 2001 年一月份的 CPI 达到 175 时，意味着物价上涨了 75 个百分点。

有时候，报纸广告销售人员会使用指数来对某报纸的受众和报纸所在市场进行比较。如果整个市场中有 35％的成年人拥有大学文凭，同时某报纸有 47％的读者拥有大学文凭，那么指数就是 134。这是用另一种方法来表示在该报读者中，大学毕业率比整个市场中的大学毕业率高出 34 个百分点。通过将这种指数计算方法应用于彼此竞争的媒体，广告销售人员便能够证明，他的报纸受众社会地位更高，并且拥有更高的购买力，这比单纯的发行量数据更有说服力。

季节调整

季节调整（seasonal adjustment）是另外一种去趋势化的方法。美国劳工统计局（BLS）发表的月度失业（unemployment）数据能给我们提供每一个月的数字来进行直接比较，从而使我们一眼便能看出经济状况是变好还是变坏。

但失业是季节性的，在一年中的不同时节，学校的开学与否以及不同的气候条件都能影响找工作的人的数量。为了评估经济运行情况，我们更感兴趣的是每个月之间那些不能用季节变化来解释的变化。美国劳工统计局的统计学家的去趋势化方法是观测以往的季节性变化，同时假定当年的季节性变化与往年大体一致，然后减去数据中属于季节变化的部分，对余下的部分进行发布。当然，因为每年的季节性变化并不是一成不变的，这样做也有一些风险。但这样做总比什么都不做要好。如果白宫在总统大选年秋季出版的失业人员数量呈现戏剧性的减少，那么认真的记者们便会去核实季节调整有没有被遗漏。如果事实真的如此，那么失业人数的下降很可能是因为大多数青少年劳动力回学校上课去了。

回归残差

一些不可抗拒的持续变量往往会掩盖很多你真正想得到的东西，当你需要控制这些变量时，有一种简便易行的去趋势化的统计技术。安德鲁·布拉克（Andrew Brack）曾对北卡罗来纳州报纸的编辑质量进行过研究，但由于发行量的规模可以解释绝大多数变异，他的研究遇到了困难。大型报纸拥有更多的资源，因此为了盈利，它们能够给它们的读者提供更多的内容。然而，布拉克收集了一个包括大型报纸和小型报纸的样本，测量了一系列能体现编辑质量的指标，将这些指标整合为一个指数，并将这些报纸绘制在同一张图表上，结果如图 3—4 所示，其中纵坐标代表质量，横坐标代表发行量，这些点的分布大致呈一条直线。

　　布拉克首先使用一般线性模型（general linear model，GLM）绘制出拟合度最好的直线来描述发行量对报纸质量的影响，然后注意力转到了各个点距离该直线的偏差上。一些报纸的质量比通过发行量预测得到的数据要好很多，而另一些报纸则要差很多。通过测量这些实际数据与用发行量得到的预测值的偏差，他采用了一种对报纸质量的数据进行去趋势化处理的办法，来消除发行量规模的影响。这种方法的学术名称为残差分析（residual analysis），因为该方法关注的是残差方差（residual variance），或者说是发行量规模可以解释的范围以外的数据的变化（后面的章节有更多与此有关的内容）。

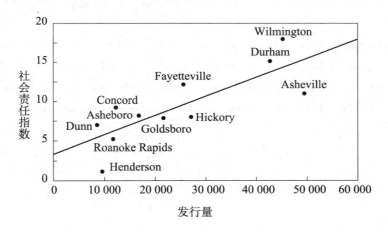

图 3—4　社会责任指数与报纸的发行量

注：图中英文均为报纸名称的缩写。——译者注

 标准化分数

50

　　另外一种将不相关的事物进行比较的方法是使用标准化值或者 Z 值（standardized or Z-scores），也就是重新表述每一项测量结果相对于整组数据均值的偏离程度。我们不妨考虑这样一个情景：某橄榄球队的四分卫在球场上是整个队

伍的战术决策者，但他并不是跑得最快的那一个人。体育记者可能会用他的"思维跑得比腿快"来形容他。因为智慧和速度是不同维度的事物，这个比较看起来毫无意义。但如果你将这个简短的描述句解释为，他的智力超出标准水平的程度，比他的速度超出标准水平的程度要多，那么这个句子就非常有意义了。

如果你有一系列测量需要整合为一个指数，但是又因各个测量的尺度不同而不能简单相加，那么这个标准化的方法就会非常有用。标准值（也称 Z 值）是对相对特性的测量。计算标准值需要一定的统计学知识，在接下来的章节中将有所涉及。

【注 释】

〔1〕Thomas D. Cook and Donald T. Campbell, *Quasi-Experimentation：Design and Analysis Issues for Field Settings* (Boston：Houghton Mifflin, 1979), 323.

〔2〕*BLS Handbook of Methods：Vol. II, The Consumer Price Index* (Washington D. C.：U. S. Government Printing Office, 1984).

〔3〕David H. Weaver and G. Cleveland Wilhoit, *The American Journalist：A Portrait of U. S. News People and Their Work* (Bloomington：Indiana University Press, 1986).

〔4〕In 2001, the Web address for the online CPI calculator was http：//stats. bls. gov/cpihome. htm.

〔5〕*Historical Statistics of the United States：Colonial Times to 1970*, Bicentennial Edition (Washington, D. C.：U. S. Government Printing Office, 1975), 211.

〔6〕John W. Tukey, *Exploratory Data Analysis* (Boston：Addison-Wesley, 1977), 205. See also the Help function in SPSS for Windows for details of the procedure.

第4章
利用统计学的力量

正是变化的东西才让我们感兴趣，一成不变的东西天生就是单调乏味的。佛罗里达州迈阿密的冬天可能比堪萨斯州克莱森特（Clay Center）的冬天更舒适，但谈论起来就没那么有趣了。拥有大风、冰雹、各种气温变化的克莱森特在其大气层中有着更多的不同。或者举一个变化极少的例子，一个关于正常人脑袋数量的报道不会拥有太多读者，因为我们都有一个脑袋，没有任何变化让我们去思考、解释或分析，对每人脑袋数目的定量分析很快就会变得无趣。只有当发现有人有两个脑袋的时候，人的脑袋数量才会有趣，这时人头数就成为一个变量（variable）。

另一方面，考虑用斯坦福—比奈智商测试（Stanford-Binet IQ test）测量的人类智力，它变化范围很大，并且差异的来源有无尽魅力。新闻撰稿人和政策制定者经常思考这些差异有多少是先天造成的，有多少是受环境影响的，智力是否能被改变，智力是否与诸如运动能力、种族类别、出生顺序和其他有趣的变量有关。

变化，才能产生新的事物。在任何统计分析中，通常我们首先想要知道的就是，我们所研究的现象是不是一个变量，如果是变量，它变化多少、怎么变化。一旦我们弄清了这一点，通常我们更感兴趣的是变化的根源。最理想的情况是，我们希望找出是什么原因导致了这种变化。但是因果关系是很难证明的，我们经常解决和处理的问题是发现和所研究变量相互关联的以及共同变化的变量。因为建立因果关系是如此的复杂，以至于统计学家会用一些含糊的话语来表示几乎——但不是完全——同样的东西。如果两个有趣的现象共同变化（意味着它们一起变化），他们说一个依赖（depends）于另一个或者一个解释（explains）了另一个。这些概念接近因果关系，但还是差一点，并没有完全解释它。例如，你在大学里表现如何可能依赖于你的入学考试分数，但是分数并不是你表现好坏的原因，分数只是表明了潜在的能力水平，从而帮助解释了你的表现，而能力水平才是你的考试分数和学校表现的原因。

统计学运用于新闻和科学领域的目的都在于寻找原因，但是在提出因果关系时需要非常谨慎，越适度的概念使用起来越自由。适度正在成为统计学探究未解释变化时要考虑的问题，它是一个你将越来越习惯的概念，随着时间的推移，它甚至可能看起来带有浪漫气息。

测量差异

有两种方式来运用统计学，你可以生搬硬套，不必完全理解原因和原理地套用公式，或者你可以培养一种将要做什么的直觉。生搬硬套的方法简单而快捷，但是正像生活中大多数简单而快捷的事物一样，它充满了危险。为了保护自己，你必须在直观层面了解一些概念。因为方差（variance①）是基础的统计概念，值得花一些时间在直觉层面上来了解它。如果你看见了低差异（人类的脑袋数量）和高差异（人的智力）之间的不同，你的直觉理解就被很好地开启了。现在，让我们来看看测量差异的一些方法吧。

最有效的测量方式是从一个基准（baseline）开始（记得某个喜剧演员被问到"你妻子怎么样"时，他的回答是"那要看和什么比了"）。

在测量差异时，一个逻辑上的"和什么相比"是中心趋势，中心趋势的便捷测量方式是算术平均数或者均值，或者你可以用概率考虑，像一个扑克牌玩家一样，运用期望（expected）值。

从最简单的变量开始，变化只有两个可能情况：0或者1、白或者黑、存在或者缺失、生存或者死亡、男孩或者女孩。这些变量在生活中经常遇到，统计学家给了它们一个术语：二分变量（dichotomous variables）。另外一个对它们的描述词汇是二进制（binary）。在这个总体中的任何东西都是非此即彼的，它们只有两种可能，没有更多。

---

① variance 在英文中有变化、不同、差异的含义，同时，在统计学中，描述变量离散程度的指标、方差，对应的英文也是 variance。在本章中，将根据上下文，将 variance 分别译为差异或方差。——译者注

　　在当今美国社会一个有趣的二分变量是少数族群的地位。旨在提高少数族群地位的政策，需要先把每个公民划分为少数族群或非少数族群（我们现在将跳过这么划分可能出现的混乱）。现在想象有两个小镇，一个在中西部农村，一个在南部农村。前者有 2％少数族群，后者有 40％少数族群。请问哪个总体有更大的差异？

　　只需要一点反应，你会发现中西部小镇在其种族构成中没有太多变化，它有 98％非少数群体。南方小镇有更大的多样性，所以它的种族变化相当大。

　　这里有另外一个方法去思考这种差异。如果你知道中西部小镇的种族分布并且必须猜测某个随机的人的种族归属，你会说这个人是一个非少数族群，并且你有 98％的可能性是正确的。在南部小镇，你做出同样的猜测，但猜对的可能性就大大减少了。此时，差异是与不确定性的概念有关的，在后面的章节中当我们考虑抽样的算法时，将会证明这一点是非常重要的。

　　现在，你需要知道的是：

（1）差异是有趣的。

（2）差异在不同的变量和不同的总体中是不同的。

（3）差异的大小是很容易量化的（我们马上就会看到怎么做）。

 ## 连续变量

　　现在跳出二分变量，让我们向前迈出一大步来考虑可以有无限分支的变量。不像非 0 即 1，它可以从 0 至无穷，或者从 0 到某个有限数字，但在这有限的范围内有无限可能的取值。这种想象太难，所以让我们用真实的数据来说明：在九大权威新闻机构中把"minuscule"错拼为"miniscule"的频率（见表 4—1）。[1] 为了确保有差异，我们来看一下 1989 年的拼写检查结果。

表 4—1　　　　　　　1989 年九大新闻机构错拼"minuscule"的频率

新闻机构	频率（％）
《迈阿密先驱报》（Miami Herald）	2.5
《洛杉矶时报》（Los Angeles Times）	2.9
《费城问询报》（Philadelphia Inquirer）	4.0
《华盛顿邮报》（Washington Post）	4.5
《波士顿环球报》（Boston Globe）	4.8
《纽约时报》（New York Times）	11.0
《芝加哥论坛报》（Chicago Tribune）	19.6
《华盛顿新闻报》（Newsday）	25.0
《底特律自由报》（Detroit Free Press）	30.0

　　只需要浏览一下这个清单，你就会看出其中的差异很大。清单上拼写最差

---

① minuscule 意为非常小；miniscule 意为小写的。——译者注

的报纸的错拼率是拼写最好的报纸的 10 多倍。拿两个极端值的比率来测量变化程度是一个直观的方法。但是这是一个粗略的测量，因为它没有用到清单中的所有信息。所以让我们按统计学家的方式测量变化程度吧。首先他们通过计算均值找一个参照点（一个作比较的参照物），均值就是数值的总和除以个体的数目。这九家报纸的平均值是 11.6。换句话说，清单上的报纸拼错"minuscule"的平均值是 11.6%。当我们谈论方差时，我们实际上是在谈论围绕平均值的变化。接着，进行如下步骤：

（1）用每个个体的值减去平均值，得到差值。

（2）平方每个个体的差值。

（3）将所有平方后的差值加起来得到总数。

（4）用总数除以个体总量。

这是一个有点长并且详尽的清单，如果这是一本统计教科书，你会得到一个等式。你会更喜欢这个步骤清单，而不是那个等式的，相信我。

按前面所有的步骤都做下来，得到的结果就是这个案例中的方差。它算出来接近 100，或多或少差一点（近似值是合适的，因为在表格中的值已经被四舍五入了）。但是 100 是什么意思？我们怎样给这个数字一些直观的用处呢？首先要记住的是方差是绝对的概念，不是相对的概念。为了赋予它直观意义，你需要把它和其他东西联系，我们现在正接近这样一种方法。如果我们将方差开平方（这足够合理，因为它是从一组平方后的差值中得来的），我们会得到一个非常有用的统计量叫做均值的标准差（standard deviation of the mean），简称标准差。与标准差相比的数是均值。

在这个案例中，均值是 11.6，标准差是 10，这表示围绕均值有很多变化。在一个取值遵循典型的钟形正态分布的大总体中，三分之二的个体会落入均值的一个标准差内。所以如果标准差与均值相比是一个小值，它表示变化是很小的——就是说，大多数个体紧紧围绕着均值。如果标准差相对于均值来说是个大值，这时差异程度就相当大了。

在刚才的这个例子中，"minuscule"错拼率的变化差异是很大的，只有一个值比较接近均值，在均值两边的值要么只有均值的一半，要么是均值的两倍。现在这就是差异！

55   为了比较，让我们考虑一下进行拼写测试时这些报纸的发行量吧（见表 4—2）。[1]

表 4—2   1989 年九大新闻机构发行量

新闻机构	发行量（份）
《迈阿密先驱报》（*Miami Herald*）	416 196
《洛杉矶时报》（*Los Angeles Times*）	1 116 334
《费城问询报》（*Philadelphia Inquirer*）	502 756
《华盛顿邮报》（*Washington Post*）	769 318
《波士顿环球报》（*Boston Globe*）	509 060
《纽约时报》（*New York Times*）	1 038 829
《芝加哥论坛报》（*Chicago Tribune*）	715 618
《华盛顿新闻报》（*Newsday*）	680 926
《底特律自由报》（*Detroit Free Press*）	629 065

这九家报纸发行量的均值是 708 678，围绕着均值的标准差是 238 174，所以这里的差异是相当小的。在大量像这样的正态分布中，三分之二的值将会相当接近平均值——在均值数值加减三分之一范围内。[①]

获得分布形状的图形同时包括方差的大小，一个好方法是作直方图（histogram）。让我们以一张关于智力的图形开始吧。智商，用斯坦福—比奈智商测试测量的智力平均值是 100，标准差是 16。想象在堪萨斯州一个麦田里麦茬烧尽，准备耕地，在里面有数以千计的测过智商的人集合在一起。每个人都知道自己的智商值，并且在麦田里有一条直线，上面每间隔一米标有从 0 至 200 的数值。随着喇叭声响起，每个人必须面向代表他智商值的刻度排列纵队。看图 4—1，就是一个生动的直方图！因为智力是呈正态分布的，最长的队列是在 100 刻度上，并且随着刻度伸向两端，相应刻度上的队列长度会渐渐递减。

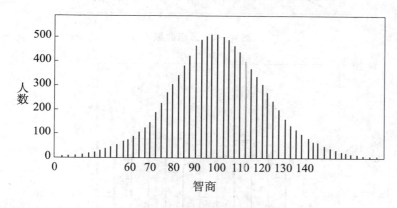

图 4—1　IQ 直方图

为了使直方图更容易画，有些队列线被省略了。如果你在飞艇里从空中俯瞰麦田，你可能根本不会注意到这些队列线。你可能只会看到像图 4—2 那样的一条曲线。这个曲线是由一系列独立的线定义出来的，但是统计学家更喜欢把它看做一条光滑的曲线，这对我们来说也是可以接受的。我们不会注意从一条线到另一条线之间的小梯度，就像我们不会注意到半调网屏印刷上的网点一样。这个熟悉的钟形被称为正态曲线（normal curve）。

但是现在你看看标准差，通过测量均值两个方向的外围，将标准差作为你的测量单位，你能在曲线下定义一个特定的区域。仅画两条从基线到曲线的垂线即可，如果这些垂线距离均值是一个标准差——16 智商值——你会数出麦田中三分之二的人。总体中三分之二的人智商在 84~116 之间。

同理，你可以标出大约两个标准差的位置（更准确来说是 1.96），并且知道这包括了 95% 的人，总体中有 95% 的人智商在 68~132 之间。

当你首次接触一个变量时，你要做的第一件事就是在脑海中绘出这个变量

56

---

① 在正态分布中，准确说来，有 68.27% 的值落在均值加减一个标准差范围内，有 95% 的值落在均值加减 1.96 倍标准差范围内，有 99% 的值落在均值加减 2.58 倍标准差范围内。——译者注

分布的大致图形。它看起来像正态曲线吗？或者它是否有两个峰值而不是一个——表示它是双峰（bimodal）的分布？峰值是处在中央还是靠近某一侧并拖着一条长长的尾巴到另一侧？这个尾巴表示偏度（skewness），表明用均值来代表这些数据的特征存在着被尾巴中的极端值过度影响的风险。图4—3 和图4—4 是偏离正态的两种直方图的例子。

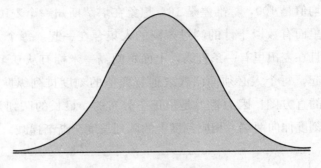

图 4—2　正态曲线

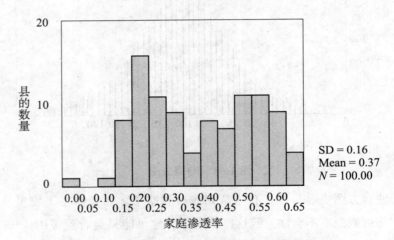

图 4—3　北卡罗来纳州各县的报纸渗透率

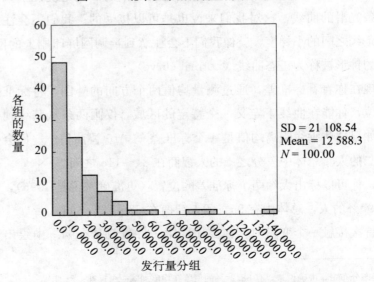

图 4—4　北卡罗来纳州各县的报纸渗透率的原始数据

    图 4—3 展示了一个双峰分布。变量是发行量审计局会员报纸在北卡罗来纳州的 100 个县的家庭渗透率。每个直方下面的标记代表着每个直方表示范围的中点。直方的高度代表那个渗透率范围所包括的县的数量。

    表示有两个峰值的分布情况的另一个词是双峰分布。

    图 4—4 的直方图表示的是相同 100 个县的另一个不同变量，合计的 ABC 报纸发行量。这个图展现了一个拖到右边的长尾巴，这是由于少数的县的报纸发行量非常大。当然，这些县有相当多的人口。

    这个表向右边倾斜或者称正偏态，即被少数相当大的值歪曲了。如果尾巴拖向另外一边，这种分布就是负偏态。在通常用法中，"偏态"有时表示均值被歪曲或者无效。但是一个分布可以是非常精确的，同时也是偏斜的。有时世界就是这个样子的。

    统计学的创新者约翰·图基发明了一种手工整理变量的方法。[2]你可以在某个布满灰尘的阁楼里用旧信封的背面来对一些有趣记录进行整理。或者你可以用 SPSS 来完成。这里的例子使用的是盖洛普①调查得到的第二次世界大战后美国总统支持率的季度平均值。图基把他的数据整理方案称做茎叶图（stem-and-leaf chart）。它使用了速记的形式，茎的部分表示数据分类，垂直排列。

58

总统支持率的季度平均值

Frequency	Stem & Leaf
2.00	2. 34
7.00	2. 6666689
8.00	3. 00112224
13.00	3. 5567788889999
20.00	4. 11111111223334444444
31.00	4. 5556666666666777777778899999999
23.00	4. 00000011223333333344444
39.00	5. 555555666667777777888888888888899999999999
34.00	6. 00000111111122222222333333444444444
19.00	6. 5555566778888899999
14.00	7. 00000112333444
8.00	7. 56666688
2.00	8. 22
1.00	8. 7

Stem width: 10. 0000
Each leaf: 1case（s）

    支持率是两位数，表示在问题"你支持或不支持（名字）作为总统处理工

59

---

    ① 盖洛普公司由美国著名的社会科学家乔治·盖洛普博士于 20 世纪 30 年代创立，是全球知名的民意测验和商业调查/咨询公司。其网址为 http://www.gallup.com/。

作的方式吗？"中回答"支持"的百分率。[3]以"茎"开头的一列在两位数中表示第一个数或者说十分位上的值。第二个数，或者说个位上的值，以叶子出现。于是每个茎叶就代表了一个季度的平均值。

在第一排中的叶子代表 20～24 的值，第二排代表 25～29，以此类推。茎叶图是一个保留了原始数据的直方图，这里的原始数据四舍五入到了最近的百分点。它告诉我们仅浏览一个未排序的清单，有些东西是不清晰的。大多数公众在大多数时间是赞成总统的表现的。低值 23% 和 24% 分别出现在亨利·杜鲁门的最后一年任期的开始阶段和理查德·尼克松辞去总统之前不久。高值 87 出现在杜鲁门刚刚继任富兰克林·D·罗斯福（Franklin D. Roosevelt）之后。

每当盖洛普发布一个总统支持率数据时，如果把它放入具体的背景中会更有意义。画出茎叶图就是获取上下文的方法之一，但是你需要给普通的媒体受众一些更简单的东西。你需要一个典型值。

最常见的描述中心趋势的测量是均值，它更流行的称谓是"平均数"。如果每个个案或观测都有同样的值，那么均值就与全部数值保持一致。从 1945 年到 2001 年第一季度期间 221 个季度的总统支持率的均值为 54.6%。均值是一个直观的令人满意的对中心趋势的测量，因为它具有"一切都是平等的"性质。如果每个季度都相同，所有 221 个季度都保持不变，每个值都将是 54.6。

然而，当某些个体，甚至是一个个体与其余的大不相同时，均值可能会误导人。当《今日美国》采访 1989 年美国小姐选美比赛（Miss America competition）中 51 名进入决赛的选手时，记者问参选人在来大西洋城之前参加过多少次其他的选美。结果其均值令人意外地高达 9.7 次，但这是受到了一个极端个例的影响，一位美女把成年后的大部分时间都投入到选美事业中了，她已经参加了 150 次左右选美比赛。所以对于这一类观测来说，中位数是一个更加典型的值。选手参加过的选美比赛的中位数是 5 次。[4]

当报告收入趋势时，中位数经常被用来作为典型值。在几乎任何的大总体中，收入的分布严重偏斜到高收入的一侧，因为一个或两个亿万富翁就可以使平均值完全不具备代表性。这种分布也同样适用于其他用金钱来衡量的东西，包括房产价值。中位数被定义为处于中间位置的个案的值。如果个案数量是偶数，比如 38 家报纸的例子，中位数通常是用中间两个个案的中间值。通常描述中位数的方法是说，有一半个案数值比它大，另一半个案数值比它小。如果存在取值相同的情况——一些个案与中间个案取值相同——这时中位数的定义不是完全照字面得到的，但是它非常接近。

当你必须手工来找出中位数时，在茎叶图中会更容易识别出中位数。在上面总统支持率的例子中，你需要找到第 111 个个案，有 110 个季度的支持率比它小，有 110 个比它大。借助标有"频率"的一列累加，你会发现它在第 8 行，中位数值是 56。

　　另一个典型值是众数（mode）或者说频次最大的数。在茎叶图中，我们可以一眼就看见 58 出现次数最多，有 12 次。提到众数时要注意你的措辞。虽然58 是出现最多的值，但是说大多数值是 58 就不准确了。"出现最多"不应该被缩写为"大多数"，因为后者暗示它是大部分，而众数只是表示一个相对多数的状态。

　　重述要点：生活中有趣的东西就是那些变化的东西。当我们对一系列感兴趣的事物进行观察时，我们关心如下几个问题：

　　（1）这是一个变量吗？（常量是无趣的）

　　（2）如果这是一个变量，它是如何变化的？（全距、方差、标准差）

　　（3）分布的形状是什么样的？（正态、双峰、偏斜）

　　（4）典型值是什么？（均值、中位数、众数）

把两个变量联系起来

　　现在我们进入到有趣的部分了。前面章节中有关假设检验的例子都包括了一个变量与另一个变量的关系。如果两个事物共同变化——就是说，如果一个变化，另一个也随着变化，这时有什么在联系着它们，通常是因果关系（causation）。不是某个变量是另一个变量变化的原因，就是两个变量都被第三个变量影响。社会政策中的许多问题提出了关于因果关系的假设。如果社会中的某个东西出问题了或者不奏效了，在你试图修复它之前因果关系能帮助你了解其中的原因。

　　证明因果关系的第一步就是展现一种关联或者共同变化。我们已经看到了直方图可以展现单独一个变量的分布情况。也有一种可以展现两个连续变量是如何相联系的图，叫做散点图（scatterplot）。在散点图中，每一个数据点都是在两个维度上绘制的。如果两个变量不相关，你会看见这些点的分布毫无规律；如果两个变量有关联，你会看见一些别的东西。

　　图 4—5 是来自美国政府数据的简单例子，数据是关于小型汽车具体的引擎大小和公路油耗里程[①]（gasoline mileage）。引擎大小，以公升作单位，在横轴或 X 轴上表示，油耗里程在纵轴或 Y 轴上表示。你可以发现引擎越大，油耗里程数越小。

　　散点图的另一个用途是发现异常的个案。图 4—6 显示了在 2000 年总统选举

---

　　①　油耗里程指一加仑汽油所行使的英里数。——译者注

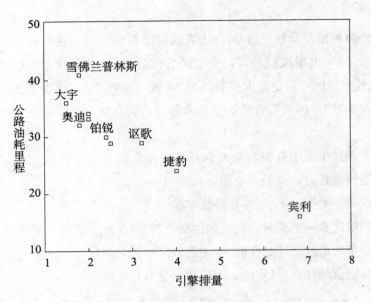

图 4—5　公路油耗里程与引擎排量（升）

中佛罗里达州 67 个县的投票情况。横轴或 X 轴显示的是参加总统选举的总投票数量，纵轴显示的是投给帕特·布坎南的票数。随着总票数的增加，布坎南的得票也在增加，这不足为奇。但是看看异常值！

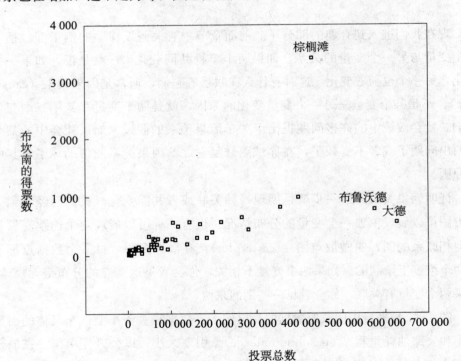

图 4—6　2000 年佛罗里达各县的总统选举投票情况

棕榈滩（Palm Beach）是臭名昭著的蝶形选票①（butterfly ballot）的选区，在那里选民不能清楚地分辨出哪个孔是给阿尔·戈尔，哪个孔是给布坎南的。除去棕榈滩，各个县形成一条近似直线，同时在南佛罗里达的两个大都市县有些下降，因为作为民主党据点的迈阿密和劳德代尔堡（Ft. Lauderdale）都在这里。

运用散点图应把握的一些基本规则。

（1）为了保证一致性，经常把自变量放在横轴（X 轴）上，把因变量放在纵轴（Y 轴）上。

（2）寻找类似于直线或均匀曲线的模式。

62

（3）有新闻价值的信息往往在异常值里。

在报纸上你没有看见过很多散点图。让我们再看看引擎大小对油耗里程的影响的那张图（见图 4—5）并且设法来描述它。三个方面使它变得很有趣。

（1）数据点非常接近一条直线。

（2）直线倾斜得非常陡。

（3）X 轴和 Y 轴的关系可能不是一个巧合。

这里的每个观察都可以被量化。首先我们再看看这个图，这一次加上最佳拟合直线（见图 4—7）。

这条线被称为“最小平方直线”（least squares line），因为所有数据点与这条回归直线（倾斜的那一条）之间垂直距离的平方和最小。如果你想要知道如何手工画出它，就看看统计教科书。这幅图是我用 SPSS 做出来的。

相关系数（correlation coefficient）（r）是一个在 +1 和 −1 之间的数，它包括了三个重要的信息：数据点拟合这条直线的程度、直线倾斜的方向以及倾斜的程度。对于这条线来说，r 是 −0.918，表示拟合程度非常好，是负相关的关系——也就是说，当 X 增加时，Y 就减少。

最好的是，相关系数 r 的平方可以看成是可解释的方差（variance explained）。在这个例子中，r 的平方是 0.843，表示引擎大小解释了油耗里程变化的 84.3%（如果引擎大小解释了全部油耗里程的变化，所有这些数据点会恰好在一条直线上，并且 r 的值为 1）。

未解释的方差（unexplained variance）用每个数据点到回归直线的垂直距离来代表。雪佛兰普林斯（Chevrolet Prizm）偏离回归直线最多，比按引擎大小所预计的每加仑油行驶里程多了 6 英里。这是为什么呢？很有可能是它比其他汽车的重量轻一些，或者它有更高效的引擎设计。一旦我们调整了引擎排量的影响，就可以更深入地探究其他变量。

---

①　2000 年美国总统选举中，主要的总统候选人是民主党戈尔以及共和党小布什。在佛罗里达州棕榈滩县，为照顾该县大量的老年选民，选票上的字体被印得很大，结果在一页里就印不下了，只好分列两页，形成了“蝴蝶”形。这样一来，戈尔的名字和一个极端保守派改革党的候选人布坎南的名字连在了一起，稍不留神就会选错，许多选民把该在戈尔名字旁边打的孔打到了布坎南的名字旁边。棕榈滩县本是民主党的重镇，结果布坎南却不可思议地获得了几千张选票。——译者注

63

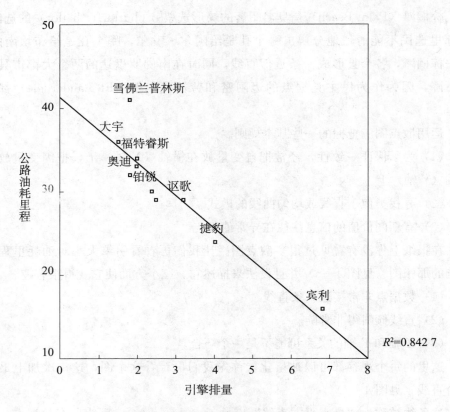

图 4—7　油耗里程与引擎大小的回归直线

64　　　　修正是容易的，因为直线的公式很简单。通用的公式是

$$Y = C + (b * X)$$

对于这条特定的直线，把值代入公式：

$$里程数 = 41.4 - (3.93 * X)$$

X 代表引擎排量，单位为升。让我们看一个简单的陈述句：对这个等级的汽车来说，预期的油耗里程是每加仑 41.4 英里减去 3.93 乘以每升引擎排量。

这就是转化为语言的公式。为了验证它，再看看这个图。这条直线在 X 轴零点之上穿过 Y 轴交于 41.4。因此，等式中的 C 也叫做直线的 Y 轴截距（这个 C 表示"常量"），它锚住了倾斜的直线。

通过检查这条线，你可以验证它是从左至右倾斜，引擎排量每增加一升，行驶里程就减少 3.93 英里。

图中另一个被量化的部分就是这种相关性被偶然因素影响的可能性有多大。给出引擎大小和油耗里程的方差，有多大的可能性是偶然因素使它们与这条直线非常拟合？

答案是 $p < 0.001$。换句话说，这种联系仅仅是一种巧合的概率，比千分之一还小。当你处理样本数据并且想要知道影响因素有多强时，了解这一点是非常有用的，无论你在报道中是否会包括一个 p 值。

这些数字是从哪里来的呢？它们都来自下面的 SPSS 表格（见表 4—3）。

表 4—3   系数

Model	Unstandardized Coefficients		Standardized Coefficients	t	Sig.
	B	Std. Error	Beta		
1（constant）	41.406	1.910		21.676	0.000
Engine volume	−3.931	0.600	−0.918	−6.547	0.000

＊Dependent variable：highway mileage.

注：此表是由统计软件 SPSS 直接输出的。

非标准化系数（unstandardized coefficients）是直线等式的组成部分。标准误（standard error）表示抽样误差。标准化系数（也就是相关系数）会告诉你，当用标准化值代替原始数值时，斜率是多少。t 是计算统计显著性时的一个中间步骤，但是你真正想要的数字是在以"Sig"为标题的那一列中，它给出了 P 值或者说概率值，表示如果两个变量没有线性关系，出现现在这种情况的概率微乎其微。SPSS 显示小数点后三位，有三个零，所以你可以说概率小于千分之一。

现在让我们回到可解释方差的概念。我们喜欢变化是因为它具有新闻价值，我们更希望能够解释这种变化。为了说明可解释方差的重要性，设想一下，如果我们开着其中一辆车横穿沙漠并且急切地需要知道它的油耗里程，我们该怎么做呢？如果我们除了这类汽车每一加仑汽油行驶的平均里程是 30.4 之外一无所知，我们最谨慎的猜测会是平均数。但是如果我们知道里程的取值范围是从 16 至 41，我们会痛苦地意识到很有可能存在严重的误差。

现在假设我们有了回归公式并且知道所开汽车的引擎排量，我们可以做出一个估计，比用平均数误差会更小的。比起我们用平均数来估计每辆车所产生的误差，可解释方差就是所减少的误差。在这个例子中，可解释方差所减少的误差是 84％，如果沙漠广阔的话这个值会具有重大意义。

现在我来招认，为了使这个例子简单并具有说服力，我故意选择了在重量上彼此接近的小型汽车。用科学实验的语言来说，我保持重量恒定或者至少相对恒定。如果你只想知道引擎大小的影响，重量固定是非常好的，但是如果你真的想要预测油耗里程，你就应该知道汽车重量和引擎大小。

幸运的是，线性回归适用于多个自变量的情况。或者你可以提取之前回归中的残差（residuals），把它们用做因变量，把车的重量作为自变量，建立新的线性回归。什么是残差？再来看看散点图，残差就是从每个数据点到回归线的垂直距离，代表引擎排量没有解释的剩余方差。

这里有一个提示：上帝没有让世界都呈直线，但是除了直线模型以外，还有其他模型可使用相同的理论和数学方法。

另一个提示是，在社会科学和新闻领域中，连续型变量是不常见的。许多具有新闻价值的变量只是在定类水平上进行测量。上一章中关于底特律的南方

66

人和北方人参与骚乱的表格就是一个例子。我们仍在寻找共同的变化，但是不是以直线形式来看它，而是简单地比较这两组人中的骚乱参与率（见表4—4）。

表4—4	底特律骚乱参与率（1）	
	成长区域	
	南方	北方
骚乱参与者（%）	8	25
非参与者（%）	92	75
合计	100	100

不需要太多的统计学知识，就可以看出在北方长大和参与骚乱有某种联系。表4—4没有展现出所有值得了解的关于骚乱行为的信息，但是它提供了一些基础数据，使进一步的探寻成为可能。

让我们检查这个表格的一些特征让它更易于理解。最重要的特征是百分比所基于的变量好像是另一变量发生的潜在原因，你在某处长大这件事可能是参加暴力骚乱行为的原因。在时间顺序上，暴力骚乱行为发生在后，不能成为你在何处长大的原因。为了证明这种形式的百分比的优势，表4—5是同一个表格，但其百分比是基于行总计而不是列总计。

表4—5	底特律骚乱参与率（2）		
	成长区域		
	南方	北方	合计
骚乱参与者（%）	27	73	100
非参与者（%）	59	41	100

表4—5和表4—4有同样多的信息，但是你的眼睛必须到处寻找相关比较。可以在任意一列中比较行的数据。看看第一列，非参与者中有59%是在南方长大，但是参与骚乱者中只有27%是在南方长大。如果你看这个表的时间足够长并且认真思考，它会像第一个表格一样有说服力。但是因为百分数比较是基于假定的后果而不是原因，思考它是一项更艰难的工作，你必须开动脑筋认真思索才能得出方向。所以记住关于交互表（cross-tabulation）的第一定律：

交互表中的百分比总是基于自变量的合计。

那么什么是自变量呢？自变量（independent variable）是之前讨论过的那些不好把握的术语之一，它常帮助我们避免陷入关于因果关系的假定。如果这些变量中一个变量是另一个变量的原因，它就是自变量。这种假定后果就是因变量（dependent variable）。如果你经常建立表格——无论是在信封背面还是用电脑程序——你可以使这一切变得非常简单，让自变量在列中（表格中从上到下延伸的部分），而因变量在行中（表格中从左至右延伸的部分）。

67

如果你能这么做，并且记住总是在列中将百分数累加到100，你处理数字的能力就提高了一大步。只在表格的各行中做横向比较。我多年的课堂经验告诉我，新闻系学生掌握了这种关于数据的简单观念后，就能够更好地理解协方差，所以它是值得详细介绍的。举个实际的例子，看看熟悉的底特律骚乱的表格（见表 4—6）。

表 4—6 底特律骚乱参与率 (3)

	成长区域	
	南方	北方
骚乱参与者（%）	8	25
非参与者（%）	92	75
合计	100	100

如果我们想要知道是什么原因造成了骚乱——我们也确实想知道这一点，要通过自变量的两个类别，北方人和南方人中的骚乱参与率的数字进行比较。南方人的骚乱参与率是 8%，而北方人是 25%，两者有三倍的差异。仅仅看看这两个数字，发现一个比另一个大很多，就能告诉你很多想要知道的信息。

下面是千万不要去做的一些比较（我也经常在学生论文和平面媒体中看见它们）：

第一低劣的比较：“8% 的南方人参与了骚乱，相比之下 92% 的南方人没有参与。”这是多余的。如果 8% 的人参加了，并且这里只有两种可能，这时你还写出 92% 的人没有参加，就是在浪费出版商的油墨和读者的时间。

第二低劣的比较：“8% 的南方人参与了骚乱，相比之下 75% 的北方人没有参与。”这是驴唇不对马嘴。有些作者认为数字太无趣，所以他们必须在表格中跳跃性地选择数据来使之活跃，因此选择表格中斜向的数字来比较。他们没有注意到这样比根本没有意义。

最后，注意你在描述表格中百分数基点时语言的准确性。有些人在描述百分数时，似乎认为基点根本不重要。这些人认为说“8% 的南方人参与了骚乱”和说“8% 的骚乱者来自南方”是一样的。这两种说法不是一回事儿！如果你对此不确定，就看看下一节中带有原始数据的表格吧。

但是首先，再举一个例子来确定这个说法。维克托·科恩（Victor Cohn）在一本为新闻工作者所写的优秀的统计教科书中引用了一个来自加州某县的报告，报告指出在女性自杀事件中寡妇占到 15%，而在男性自杀事件中鳏夫只有 5%。这种不同导致了一些人推断男性忍受婚姻伴侣逝去的能力比女性更强。但这个结论是错误的。在任何事情中寡妇的比例都比较多，仅仅是因为她们的人数更多。我们真正想要知道的是寡妇和鳏夫这两组人中的自杀率，这个百分比要基于不同性别的未亡配偶，而不是基于所有的自杀事件。最后发现女性是更坚强的存活者，因为有 0.4% 的寡妇自杀，而鳏夫中有 0.6% 的比例自杀。[5]

得出结论

当我们发现一个令人关注的联系之后，第一个问题就是"它支持什么假设"，如果它正好能够被用来支持一个令人关注的假设，那么接下来的问题就是："与之对立的假设有哪些?"一个明显同时常用的对立假设是：那些使我们着迷的、能够证实我们预感的差异不过是一个巧合、一个统计上的偶然事件、是概率论跟我们开的玩笑而已。在我们的样本中，北方人参与骚乱的比率是南方人的三倍，那又怎么样? 也许，假如我们换一个样本，得到的关系就会反过来。

有一种方法可以回答这个问题。你永远也不会得到一个绝对的答案，但你可以找到一个不错的相对答案。这种解决方法就是，在已知某个偶然性事件发生的前提下，去测量这个偶然性发生的机会有多大。换句话说，如果事实上这两个群体骚乱参与率是没有差异的，那么只靠偶然性，有多大机会得到北方人比南方人更多地参与了骚乱的数据呢?

其实得到这种特定差异的精确概率是可以计算出来的。通常，这种概率是通过卡方分布（chi-square distribution）来得到的。卡方分布是由英国人卡尔·费雪（Carl Fisher）发现的，费雪将卡方分布运用于农业试验。为了理解卡方分布的逻辑，我们再来看看底特律表格（见表4—7）。这一次，我们在每个单元格里放入了实际的人数，而不是百分比。

表 4—7   底特律骚乱参与人数

	成长区域		
	南方	北方	合计
骚乱参与者*	19	51	70
非参与者	218	149	367
合计	237	200	437

* 原书中此处标有（%），但根据内容，此表格应该是原始的频数，不应该有%符号出现。——译者注

这两组合计——列的总和与行的总和——被称做边际值（marginals），因为你可以在表格的边缘找到它们。费雪的卡方检验所提出的问题是这样的：在边际值给定的情况下，这四个方格内的分布有多少种不同的变化? 至少像我们得到的那样不均衡的变动占多大的比例?

这是提出这个问题的一种方式，此外还有另一种相对来说容易理解的方式：如果边际值固定并且单元格里的数值随机变化，我们就能对每个单元格计算出概率值或者说数学期望值。只需要将每个单元格的行总计乘以它的列总计，再除以总的个案数量。例如，在右上角的单元格表示对北方骚乱参与者来说，期

望值是（200 * 70）/ 437 = 32。这个值与实际观测值 51 之间的差距是相当大的。

通过比较实际观测值与根据卡方检验所得到的期望值之间的差异，就可以看到你的表格是多么出人意料。你需要两样工具：一个是计算卡方值的公式，另一个是费雪表，表中给出这么大的数值出现的概率（如果你有一台电脑和一个好的统计软件，你就不再需要上述两者中的任意一个了，但这是另一章将谈到的内容）。能够通过笔和纸来计算一个卡方值当然是更好的。这里有一个简短的计算卡方值的公式，适用于一个 2 * 2 表格，含有 A、B、C、D 四个单元格：

A	B
C	D

$$X^2 = \frac{[(A*D) - (B*C)]^2 * N}{(A+B) * (C+D) * (A+C) * (B+D)}$$

这个公式并没有看上去那么复杂。它其实是让你将表格两条对角线上的数值分别相乘，用一个值减去另一个值，将结果平方后再乘以表格内各案例的总数。然后将这个结果除以每个位于表格边缘的数值。

当你把这个方法应用于底特律表格时，你会发现，19 乘以 149 得到 2 831，51 乘以 218 得到 11 118。用后者减去前者，你就得到了 8 287。

8 287 的平方是 68 674 369。将这个数字乘以表格里案例的总数 437，得到了一个巨大的、令人恐惧的数字：30 010 699 253。这个数字是如此之大以至于你那标准的四功能计算器没法对它进行处理。一个更好的、采用科学记数法的计算器也许会将它显示为 3.001 110，这说明小数点属于右边第十个位置，并且你的计算器无法显示最后几位的精度。没关系，你的公式的下一步就能把这个数字变小一点儿。

只需要把这个数字轮流除以每个边际值。先除以 237，再把这个结果除以 200，然后再把得到的结果除以 367……以此类准，最后以得到卡方值为 24.6 圆满结束。

在一个 2 * 2 的表格里，大小不同的概率所对应的卡方值如下：

卡方值	概率
2.706	0.10
3.841	0.05
5.412	0.02
6.635	0.01
10.827	0.001

由于底特律表格中的卡方值大于 10.827，南方人与北方人参加骚乱之间的差异仅仅是偶然偏差的概率小于千分之一。现在，你更容易相信：在北方长大的人的确更有可能参与骚乱；或者说，一个概率小于千分之一的不可能的偶然性（coincidence）发生了。

70

这就是卡方检验的好处所在：把实际所发现的情况和纯粹偶然可能产生的情况进行比较。如果偶然性是可行的解释，有时的确如此，那么对这一解释进行评估，能够帮助我们了解获得实际得到的结果需要多大的可能性。而卡方检验就是这样一个评估工具。

在统计学文献中人们一直在讨论，卡方检验是可以运用于所有用偶然性作为解释的情况，还是只能运用在包含样本数据的情况呢？一些社会科学家认为，卡方检验只能用来衡量样本误差，即一个样本与该样本从中抽取的总体之间的随机偏差。他们强调，如果你的研究涵盖了整个总体中的每一个个体，你就不再需要卡方检验或者类似的检验。然而在新闻学和社会科学的应用中，总有一些情况需要你在关注总体的同时也关注那些偶然因素，从而解释你所发现的特殊现象。

例如，你需要检查所有 NCAA（美国全国大学生体育协会）部门 I 的篮球运动员在某一年的学业成绩，并且比较不同学校的篮球运动员的毕业率。如果某些学校有较高或者较低的毕业率，那么一个可能的解释是毕业率本来就有所波动，这一年的这些差异可以归结为随机性。卡方检验可以让你将你所发现的分布与一个概率分布进行比较。当然，甚至这个案例包含着一个较差的样本，因为当看到某一年的成绩时，你很可能就会对不同学校管理篮球项目的方式做出判断，并把结论推广到过去和将来的年份，你甚至可能会想到把这一年的数据集作为一个样本，这个样本来自包括所有可能的年份和所有可能的部门 I 学校的巨大总体。

这一方法应用于新闻领域时的底线是：当有人想以巧合为名来挑战你的结论时，运用卡方检验或者相关检验来说明需要有一个多么强大的偶然性才能使其发生，以此来解释你所得到的结论。

卡方检验是一大类名叫显著性检验（significance tests）的统计学检验中的一员。显著性检验都会产生一个显著性水平（significance level），表示在完全偶然的情况下，得到一个如你所发现的那么大的差异的概率。因此，这个概率越低，显著性水平就越高。如果 $p=0.05$，意味着这个分布是 100 个中会有 5 个出现意外偶然性。如果你想在你的假说中设定基准并找出显著性，那么概率数值越小，结果就越好（一个大的意外是发生概率低的事件）。

除了卡方检验外，还有另一种显著性检验你迟早会用到。这种检验叫做学生氏 t 检验（Student's t），简称为 t 检验，主要用于比较两个均值之间的差异。t 检验有两种基本形式：一种是比较两个组的均值（独立样本，independent samples），另一种是比较同一组中两个变量的均值（配对样本，paired samples）。与卡方检验不同，t 检验很难手工计算。如果你想学习如何计算 t 检验，请查询相关的统计学教材。所有的电脑统计软件都把 t 检验作为标准配置。

关于显著性检验还有最后一点：

低概率（也就是高显著性）并不总是重要的。说起来有点矛盾，小概率事件是非常普遍的，尤其是当事实发生之后你来解释它们的时候。有这样一个想象的实验：列出前五个你在街道上、校园里或者你最近走过的公共场所中所遇到的人，现在回想一年前的今天你在哪里，设想提前一年预测，作为这五个人生活中的随机事件，他们在特定的一天、按照一个特定的顺序出现在你的视线中的可能性有多大？当然，微乎其微。但这并没有什么意义，因为预测这个没什么用。现在假设你遇见了一个拥有水晶球的巫师，她在一张纸上写下了这五个人的名字，将它们密封在一个信封里，将这个信封交给你并且让你在一年之后打开它。如果你这样做了，并且她的预言恰好应验了，这会让你寻求除了巧合之外的其他解释。而这就是统计显著性能够为你做的事。

当不寻常事件发生时，不是不寻常使它们重要，而是作为理论模型的一部分，如何契合进一个更大的图景使它们重要。记得里克（由亨弗莱·鲍嘉扮演）在电影《卡萨布兰卡》中敲桌子的情景吗？"全世界有那么多城市，每座城市有那么多酒吧，而她偏偏走进了我在的这家酒吧。"他说。这个巧合之所以显得如此重要，完全是因为他与这个走进酒吧的女人有着一段充满无法解决的冲突的过去。她的出现纳入了一个更大的模型。许多不太可能事件毫无意义，就是因为这些事件没有契合进更大的模式中。检验一个不寻常事件纳入一个更大模型的方法，就是用它去检验一个理论的预见性。在科学和新闻学的领域，人们期待着这种契合。

连续变量

你已经注意到，截至目前我们有两种不同的方法来测量变量。在底特律骚乱的表格中，我们将人们分类到不同的离散类别中：北方人和南方人，骚乱参与者和非参与者。但是当我们测量公路里程和小汽车的引擎排量时，两个测量都是连续型的。大多数统计学教科书上讲了四到五种测量方式，但是基本区别是在类别测量和连续测量。

还有一种测量方式是这两者的结合，叫做定序测量（ordinal measurement）。如果在不知道连续型变量的具体数值的情况下，能把所测量的事物以某种顺序排列，你会得到比类别测量更多但比连续测量要少的信息。实际上，你可以按各种测量方法自身所包含的信息量给它们排序，从最低到最高，这几种测量尺度是：

类别的（也叫定类的，nominal）

定序的（排序），以及

连续的〔也叫定距（interval），如果有零点来固定它，在这种情况下它叫做定比（ratio）。]①

类别尺度测量（categorical measure）对新闻从业人员来说是最实用的，因为最容易解释。其他的测量方法包含了相对量级的额外信息，所以经常也是有用的。在搜集数据时，尽可能获得最多的信息，通常是个好做法。在分析数据中，经常可以对数据降级。

在底特律的例子中，我们用了类别尺度测量展示了两种情况，北方和参与骚乱共同出现的次数很高，不能被简单解释为偶然事件。如果已经测量了底特律的骚乱参与者花了多长时间参加骚乱，就会得到一个关于强度的连续测量，为达到分类目的，可以设置切割点，就可以把这种连续测量很容易地转换为定序测量或是类别测量。那个底特律的例子中并没有搜集这种连续型数据。然而，没有办法向另一个方向转换，即把类别测量转换为连续测量，因为类别测量不具备转换所需要的额外信息。

抽样调查

每个人都在做着抽样调查，你的编辑看着窗外，发现许多穿着短裙的女人，于是他让时尚版就超短裙的重新流行写一篇文章。你买了一辆丰田汽车，突然间你发现当你行驶在街上时身边都是丰田汽车。以前你从没注意到周围有那么多丰田汽车，你也没意识到你买丰田汽车其实是在跟风。我们每个人都在根据所见来推断未见的。这种抽样方法被称做偶遇抽样（accidental sampling）。如果结果有代表性，那是偶然的。

科学的方法需要做得更好。不幸的是，到目前为止，我们还没办法找到一个一定能代表现实世界情况的样本。但是我们能在一个已知的误差范围内去做抽样调查。这种方法以概率论为基础，被称做概率抽样（probability sampling）。

尝试一下下面这个实验，它需要 10 个硬币，你可以想象这个实验，也可以用 10 个硬币实际来做这个实验。把 10 个硬币放在一个杯子里，然后摇晃杯子使这些硬币落在一个平面上，这样对每一枚硬币来说，正面朝上的概率是相同的。

这就是一个样本。它是什么的样本呢？它是所有可能的抛硬币集合中的一个样本，这个集合包括了从过去到未来的被记录下来以及没有被记录的抛硬币事件。从理论上来说，抛掷均匀硬币时正面朝上和背面朝上的比率是多少？当然是 50—50。当你抛掷 10 枚硬币时，你在检验包含 10 枚硬币的样本偏离 50—50 这个真实比率的程度和频度。"正确的"答案应该是有 5 枚正面朝上，5 枚背面朝

① 连续型数值变量有两种，一种叫定距变量，零点不表示"没有"的含义，如温度，温度为 0℃ 不是没有温度。另一种叫定比变量，零意味着没有，如发动机排量、行驶里程、收入等。——译者注

上（这个说法是多余的。在接下来的讨论中，我们将只会关注正面朝上的次数，因为根据这次实验的定义，背面朝上的次数一定等于 10 减去正面朝上的次数）。

放手试试吧！在你第一次投掷时是否就会得到 5 枚正面朝上？可能不是。虽然这个结果看起来比任何其他表示正面朝上的数字更合理，但是 5 出现的机会并不比其他可能情况加起来更多。

概率论可以告诉我们会发生什么。准确地说，抛掷 10 枚硬币可能会出现 1 024 种结果。（想知道为什么，你必须参照一本基础统计学教材。但我可以给你一个暗示：抛掷第一枚硬币时可能出现两个结果，正面朝上或是背面朝上。对这两种结果中的任意一种来说，第二枚硬币又会产生两种可能的结果。这个过程会继续下去直到你已经使 2 相乘了 10 次，2 的 10 次方就是 1 024）。在这些有限的可能性或者说是排列中，只有一次 10 枚硬币全部正面朝上，也只有一次没有硬币正面朝上。所以这两种情况发生的概率分别是 1/1 024，或者用小数来表示即 0.000 98。而其他结果发生的可能性更大，因为有更多的方法可以得到它们。只有一个正面朝上的结果，可以以 10 种不同的方式出现（正面出现在第一枚硬币、第二枚硬币等）。而两个正面朝上的结果可以以 45 种不同的方式出现。表 4—8 显示了抛掷 10 枚硬币可能出现的 1 024 种期望结果。图 4—8 提供了一个柱状图以帮助你更直观地认识这一问题。

表 4—8　　　　　　　　　　　　抛掷硬币可能出现的期望结果

正面朝上	10	9	8	7	6	5	4	3	2	1	0
频数	1	10	45	120	210	252	210	120	45	10	1

如果你把每一次投掷 10 枚硬币视为一个样本，你就可以看出抽样是如何运作的。你被一个只包含 10 枚硬币的样本严重误导的可能性不会太大。但最好的地方就是这个风险是可知的。

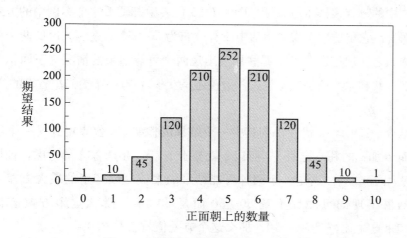

图 4—8　投掷 10 枚硬币：1 024 种实验

要搞清楚，你的 10 个硬币样本偏离"真实"值 20 个百分点以上风险有多大？在我们的想象中，真实值应该是所有的硬币中有 50% 会正面朝上。允许在两个方向出现 20 个百分点的误差，给出的范围就是 30～70。如果你把这 1 024 种可能性中预期的结果加起来，你就会发现只有 112 种结果（分布的两侧尾部各有 56 个），超出刚刚提到的 30～70 的范围。所以，你有 90% 的确定性，你的第一次抛掷——或者是任何一次的抛掷——会有 3～7 个硬币的正面朝上。换句话来说，一次投掷结果在 20 个百分点内准确地代表了总体。

这是一个非常重要的概念，为了逐步理解这一概念，你也许会把这 10 枚硬币抛上那么几次进行验证。或者，如果你正在课堂上使用这本书，你可以用一整节课的时间来做这件事，并且把 100 次或者更多的实验结果记录在黑板上。那么它的分布就会逐渐变得像图 4—8 的柱状图所显示的那样，并且会使你进一步确信这些假设概率。

现在想想我们能用这个概念来做点什么。两个重要工具已经给了你：

（1）在做抽样调查时，你知道如何处理一个已知的误差范围。

（2）你能知道你的样本落入这个误差范围的概率。

第一个工具叫做抽样误差（sampling error）。

第二个工具叫做置信度（confidence level）。

75

这就是优势所在，你可以根据你的研究确定抽样误差并且计算它的置信水平。我们在硬币抛掷实验中这么做过：我们将抽样误差设定为 20%，并且通过观察抽样分布得出它的置信度为 90%。

换个角度来看这个问题，而这个角度在日常生活中更加普遍。你可以设定一个适合你的置信度，然后计算出相应的抽样误差。

为了做到这一点，你必须有一个公式。下面这个公式用来计算置信度为 68% 的误差范围：

$$E = \text{sqrt}(0.25 / n)$$

公式中的 n 代表样本量，括号中的 0.25 代表抛掷硬币这个案例中的方差，就这一点而言，它也适用于现实生活中所有分布为 50—50 的案例，比如两个势均力敌的候选人之间的竞选。对于那些只会出现两个可能结果的情况（正面朝上还是背面朝上、共和党人还是民主党人、男孩还是女孩），有一个更简单省事的公式：

$$p * q$$

在这个公式中，p 代表得到其中一个结果的概率，q 代表得到另一个结果的概率。而 p 加 q 的和一定是 1，所以 q 就等于 $1-p$。出于保守的考虑，抽样误差的公式使用了 0.25。这是一个两种可能结果的案例可以产生的最大方差。如果这两种结果出现的可能性不是 50—50 而是 60—40，那么这个方差值就会是 0.24。如果这个比率是 90—10，那么这个方差值就会是 0.09。

为了在直觉上理解这个公式，试着将它用在仅有一个个体的样本上吧！听起来挺疯狂对吧？当然如此。如果你企图仅仅通过一次实验概括出关于所有可能的抛掷硬币总体的一切，你是不可能做到的。这个公式可以让你认识到这一点。试试看，它会得出一个 0.5 的抽样误差，或者说是向上或向下浮动了 50 个百分点，这就几乎覆盖了所有范围。现在，将它用于一个包含 100 个个体的样本，你会发现抽样误差变成了向上或向下浮动 5 个百分点，这比我们之前得到的结果要好得多。

在大多数抽样情况中，我们并不满足于 68％ 的置信度。这个公式为抽样误差设置了 68％ 的置信度，是因为它包含了围绕真实值的一个标准误差的变化。标准误差就像在总体中关于均值的标准差的概念。当处理某个样本时，叫它标准误差是明智的，因为参照点是一个确定的（虽然经常是未知的）、具有现实意义的值，而不是关于中心趋势的模糊概念。还记得堪萨斯麦田的例子吗？以总体均值为中心两侧各有一个标准差覆盖了正态分布中 2/3 的个体。在一个抽样分布中，类似的情况也会发生。两个方向的一个标准误差范围覆盖 2/3 的预期样本。如果你一次投掷 100 枚硬币，其中 2/3 的结果产生的误差不超过 5％，也就是说，100 枚硬币中会有 45～55 个正面朝上。在实际生活中，通常是一次只抽取一个样本，所以用概率来考虑问题就更容易，在样本量为 100 的样本中，误差在 ±5％ 之间的概率是 68％。

68％ 的置信度是足够的吗？如果你把这作为你的终生标准，三次中有一次你会感到尴尬。如果你一年做了 12 个民意测验，其中会有 4 个结果是错误的。在新闻业和社会科学的应用中，大多数从业者会更偏向于更高的置信度。你怎么得到它呢？通过覆盖抽样分布曲线下更多的面积来达到。例如，覆盖两个标准误差，包含比 95％ 稍多的可能性。当然，当你这么做的时候，误差范围也会增大，因为这些增加的可能性都包含了比落在一个标准误差范围内的 5％ 更大的误差。生活就是一种权衡。

因为喜欢整数，大多数人在处理样本时把 95％ 的置信度作为标准。这意味着 20 次中有 19 次是正确的，这在实际应用中是非常不错的。在任何方向，置信度为 95％ 时，可以获得的标准误差的精确数值是 1.96。把它代入公式也很简单：

$$E = 1.96 * \text{sqrt} (0.25/n)$$

你可以修改公式，使置信度满足你的需要。我们刚加入公式作为抽样误差的值，标准教科书给定了术语叫做 z。当 $z = 1$ 时，置信度是 68％；当 $z = 1.96$ 时，置信度是 95％。以下是当 z 取不同值时对应的置信度。

z	置信度（％）
0.95	65.0
1.04	70.0
1.17	75.0
1.28	80.0
1.44	85.0
1.65	90.0
1.96	95.0
2.58	99.0
3.29	99.9

77

记住，你可以有一个高的置信水平，或者是一个小的抽样误差，但是通常情况下你不能两者兼得，除非你的样本量非常大。为了体会一下其中所包含的权衡，试试下面的练习。采用抽样误差的通用公式：

$$E = z * \text{sqrt}\ (0.25/n)$$

公式转换，求解 z：

$$z = 2 * E * \text{sqrt}\ (n)$$

求解样本量：

$$n = 0.25 * (z^2/E^2)$$

现在用你的袖珍计算器试试样本量、抽样误差、置信度不同的组合，来看看它们是怎么变化的。更好的做法是，把这些公式放入一个电子表格程序中，然后你可以改变误差范围、改变 z 得到不同的置信度、改变样本量大小，看它们之间如何相互影响。你将会发现一些好消息和一些坏消息。首先是坏消息：

样本量的大幅增加所带来的抽样误差的减少只有一点点。

好消息是逆命题：

减少样本量所增加的抽样误差并没有想象得多。

这里有一个要牢记心中作为参照点的数值：384，这是在 95％置信度、取 5％误差范围时所需的样本量。

将 384 翻倍为 768，抽样误差仍然是 3.5％；取 384 的一半 192，抽样误差仍然只有 7％。

在关于调查的章节中我们将会涉及诸如你能容忍多大误差、什么情况下值得消减误差等问题。我们也会介绍一些节约成本的方式来提高抽样调查的准确性。但是现在，放松一下，下一章中是关于如何运用电脑来使这些事情变得简单的内容。

【注　释】

[1] *Editor Publisher International Year Book 1989*，New York. 这些数字的截止期限是 1988 年 9 月 30 日。

[2] John W. Tukey，*Exploratory Data Analysis*（Boston：Addison-Wesley，1972），7 - 26.

[3] 来自盖洛普机构（Gallup Organization）Lydia Saad 的个人理解。这个数字是季度的平均值。

[4] 通过电子邮件与《今日美国》的 Barbara Pearson 交流，时间为 1989 年 8 月 24 日。

[5] Victor Cohn，News and Numbers：*A Guide to Reporting Statistical Claims and Controversies in Health and Related Fields*（Ames：Iowa State University Press，1989）.

第5章
计算机

计算机过去是令人兴奋、深奥难懂的，现在则是平凡普通、无所不在的。应用计算机来进行研究调查的记者们喜欢自夸说自己在进行"计算机辅助报道（computer-assisted reporting）"[1]。虽然老一代记者和新一代记者在计算机应用上存在着差异，但在一个几乎一切都是计算机辅助的世界里，有计算机不再意义重大。老一代记者还没有像在新闻学院里学习过最新技术的年轻记者那样热切地、全面地采用新工具。

世界的快速发展使得一度专业的编辑、打字、校对、页面布置等技能得以合并；互联网很大程度地减少了记者们去图书馆或其他档案馆查找资料所需要的体力消耗；电子邮件让人更加容易接触到新资源；以上这些应用都是计算机辅助报道的形式。

然而，这一章涉及的并不是以上这些明显的应用。本章的目的在于使你了解计算机作为分析工具的重要性。作为背景，我们现在要沉浸在一点点怀旧之情中。

计数与排序

鲍勃·科兹鲍尔（Bob Kotzbauer）曾是《阿克伦灯塔杂志》（*Arkon Beacon Journal*）关于立法事务的记者，我是驻华盛顿记者。在 1962 年的秋天，执行编辑本·马丁伯格（Ben Maidenburg）给我们分配了任务：用两个星期开车环绕俄亥俄州，上门询问人们在即将到来的州长选举中如何投票。因为我曾经在教堂山（Chapel Hill①）学习过政治科学，我确信我知道如何做这项烦琐的工作。我们设计出一份纸质表格来记录选民的选择，以及其他几个关于选民的信息：党派、以前的投票记录、年龄和职业。这份表格是不同颜色的：绿色的给男性选民，粉色的给女性选民。我们遇到了很多有趣的人，在每天的报道中充满了对选民的定性印象、郡县集市和秋日树叶的描述。两周之后，我们已经累积了足够多的粉色和绿色的表格来进行定量分析。由于时间已经过去这么多年了，接下来发生的事情在我脑海里有一点点模糊了，不过它大致是这样的：

在阿克伦图书馆的一张桌子上，我们铺开了所有的表格，把它们分成 3 堆：曾投票给共和党的、曾投票给民主党的以及没有投过票的。这可帮助我们评估样本的有效性。然后我们把 3 堆中的每堆再分成了 3 小堆：投票给在任的民主党人麦克·迪莎勒（Mike Disalle）的、投票给挑战者共和党人杰姆斯·罗德（James Rhodes）的以及还未决定的。现在有 9 堆了，我们把每小堆再分成两部分，把粉色和绿色的分开，就是依据性别将表格分开，现在有 18 堆了。然后把年龄分为 4 个组别，将这 18 堆每个再依据年龄分成 4 堆，这就会有 72 堆。我不记得我们花了多长时间才最终完成，只记得筋疲力尽、头晕眼花。我们最终的新闻报道指出选民对两个候选人的支持率很接近，无法预测谁会领先。

这个故事的寓意就是在你着手进行任何包含数据分析的复杂工作之前，你应该先看看有什么技术是可用的。1962 年还没有个人电脑，大型计算机是昂贵的、使用复杂的，报纸记者根本就接触不到。但是如果我们多了解一下，就会知道在《阿克伦灯塔杂志》的商务办公室里有一台机器可以帮助我们节省时间。最基本的计算机概念已经在 80 年以前被现代计算机之父赫尔曼·霍尔瑞斯博士（Herman Hollerith）提出了。

霍尔瑞斯曾任美国人口普查局（United States Census）的助理负责人，当时是人口普查四面楚歌的时期。1880 年的人口普查数据制成表格花费了七年半的时间。美国发展得太快，以至于到了应该进行 1900 年人口普查的时候，1890

---
① 教堂山（Chapel Hill）是北卡罗来纳大学所在地。——译者注

年的人口普查工作还没有完成。赫尔曼·霍尔瑞斯所发明的穿孔卡片节省了时间。

　　那是一个简单的 3×5 英寸的索引卡片，分成多个 0.25 英寸的方格，每个方格代表二进制的信息：方格有孔意味着"是"，没有孔就意味着"否"。表格中所有的分类都能对应在卡片上。例如一组方格，代表五年一段的年龄分组。如果你在 1890 年 4 月 1 日是 21 岁，就会有一张关于你的卡片，卡片上代表 20～24 岁的方格上打了个孔。

　　霍尔瑞斯指导建造了一次能读 40 个孔的机器。操作员会把卡片平放在相应位置，然后放一个盖子在卡片上方。细小的金属针在遇到卡片的固体表面时会停下来，在遇到孔时就会穿过。在每一个针的下面有一杯水银。当金属针触碰到水银，就会产生一次电流，使机器垂直面上的计数器增加一次。这个机器被叫做制表机（tabulator）。

　　另外，霍尔瑞斯还发明了一种配合使用的机器，叫做分类机（sorter），分类机电线被绕成同一种电路，它有着符合制表机转盘的隔间，每一个有着单独的小门。能使制表机增加一次计数的电流，同样也使分类机上的门打开，这样操作员能把下一张计数卡放在里面。一名工作人员能处理一个完整人口普查区的卡片，用这种方式把它们按年龄分类，然后把每一堆按照性别分类，就可编制一张该普查区性别与年龄的分布表。霍尔瑞斯对于自己的发明太满意了，以至于他离开了人口普查局，创立了自己的公司，参与了 1890 年人口普查表格合同的投标。他竞标成功了，虽然 1880 年以来人口已经增长了 25%，他还是在两年内完成了工作。对这个系统的改进几乎紧接着就开始了。霍尔瑞斯赢得了 1900 年人口普查的合同，但是那时普查局安排了一名自己的雇员杰姆斯·鲍尔斯（James Powers）来发展自己版本的打孔制表机。就像霍尔瑞斯一样，鲍尔斯也去创办了自己的公司。两个人在专利上发生了纷争，最终都将专利卖出。鲍尔斯的公司被后来成为斯佩里·尤尼法克公司（Sperry Univac）一部分的公司收购，霍尔瑞斯的公司被并购最终变成了 IBM。在 1962 年，当科兹鲍尔和我面对 500 张纸辛苦工作时，灯塔杂志已经有了一台 IBM 的计数分类机，它是那些早期机器的曾孙辈，当然我们不知道这一点。这台计数分类机采用金属丝刷触碰一个铜质滚筒而非长针和水银，它每分钟能分类 650 张卡片，甚至在我们发现它之前，它就已经过时了。

　　那时，霍尔瑞斯卡片（Hollerith card）——它依然这么命名——排列着 80 列 12 行更小的洞。在很多计算机应用中都采用 80 列的格式，仅仅因为数据档案保管习惯了运用 80 列并且永远找不到改变的理由，哪怕在电脑允许更长的记录之后。这个我可以理解。打孔卡片有相当的具象性，直到今天，当试图理解在磁性存储媒介里的复杂记录结构时，我发现如果想象着那些有着小孔的霍尔瑞斯卡片会有一些帮助。

　　计算机历史学家在挖掘霍尔瑞斯如何想到打孔卡片的点子上是很困惑的。有一个故事说当他观察铁路检票员给票打孔时想到这个主意。其他历史学家记录说这个概念的应用最少可以追溯到提花织布机（jacquard loom）——19世纪早期在法国制造的，线钩穿过打孔的卡片来穿线，形成花纹。1876年获得专利的自动钢琴（player piano）运用了同样的原理：一个在滚筒特定位置上的孔意味着在特定的时间敲击特定的键并且持续特定的时间；没有孔意味着不敲击它。任何钢琴曲都能简化成这些二进制的信号。[2]

　　在计数与分类之后，接下来的步骤就是运用已编码数据进行数学计算。这些操作要求基本的现代计算机硬件零件：一个存储数据和指令的设备，用来做计算的机械，以及某些管理导入原始信息、导出处理过的数据的零件。德国人J. H. 穆勒（J. H. Muller）在1786年设计了这样一个机器，但缺少把它制造出来的技术。英国数学家查尔斯·巴贝奇（Charles Babbage）从1812年就开始尝试着制造一台这样的机器，他也一样，有着远远超越于当时技术水平的好想法。1936年，当霍华德·艾肯（Howard Aiken）开始在哈佛大学策划 Mark I 计算机时，他发现巴贝奇已经预料到了很多挑战，比如巴贝奇预见到了需要提供"一个仓库"以保存原始数据和计算结果，需要"一个工厂"进行计算。[3]巴贝奇的仓库和工厂在今天被叫做"内存"和"中央处理器"或CPU。巴贝奇预想的机器将会由蒸汽驱动。虽然 Mark I 运用电子继电器，它本质上还是一个机械的设备，由电流控制开关，开关的情况控制二进制的信息。它产生了很多热量和噪音。2001年哈佛科学中心还展览了它的零部件。

　　Mark I 和艾肯在第二次世界大战末期都为海军工作，以处理弹道学问题。也是这个项目让格蕾丝·默里·赫柏（Grace Murray Hopper）开始从事计算机业务，之后这位年轻的海军军官升任海军上将级别，随着时间的推移，她为计算机的发展贡献了一些关键概念。

　　相似的工作也在陆军的赞助下进行，也需要解决复杂的弹道学问题。一台叫做 ENIAC 的机器运用真空管、电阻器、电容器取代了机械继电器，在宾夕法尼亚大学开始为陆军建造，它基于早期艾奥瓦州立大学的约翰·文森特·阿塔纳索夫（John Vincent Atanasoff）和他的研究生助理克利夫·贝瑞（Clifford E. Berry）早期制造的一台更简单的设备上所运用的部分概念。政府赠地学院的计算机建造者（指阿塔纳索夫和贝瑞）没有为他们的工作申请专利，它在第二次世界大战期间被搁置，机器也被分解。常青藤联盟创造者们乐于把功劳归功于自己，直到阿塔纳索夫—贝瑞计算机（Atanasoff-Berry Computer）或被人所知的 ABC 机器（ABC machine）在1973年两个大公司的专利诉讼被重新发现。ENIAC 专利的拥有者斯佩里·兰德（Sperry Rand）公司被霍尼韦尔（Honeywell）公司质疑，后者拒绝支付版权费用给斯佩里·兰德公司。霍尼韦尔公司的员工追查出阿塔纳索夫—贝瑞的故事，并且联邦地区法官判定 ENIAC 源于阿塔纳索夫的工作，因此它是不能取得专利权的。这就使阿塔纳索夫从一个理论物理学家——只想找出快速方法解出联立方程——变成广为人知的现代计算机之父。关键的概念就是电子开关取代机械开关的使用、二进制的数字的使用，以及用逻辑电路取代直接计数来操作那些二进制的数字。这些概念是阿塔纳索夫教授 1937 年冬天在艾奥瓦公路旅馆里喝酒的时候想到的，之后他花了 6 000 美元制造了这台机器。[4]

另一方面，尽管研制 ENIAC 已花费了 487 000 美元，但在第二次世界大战结束的时候，它还没有成形。1946 年 2 月它才开始启动，持续工作了近 10 年，证明了电子计算的稳定性，并且为战后的发展铺平了道路。它那宏伟的外观，一堆一堆的电线、转盘和开关，依旧影响着计算机的卡通形象。

20 世纪 40 年代基本原则被确立后，问题就变成了精练机械装置（硬件）和开发编程（软件）来控制计算机。回顾 20 世纪 90 年代之前可以发现，计算机在发展的三个明显阶段都是基于基础的电子设备来完成工作的：

第一代：真空电子管（ENIAC，UNIVAC）；

第二代：晶体管（IBM 7090）；

第三代：集成电路（IBM 360 系列）。

晶体管（transistor）比电子管（tube）要好，因为它们更加廉价、更加稳定、更小、更快，并且产生更少的热量。集成电路（integrated circuits）是在微小的固态芯片上很小的空间内将很多晶体管结合起来构造而成。有多小呢？嗯，当我 1966 年在哈佛大学见到 IBM 7090 的时候，它的计算机电源占据了相当大的一间房子内，现在它被装在一个手指甲大小的芯片里。他们是如何使这样复杂的东西变得这么小的呢？通过照相制版处理（photo-engraving process）。电路在纸上设计出来，拍成照片从而用镜头缩小图像——就是你的照相机把你的房子缩小到合适的 35 毫米胶卷上所用的方法——然后刻蚀在硅层上。

随着计算机越来越好，它们也变得更加便宜，但计算机的使用扩展到像记者这样的非计算机专业人士的日常生活中，另一个前提条件也必须满足，那就是计算机越来越容易使用。这就是格蕾丝·赫柏上将为什么在计算机发展历史上赢得了她的地位（她的贡献之一是作为调试计算机的第一人：1945 年的一天 Mark I 坏了，她追查出是一只飞蛾卡在了继电器开关里）的原因。她是计算机编程事业的第一人。也许她最重要的贡献是 1952 年她发展了第一个汇编语言（assembly language）。

为了理解和领会汇编语言的重要性，必须知道计算机是运用二进制完成所有的工作的。二进制计算是运用 0 与 1 的结合来表示所有的数字，为了完成这项工作，计算机必须接受二进制形式的指令。这个事实使得运用计算机的人必须有耐心、有才智、集中注意力在二进制上。赫柏很快意识到在这种情况下，计算机是不会被更多的人来使用的，于是她写了汇编语言。汇编语言集合了二进制机器语言中最频繁使用的操作，让用户通过运用更简单的语言用助忆符使得这些指令更容易被记住。用户用汇编语言来撰写程序，软件将汇编语句转变为相应的机器语言语句——所有这些对于用户来说都是"透明的"或者说是看不见的。计算机按照给定的命令进行操作，如同它接受了二进制的机器语言的命令。这种想法是非常好的一个概念，很快就引导计算机语言进入了另一个被称为编译程序（compilers）的阶段。汇编语言是针对特定机器的，而写出的编译语言，只要你学习了一个，就能在不同的机器上运用。编译语言是为特定的应用所设计的。FORTRAN［公式翻译程序语言（formula translator）］是为科学家设计并且多年保持一个标准，COBOL［面向商业的通用语言（common business-oriented language）］是在赫柏上将的促进下产生的，作为商业应用的世界标准已经持续了几十年。BASIC［初学者通用符号指令码（beginners all-purpose symbolic instruction code）］是在达特茅斯学院创造出来的、供初学者使用的一种简易语言。

在这三个阶段——机器语言、汇编语言、编译语言——的基础上，第四个阶段也产生了。高级特殊目的语言易于使用并且高度专业化，它们组合编译程序，让用户几乎像是用简单英语对计算机讲话一样来调用它们。对于统计应用来讲，在世纪之交的两个世界级的领导者是 SPSS［社会科学统计软件包（Statistical Package for the Social Sciences）］和 SAS［统计分析系统（Statistical Analysis System）］。如果你需要进行大量的计算机数据的分析，你早晚会需要学习一种或两种这样的高级语言。下面用一个例子来告诉你原因。

你有一个数据库，列出了某年每一位国会议员所报告出来的酬金。你想知道的第一件事情就是中心趋势，于是你写了一个程序来计算平均值和标准差。为计算均值和标准差，一个 FORTMAN 程序要求 22 个步骤。在 SAS 里，只要数据已被转换到计算机，需要三行代码。在 SPSS 里只需要一行命令。用 Windows 版本的 SPSS，你点击鼠标五次就可以完成任务，软件通过后台写出的明确代码来对点击做出反应（但是你可以设置程序把代码打印出来，以记录你所有的要点和点击）。

对最终用户来说，很多方面都透明了，不需考虑了，计算看起来就像魔术。每一台计算机需要一个系统来控制行动，对相应资源发布指令。从第一台第三代 IBM 计算机主机开始，用户能够控制操作系统的语言被称做 JCL，意为作业控制语言（Job Control Language）。现在"作业控制语言"已经成为一个通用术语，表示可运行任何操作系统的语言（在一次只能做一个操作的第二代主机上，我们要用纸与笔形式来填写一个表格告诉计算机操作人员，什么磁带需要增加在什么驱动上，什么开关来设置到哪些位置）。这些操作系统也包括一些应用程序使你可以对数据进行一些有用的操作，如分类、复制、保护以及合并文件。

对于批量计算来讲，需要另一类软件。如果你要给计算机发送一串指令，你需要一个录入和编辑这些指令的系统。贯穿整个 20 世纪 60 年代和 70 年代的早期，指令通过打孔卡片被录入。你在打孔卡机器上打上指令，编辑过程就是通过扔掉有错误的卡片，并用好的来取代它们。今天指令直接被录入计算机存储器，然后在这里被文字处理器编辑。如果你做大型机计算，你就需要学习一种针对特定大型机的编辑系统。个人计算机的程序有它们自己的内置编辑器，你可以在学习基本程序的同时学习它们。你也可以使用你最熟悉的文字处理程序来撰写和编辑计算机程序。

今天的计算机

　　着手处理一个需要计算机的任务时，首先要决定的是：用大型机还是个人计算机来完成作业；其次要决定的是用什么软件。软件可以大致划分为两类：一种是以交互方式操作的，通常是以菜单形式呈现供你选择，并响应你的选择；另一种是批处理模式操作，你写出一个完整的指令清单，并且取回完成后的作业。有些统计软件包两种方式都提供了，通过点击菜单驱动的程序已经成为最流行的。但是知道基本代码还是很好的。点击菜单大部分时间还是很便捷的，但是，不怕麻烦可以写代码的记者，相比在菜单上进行点击选择的记者，掌握得更全面、更具灵活性。

86

　　你所需要的主机的尺寸和复杂性的临界值不断地向前推进。在 20 世纪 80 年代初期，一项有 50 个问题 1 500 位被访者的简单民意调查，通常需用一台大型机来进行分析。在 20 世纪 90 年代，类似的工作可以在家中或办公室里，用个人计算机很方便地完成。进入新世纪以来，对于非常大型的复杂数据库来说，大型机仍然还是很有用的。尽管如此，大型机的主要用途是在台式机或笔记本电脑上把数据切分为子集以进行详细的分析。

　　对大部分记者来说，入门级的计算机应用（在文字处理和互联网搜索之后）是电子表格（spreadsheets）和数据库程序。了解电子表格软件（例如 Lotus、Excel）最好的方式就是使用电子表格作为你自己的个人支票登记簿。作为一名记者或者未来的记者，你可能对文字比对数字感到更加舒服，并且经常不能让你的支票簿保持平衡。一个电子表格会使之成为可能并且还会鼓励你寻求出更多复杂的应用。比如说，你能为假设的退税建立一个电子表格模型，之后当立法者为税法的改变辩论时，你可以很快地展现每一个提案对各类假设的纳税人会产生怎样的影响。

　　为了理解一个数据库软件（例如 Access、Foxpro）好在哪里，想象一个要求数据存储在索引卡片上的项目。在第 1 章中描述过的学校保险调查就是一个很好的例子。一个数据库程序将会将事物分类，搜索特定的事物或者特殊的关系。在邮寄问卷调查中，数据库软件有利于管理回答者名单，可以追踪谁回复邮件了，并且对那些没有完成的人进行跟进。相比进行系统的信息分析，一个数据库系统更擅长进行信息检索，但是很多记者已经运用数据库系统来做相当复杂的分析了。

设计计算机软件的人与决定使用什么软件的人要做不同的选择。生活就是一种权衡。越容易学习和使用的软件，似乎也就越缺乏灵活性。获得灵活性的唯一方式是，首先要更努力地学习它。本书的功能不是教你计算机编程，而是给你一个工作是如何完成的大体概念。为了达到这个目的，接下来的部分将要带你体验一个使用 SPSS 的简单例子。

为让这个例子保持简单，我们只用 10 个个案。但是这些数据是足够的，它们包括了连续变量和分类变量。我们这个数据是 20 世纪下半叶的 10 位美国总统的情况。连续变量表示的是总统整个任期中（前一章使用的概要和复杂的数据）的平均的盖洛普支持率。分类变量是所属政党，1 代表民主党，2 代表共和党。整个数据库看起来是这个样子的（见表 5—1）。

表 5—1　　　　　　　　20 世纪下半叶 10 位美国总统的盖洛普支持率

姓名	支持率（%）	政党	就职年份
杜鲁门	45.28	1	1944
艾森豪威尔	65.03	2	1953
肯尼迪	70.10	1	1961
约翰逊	55.10	1	1963
尼克松	49.02	2	1969
福特	47.19	2	1973
卡特	45.48	1	1977
里根	52.79	2	1981
布什	60.86	2	1989
克林顿	55.10	1	1993

在我们用这个数据库做任何事之前，让我们先来介绍几个概念。在处理任何数据集时，首先你需要确定的就是分析单位（unit of analysis）。在这个例子中，分析单位是每位总统。数据中的每一行就是一个分析单位，给出了一位总统的概要数据。表示分析单位的另一个单词就是"观测"（observation），是 SAS 手册中用到的术语。表示分析单位还有一个词就是"个案"（case），这是 SPSS 指南的撰写者提出的术语。在前面的例子中，每一个个案或者观测是一行或者一条记录（record），记录是数据处理中通用的术语。在大型的数据集中，每个个案可能有一个以上的记录。在数据进入打孔卡片上的时代，标准的记录长度是 80 个字符，是标准的霍尔瑞斯（Hollerith）卡片的宽度。现在你的数据录入媒介更可能是一个磁卡或磁盘，并且对记录长度的限制更少，这样每个个案就很少需要一个以上的记录了。然而，如果你想在计算机屏幕上查看你的数

据，80 个字符仍然是一个很好的宽度。典型的文字处理器每行显示 80 个字符，如果你必须编辑数据，你最熟悉的文字处理器就是最好的方式。另一个实用长度是 132 个字符，适合于宽幅面打印机。

如果你觉得想象"记录"和"分析单位"的概念有难度，那么想象一下你的数据被录入在 3×5 英寸的索引卡片上，每一张卡片是一条记录。每一张卡片代表什么呢？就像在民意调查中，它是一个人吗？一场政治募捐？一座房子？不管它是什么，如果你用 SPSS，那就是你的分析单位或者说"个案"；如果你用 SAS 处理，那就是"观测"。

在我们所给的简单数据集的例子中，还有其他一些值得注意的事情。最先要考虑到的就是每个案例的身份识别信息。在这个数据集中，我们有四个字段（fields）。第一个是文本字符型（string）的，其他三个都是数值型（numeric）。计算机更擅长处理数值型数据，如果我们可以选择的话，我们更喜欢用数字。作为规则，一个身份识别字段是不会用来分析的，于是我们不介意那里没有数字（如果你的数据组有字符串变量，SPSS 能够通过设置自动将它们重新编码成数字）。

关于这个数据集另一个要注意的事情就是它的固定格式（fixed format）。换句话说，每个数据字段垂直地排成一列（文本字符串左对齐，数字右对齐）。如果我们将字符字段当做垂直列来考虑，这个数据集中的身份识别字段总是占据从 1 至 7 列，盖洛普支持率占据从 12 至 16 列，所属政党在 22 列，就职年份从 27 至 30 列。很多分析系统，包括 SAS 和 SPSS，都很宽容，没有要求"物应各有其所，亦应各在其所"（a place for everything and everything in its place）。它们通过出现的顺序中来识别变量，提供一些值作为分隔符（delimited）。空格、逗号、制表符或者其他字符都能被用做分隔符。在早期的打孔卡片时代，原始数据靠肉眼很难读出，因为字段堆在一起，密密麻麻。现在的存储介质已经很便宜了，所有我们能给变量一些呼吸的空间了。

现在想一下我们能对这个数据集做些什么分析。显然计算总统受欢迎程度的平均值和标准差是很必要的；我们还能看看到底是共和党还是民主党更受欢迎；我们可能也对支持率的时间变化趋势感兴趣。以下是做所有这些分析的一个完整的 SPSS 程序。不管我们的分析个案是 10 个还是 10 000 个，这个程序都是一样的。

DATA LIST FILE = 'A：PRES. TXT' /NAME 1 – 7（A）RATING 12 –
　　16 PARTY 22 YEAR 27 – 30.

DESCRIPTIVES RATING.

只有两个语句，不需要更多。以下就是它们各自的功能：

（1）DATA LIST：这是一个格式语句。它告诉 SPSS 访问驱动器根目录的命名为"PRES. TXT"的文件。文件是怎么到那里的呢？我用我的文字处理软件把它放到那里。然后这个语句告诉 SPSS 第一个变量命名为 NAME，从 1 至 7 的位置找到，并且是字母数字的而不是数值型的（是默认值）。然后其他每一个变量被命名，并给出定位。

（2）DESCRIPTIVES：这个简单的指令告诉 SPSS 输出给定变量的最大值和最小值，再加上平均值和标准差。

89

这是输出表的样子：

Descriptive Statistics

Deviation	N	Minimum	Maximum	Mean	Std.
RATING	10	45.28	70.10	54.5945	8.4856
VALIDN（listwise）	10				

接下来让我们画一个茎叶图，来使分布的可视化更强。茎叶图是 SPSS 程序 EXPLORE 的一部分。

```
                    RATING Stem-and-Leaf Plot
        Frequency              Stem & Leaf
          4.00                 4. 5579
          3.00                 5. 255
          2.00                 6. 05
          1.00                 7. 0
              Stem Width：10.00
              Each leaf：I case（s）
```

这个图很快地告诉我们支持率的分布是正偏态的——那就是当极端情况发生时，它们处于正面肯定的一方。支持率的众数是在 40 多分这个类别，中位数在 52 与 55 的中间，换句话就是 53.5。

自然地，我们想要知道哪个政党有着最受欢迎的总统。一行代码或是五次鼠标点击就能完成这个操作。代码比鼠标点击更容易展现出来：

　　MEANS TABLES = RATING by PARTY.

不管是哪种方法，结果看起来是这样的：

Report

RATING PARTY	Mean	N	Std. Devlation
Der	54.2123	5	10.1241
GOP	54.9767	5	7.6909
Total	54.5945	10	8.4856

共和党的总统稍稍更受欢迎。SPSS 提供了几种方法来比较样本可能产生的变差与那些标准差之间的差异。结果显示两党的支持率差异是不显著的。

另外一种政党比较的方法是用中位数 53.5 作为分割点将支持率二分变成分类变量。再一次地，你能用一行代码或是五次鼠标点击完成这个。以下是代码：

90

　　RECODE RATING (0 thru 53.5 = 1)（else = 2）into RATECAT.

我用大写字母来写程序和变量名称只是装点门面。SPSS 代码是不区分大小写字母的。

当 PARTY 和 RATECAT 都是分类变量时，可以建立一个交叉表进行两个政党的差异评估：

Rating Dichotomy ＊ Party Cross-Tabulatin

			PARTY		Total
			Dem	GOP	
Rating Dichotomy	Low	Count	2	3	5
		% within Party	40.0%	60.0%	50.0%
	High	Count	3	2	5
		% within Party	60.0%	40.0%	50.0%
Total	Count	5	5	10	
	% within Party	100.0%	100.0%	100.00	

这一次，民主党看起来比共和党要好一点点，有三位总统的平均支持率在中位数以上，而共和党只有两位。这是怎么发生的？两位受欢迎的民主党人，克林顿和约翰逊只是仅仅高于中位值。在支持率排名靠前的两位共和党人是老乔治·布什和艾森豪威尔（Eisenhower），他们都在排名的顶部。这表明把连续型变量简化为分类变量的代价：你失去了一些重要信息。

让我们再用两个计算机操作来完成这个证明。用仅仅几行代码或者几次鼠标点击，你可以把总统支持率转换为等级排序和标准得分（z 分数）。那就能让你生成一个总统支持度排名的报表，并且给出每个人的标准分数，这样你就能看出他比平均分高多少或者低多少。

SPSS 程序生成 SUMMARIZE 的表格：

Case Summaries

	总统名字	等级	等级排名	z 分数（等级）
1	肯尼迪	70.10	1.000	1.82727
2	艾森豪威尔	65.03	2.000	1.23000
3	布什	60.86	3.000	0.73784
4	约翰逊	55.10	4.000	0.05957
5	克林顿	55.10	5.000	0.05947
6	里根	52.79	6.000	−0.21283
7	尼克松	49.02	7.000	−0.65710
8	福特	47.19	8.000	−0.87272
9	卡特	45.48	9.000	−1.07413
10	杜鲁门	45.28	10.000	−1.09736
Total N	10	10	10	10

注意 z 值对高于平均分的值是正的，而低于平均分的值是负的。肯尼迪高于平均值近两个标准差，卡特和杜鲁门低于平均值超过一个标准差。

最后，SPSS 运用图片可以简单实现数据可视化。图 5—1 展现了随时间变化总统支持率变化的趋势。年份是每位总统第一次就职的时间，支持率是他整个总统生涯的平均值。

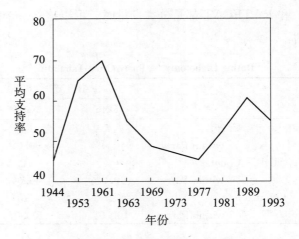

图5—1　不同时间的总统平均支持率的变化情况

![SPSS 与 SAS 的比较]
SPSS 与 SAS 的比较

　　SAS 和 SPSS 的应用遍布全球很长时间了。我第一次使用这样的用户导向高级语言是 1966 年在哈佛大学，哈佛大学社会关系系的工作人员为哈佛的 IBM 7090 撰写了一种叫做 DATA-TEXT 的语言。[5] 他们的工作是由一个国家基金资助的，并且把产品免费送给任何需要的人，只收取空白磁盘的成本费，当时大约是 10 美元。为了使这个软件快速高效，它是用 7090 的汇编语言撰写的，这导致它一直没有流行起来。因为当第三代计算机出现时，这个软件没能很快地被兼容。在哈佛人使用这个软件的时候，SPSS 已经广为传播了，因为它是用 FORTRAN 写的，很容易转换。今天，SPSS 是一个兴隆的生意，SPSS 主要创始人诺曼·聂（Norman Nie）的学术大本营是芝加哥大学。同时期，在北卡罗来纳的凯里（Cary），SAS 成为 SPSS 的主要对手。

　　两个软件系统都在不断地改善和发展，它们之间任何的比较都会冒着过时的危险。然而，在 21 世纪初期，源于 SAS 和 SPSS 各自的公司文化的本质差异，随着时间的流逝似乎没有改变。

　　SAS 在更大程度上是程序员的系统。SPSS 则更适合非程序员。在灵活性与易用性的权衡中，SAS 更倾向于灵活性。如果你要经常分析数据——那是指，一年超过两至三次——那么花些力气精通 SAS 是值得的。运用 SPSS 你不用像程序员那样思考。SAS 中为了使你理解计算机正在做什么的一些步骤，在 SPSS

中变得透明了。在交叉表中，这一点体现得尤其明显，贴标签和设置表格在 SPSS 中更容易。

SAS 的文档管理能力很强，如果你有大型的复杂的数据要在大型机上处理，SAS 擅长改造它们，并且将它们转换成可行的形式。在 20 世纪 80 年代后期，SAS 和 SPSS 都可以读取复杂的格式，我们将会简单地讨论其中的有些内容。

SAS 最大的弱点就是它的指南手册。这些产品都是在 20 世纪 80 年代由程序员为程序而撰写的，那么，除非你学会了像计算机程序员那样思考，否则它们是非常难懂的。SAS 的人员在短时间内制成了这些手册，以至于这些手册的有些地方组织得很不好。举一个例子，一个早期 SAS-PC 的介绍运用四种颜色的说明书非常清楚地告诉你如何保存一个程序文件，但是它却从来没有提及一旦文件被保存后如何检索。相比之下，SPSS 的指南手册就比较易读。最好的是，SPSS 由玛利亚·纳如赛斯（Marija Norusis）——一个在计算机和统计方法上的天才——创作了一系列 SPSS 的书，整合了计算机技术和统计方法，这是一个学会 SPSS 的合乎逻辑的方法。[6]这种方法让你将学习和实践结合起来，从而持续地回报你的努力。

SAS 和 SPSS 在大型机和 PC 机的语言上只有微小差别。在学会了一个之后，你可以很轻松地切换到另外一个。从 1988 年开始，我停止了向学生介绍大型机，让他们首先在 PC 上学习，因为这样做反馈更快并且学生控制的感受更好。SAS 和 SPSS 都有系统在大型机和 PC 机之间来导出它们的系统文档，有格式和标签说明书的文档。在大型机层面，SPSS 和 SAS 可以互相读取系统文档，这是一个明智的转换设计，鼓励用户由一种软件转换到另一个，而不用担心丢失现有数据库的数值。

SAS 与 SPSS 的故事是一个很好的自由市场体系下竞争力的例子：每一个软件系统都保持努力以超过另一个。很多用户，由于担心落后于一些新的发展，都保持着使用两种软件的能力。

 ## 复杂的数据库

本章前面用了有关 10 位总统的数据，类似于这种模型的数据库是简单的和容易处理的，不论它有多大。即使我们有 2 000 个个案和 2 000 个变量（400 万条信息），分析时的逻辑和编程将会和我们做 10 个个案和 5 个变量完全一样。这样的数据库被称做矩形（rectangular），每个个案都有同样数量的记录和同样数量的变量。

有两种相当普遍的非矩形文档类型：（1）文档中每个个案包含着不同数量

的记录；（2）文档是有层次分级（hierarchical）或者说嵌套的（nested）。在这两种情况中的第一种情况，一个文档可以被当做矩形文档来处理，在缺失记录中的变量被定义为"缺失"（missing）。SAS 和 SPSS 都可对缺失值进行自动处理。例如，当计算百分比时是把非缺失值当做基数来使用的。例如，如果你有一个文档描述一个公寓里的 83 个居民，如果其中 40 个人为男性，40 个人是女性，3 个人性别未知，那么任何一个系统都会报告 50％的男性和 50％的女性，除非你把"缺失"作为一个单独的分类。

但是有时候不等数量的记录是不存在缺失值的，它也许只是意味着被测量内容的不同数量。一个分层次的文档是处理这种情况的一种方式。假设政府建立了一个计算机文档，是关于制造业公司报告的有毒废料的处置情况的。分析单元（也可以说个案或者观测）是每一个工厂，然后也许会把每一种有毒化学废料的排放作为一条记录，每条记录显示了该化学物质在各个环境渠道是如何处理的——例如陆地、水、空气或者回收设备。一个表示排放多种化学物质的工厂的个案所包含的记录数，会比一个排放几种化学物质的工厂的记录数要多。SAS 和 SPSS 都能够处理这类情况。

让我们使这个例子再复杂一些。想象每个排放有毒废料的公司都有一个报告。每个个案的第一条记录会有关于公司的信息，包括公司大小、总部的设立地址、产业分类等。这些被称做记录类型 1（Record Type1）。

每一条表示这些公司的记录都有一系列的工厂记录，一条对应着一个工厂，这些将是记录类型 2（Record Type 2），其中包含关于工厂的信息，如地理位置、大小、生产线等。

每条工厂记录将会有另外一系列记录（类型 3），每一个对应着一种有毒废料的排放。这些记录每条都会包括化学物质的通用名、商品名、数量以及存在形式的指示（气体、液体或固体）。

最后，对每条表示化学物质记录再多设立一系列记录（类型 4），每一条对应着一种该化学物的处理方式——那是指土地、水、空气、回收。这些记录中每条将会给出处理的细节，如时间、地点和方式。

如果以上这些听起来很复杂，那么它的确是很复杂的。然而，现在这里有一些好消息。好消息就是像 SAS 或 SPSS 这样灵活的分析软件可以处理这种文档，并且更好的是，它能让你来选择分析的单元。

当人们不清楚最终的分析会对什么感兴趣的时候，就常常建立这种分层次的文档，把这种文档设计成能适应所有的可能性。其优势在于你可以在任何层次水平上确定你的分析单元。例如，假设你想要单个工厂作为分析单元，计算机能在所有的工厂记录中添加有关公司的数据，于是你能用公司变量来比较不同工厂的特征。或者如果你想要某种化学物质排放作为分析单元，你可以告诉计算机给每种排放都填上公司和工厂的数据。首先你通过创造一个矩形文档来完成这个工作。之后，剩下的分析工作就很明确了。

　　文档处理的一种常用形式是整合个案来进行高层次的分析。这一章用到的 10 位总统的数据集，来自一个包括几百次民意调查的数据集，每次调查都问了同一个关于总统支持率的问题。SPSS 中的"aggregate"程序可以产生一个新的数据集，将那些单次的民意调查整合为一个新的数据集，以总统为分析单位，支持率是他任期内所有民意调查的平均值。

计算机之间的传递

95

　　20 年前，计算机法则的第一条似乎是"每个东西都是不兼容的"。今天，兼容性（compatibility）虽然不是普遍的，但通常触手可及。

　　计算机通常采用二进制格式来控制和处理信息，可以用不同的可能方法来做到这一点。最小的信息单元是二进制的"比特"（bit），其意思是一个开—关、是—否、开—闭的信息。当把几个比特串在一起时，就可以对复杂的信息进行编码。按标准惯例是八个一组串在一起，叫做"字节"（byte）。当一个计算机制造商告诉你机器有 512k 的随机存取存储器（random access memory）时，那意味着该机器有 512 千字节或者 512 000 字节。一个字节也等价于一个字母、数字或是键盘上的特殊字符。例如在扩充的二—十进制交换码（Extended Binary-Coded Decimal Interchange Code，EBCDIC，IBM 主机的标准）中，八比特的表达式 11010111 代表字母"P"。另外一个编码系统——美国信息交换标准代码（ASCII，American Standard Code for Information Exchange）——用于大部分个人计算机。在这种情况下，如果你把数据从一种计算机转到另一种计算机上，你可能感觉到一些困难，但是这些困难大部分都被通信设备的设计者们预先考虑到了。如果你在一个大型机和个人电脑之间移动数据，通信软件会注意到 ASCII-EBCDIC 的转换，你几乎不用担心存在着不同。

　　你如何将数据从一个地方传到另一个地方？伴随着宽带和数据压缩技术的改进和提高，可以简便地通过邮件传递或者从互联网下载的数据集的信息含量在持续增大。很多私人的和政府的机构现在通过只读光盘（CD-ROMs）提供数据。举例来说，一张光盘能够保存北卡罗来纳州所有投票者的姓名、地址以及详细的参与投票的历史。

　　数据格式在个人电脑上更加标准化，你几乎不会关心信息在磁盘上布置的细节。Excel 非常擅长读取分隔的文本文档，而 SPSS 可以读取 Excel。

数据录入

数据最初是如何存到磁带或者磁盘介质上的？是有人将它们敲打录入的。当你有你自己生成的数据，通过调查、实地实验或者对公共记录编码时，你可以运用你最喜欢的文字处理器自己进行数据录入，特别是如果你有一个为你记录纵列的文字处理器，你就能确认在固定格式的每一次录入都到达了正确的地方。用 ASCII 代码保存它，无格式的，然后在个人电脑上直接读取或者是通过调制解调器上传到一个主机上。对任何项目，小规模的除外，最好是将数据送到专业的数据录入商那里。专业人员完成得更快并且会比你自己录入产生更少的错误。通常地，数据录入供应商通过录入两次来进行核对，用一台计算机来核实以确定每个操作员用同样的方式读取材料。各种各样的光学字符阅读器（optical character readers，OCR）也可用于机读的印刷或打印的材料，或者是特殊的纸笔填写的表格。运用一个光学字符阅读器来使印刷材料变成计算机可读数据是相当简单的，但总是需要一些编辑过程。

令人着迷的因素

计算机是如此令人着迷，很容易被操作中的细枝末节吸引，以至于你忘记了你最初运用计算机的目的是什么。计算机的诱人之处在于，所呈现的很多令人关注的难题总是会有答案的。如果你使用时间足够长，足够努力，计算机总是会回报你的。

生活的大部分情况都不是这样的，回报是不确定的，你永远不能完全掌控。所以人们很容易专注于自己能控制的事情——计算机和它的内容——排除其他所有事情。学术研究以及记者都不能如此狭隘，要摆正计算机的位置：计算机只是一个帮助你达成目标的工具，而不是目标本身。

你不可能学会已知的有关计算机的所有知识，但是你能学到你报道新闻所需要知道的知识。你将会发现你用过不止一次的概念和程序不容易忘记，然后你将会建立两类知识：你需要知道并且自己可以操作的知识，以及在需要的时候你能找到的现成的有帮助的知识。首先是做一名记者，并且不要用计算机来排斥世界。

【注　释】

［1］这个术语在 2001 年的今天也仍然被使用，例如，"按照《堪萨斯城市之星》电脑辅助的调查结果，地下汽油罐的泄漏情况甚至比那些法律生效之前的泄漏情况更严重。""*Leaking Gasoline Tanks Release Danger Below*," Kansas City Star，*April* 22，2001，1。

［2］关于这些历史的许多细节来自 *Robert S. Tannenbaum*，Computing in the Humanities and Social Sciences (*Rockville*，*Md.*：*Computer Science Press*，1988)。

［3］*G. Harry Stine*，The Untold Story of the Computer Revolution (*New York*：*Arbor House*，1985)，22.

［4］*Allan R. Mackintosh*，"*Dr. Atanasoff's Computer*," Scientific American (*August* 1988)：90 - 96. 也参考了资深记者的传记，*Clark R. Mollenhoff*，Atanasoff：Forgoten Father of the Computer (*Ames*：*Iowa State University Press*，1988)。

［5］The Data-Text System：A Computer Language for Social Science Research，Preliminary Manual (*Cambridge*，*Mass.*：*Department of Social Relations*，*Harvard University*，1967). *Data-Text* 团队的领导者是 *Arthur S. Couch*。一些成员后来参与了 *SPSS* 的发明。

［6］例如，参见最新版的 *Marija J. Norusis*，The SPSS Guide to Data Analysis (*Chicago*：*SPSS*，*Inc.*)。第 10 版于 2000 年出版。

第6章

调 查

有时你的数据分析技能可以运用到前人已经搜集的数据中，而在另外一些情况下你需要自己来搜集数据。在搜集数据中应用最广泛的方法是调查（survey）研究法，更流行的叫法是民意调查[①]（尽管许多的应用涉及的是特定人群而不是普通公众）。一个调查包含以下元素：

（1）一个或一组调查的目标。

（2）被研究总体的界定。

（3）样本。

（4）问卷。

（5）数据搜集方法（面谈、电话访问、自填问卷）。

（6）编码与分析。

如何确定调查目标已经在第 1 章讨论过，本章主要介绍通过调查方法达到目标的技术。

[①] 英文原文为 public opinion polling，可译为民意测验、舆论调查等。本书中统一译为民意调查，简称民调。括号中的解释是针对普通民众（public）的，有些民意调查不是以普通民众作为研究对象的，而是根据研究目的的不同，针对特定的人群，如针对教师的、针对警察的等。——译者注

抽样

基本原理

样本的抽取类型当然取决于数据搜集的方法。如果用邮寄问卷的方式搜集数据，那么你就需要一个包含地址的样本。如果用电话访问的方式，你就需要电话号码。如果是入户面谈的方式，至少在开始阶段你可以不需要以上任何信息，作为替代，你可能会用到人口普查中住房单元的数量。

不管采用什么方式，关于抽样的基本统计学规则仍然适用。

每一个在你想要推断的总体中的成员，必须有一个已知的被包含在样本中的机会。

达到这个目标最简单的方法，就是给总体中的每个成员相同的被包含在内的机会。如果你希望在少数族裔类别中获取过抽样样本，这就要复杂一些了。过抽样（Oversampling）的目的是确保你拥有足够多的少数族裔样本量，以允许你把结论推广到少数族裔。例如，对于一个种族关系的研究来说，你可能希望少数族裔和非少数族裔的人数相同，尽管少数族裔只占总人口的 15％。你可以这样做，并且调查结果仍然可以完整地推及总体，其前提是在数据分析时，采用加权的方法使过抽样样本的权重降低到相应的比例。操作起来比听起来简单得多，三行 SAS 或 SPSS 的代码就可以完成这个过程。以下是 SPSS 的例子：

```
COMPUTE wtvar = 1.
IF (race ~ = 1) wtvar = 0.3.
WEIGHT by wtvar.
```

第一行代码生成了一个适用于任意实例的加权变量，并且赋值为 1。第二行代码命令计算机检查每一个个案是否属于少数族裔；如果是，它的 WTVAR 取值就更改为 0.3。第三行代码对数据加权。

现在，我们只考虑等概率的样本，理论上思考做到这一点的方法很简单。如果你想在你的家乡选取一个具有代表性的成年人样本，只要把他们每一人的名字都在小纸片上写下来，把所有纸片放入钢桶中搅拌均匀，然后抽出所需要的数目。如果你住在一个足够小的小镇，这种抽签方法可能真的可行。但是大多数总体的数量都很大而且很复杂，所以样本通常在现有记录的基础上分阶段进行抽取。

100

电话调查的一大优点就是现有记录使调查变得相当便捷。让我们从最简单的电话样本开始，就是直接从电话号码簿中抽取样本。

（1）把电话号码簿的书脊剪掉，使其变成一叠松散的书页。

101

（2）准备一张硬纸板（那种干洗店衬衫外包装就很好），将它剪成书页的形状，并且裁剪出 4～5 个小洞，调整大小和形状，使每一个小洞可以露出一个姓名和电话。

（3）确定你需要拨打多少个电话才能得到你想要的有效数量，将总数除以硬纸板上的小洞数，得到的结果命名为 n，就是你需要的书页的数量。

（4）将电话号码簿的总页数除以 n，得到的结果 i 就是间距或者说就是在两个样本书页之间需要略过的页数。

（5）从 1 到 i 中的随机一页开始，直接将硬纸板放在上面并且将露出的号码用高亮笔标注出来。在每一个 i 的倍数页上重复这个过程。

如果你抽到了商业办公电话怎么办？许多城市的电话号码簿是商业办公电话与住宅电话分开的。如果这两类电话没有分开，那么你就不得不增加你的采样数量，这样就能舍弃商业办公电话，同时保证足够的住宅电话数量。你所抽取的电话样本的总数量在很大程度上取决于你所在城镇的特点，所以一些经验会对你有所帮助。但是相比于你希望完成的数量，抽取双倍的电话数量不失为一个合理的开始。因为电话号码簿中的有些人可能已经去世了，或者搬家了，还有一些人可能在你打电话的时候不在家，而且有些人可能拒绝接受你的访问。

做起来就像听起来那样简单，这只是包含了样本的一个阶段。抽取的电话号码使你选择了一个家庭，但你的目标总体中不止一个人在共享这个号码。你需要一种方法从这个家庭中随机选择一个人。此时等概率原则仍然是你最好的指导。已经有好几种现成的方法，要求你来询问接电话的人，从而列出所有在那个电话号码下符合条件的人选，例如，18 岁及以上的人。接下来，运用一些随机设置来选择一个人，并要求与那个人对话。一个更简单的方式是询问当前有几个符合条件的人选，并问他们的生日是几月。通过名单你可以选择下一个过生日的人。因为生日的分布是没有规律的（而且占星学符号和其他任何事物没有关联），所以每一个家庭成员都有相等的概率被选中。

如此一来，你马上就会想到两种可能出现的问题：

（1）你打电话时没人在家。

（2）丈夫接听了电话，但下一个过生日的是妻子，而妻子在上夜班或者因为其他原因不能接听电话。

在第一种情况下简单的应对方法是拨打下一个电话，在第二种情况下简单的解决方法是访问丈夫。但是停下来想一想！如果你这样做了对你的等概率准则有什么影响？你违反了准则，访问那些容易接触到的人就会把偏差引进来。为保证等概率的标准，你必须遵循以下准则：

一旦某个人被选入样本，你必须持续不断地追踪这个人以得到他的回应。任何替代方式都会破坏样本随机性。

对于没有人接听电话的情形，应对方法是在当周或当天的不同时间段重新拨打电话。对于抽中的人选不在家的情形，应对方法是进行预约，当抽中人选在家的时候再进行访问。

当然，你热情的追踪也要有所限制，你需要平等地对待每一个难接触的潜在人选。对一些人穷追不舍的同时，漫不经心地对待另一些人会破坏随机性原则。所以你需要一个正式的处理重拨的程序和固定的尝试接触次数。设定一个努力的标准，把它应用到所有的有麻烦的个案中。

你的成功情况是以你的响应率（response rate）来测量的。响应率是回应你的人数除以你尝试的次数。如果你拨打了一个工作电话但没有人接听，这代表着你尝试过了一个人，虽然你对他一无所知。

好的响应率是多少呢？多年前，当世界还是一个温和的、人们相互信赖的地方时，个人访问调查中响应率超过 80％ 是很常见的，这或多或少成为一个标准。到了 20 世纪 80 年代后期，研究者得到的响应率达到三分之二就已经很幸运了。到了 2000 年，三分之一的响应率已经算是很高了。但问题是，当响应率下降到不足 50％ 时，危险性也在慢慢增加：你错过的那些人可能在系统性与重要性上与容易接触到的人有所不同。

下面的例子可以解释为什么会这样。假设你的研究目标是了解全国记者俱乐部（National Press Club）成员中有多少人抽烟。你的邮寄问卷调查有 80％ 的响应率。现在来想象一下一种主要的偏差：吸烟已经成为低教养和无知的标志，有些吸烟者不愿意承认抽烟，以免把自己划入那个类别中，他们很可能不会回复你的问卷。相较于不吸烟者中 50％ 的响应率，吸烟者的响应率只有 10％。表 6—1 基于一个虚拟的容量是 100 的样本。

表 6—1	虚拟容量 100 的样本的响应率		
	吸烟者	不吸烟者	总计
回答者	2	40	42
未回答者	18	40	58
总计	20	80	100

就像你所看见的，总体中的吸烟率的真实值为 20％，但是在这些回答者中，吸烟率只有 5％（2/42）。这是很严重的低估结果。如果你回到未回答者中进行第二轮调查，你得到吸烟者的可能性更大，简单来说就是因为抽烟者所占比例更高。未回答者越少，偏差就会越小。

因为每一个研究项目都服从经济学的第一定律，即任何人都不会有足够的力量做好每一件事，你在设计方案时，必须在样本容量与样本完成率之间权衡。在权衡时须遵循以下这条基本准则：

一个高成功率的小样本好过一个低成功率的大样本。

这条准则的理由之一是基于对未知性因素的合理担忧，你可以知道缩小样本所带来的边际误差，但是却不知道系统性未回复所引进的误差。

更好的电话样本

刚刚描述的方法有几点瑕疵。在第一阶段，你用相同的概率选择每一个已列出的家庭，在第二阶段用相同的概率在已选出的家庭中选择家庭成员，然而把两个阶段合起来就不是等概率了。为什么呢？因为家庭规模有大小之分，假设样本中的第一个家庭只有一个有选举权的成年人，但是第二个家庭却有三个成年人。一旦进入样本抽取的第二个阶段，第一个家庭中的成年人是自动被抽中，而第二个家庭中成员的选择则要遵循"下一个过生日"的原则。所以，单人家庭中的被访者被抽中的概率总是三人家庭被访者被抽中概率的 3 倍。最好的解决方法是引入权重，你用三人家庭抽中的那个人代表三个人，所以把他算三次（这是相对来说的，有关权重法更明确的使用方法在第 11 章中会有介绍）。

这里有一个更复杂的抽取电话调查样本的情况：在现今的电信时代，一些家庭可能有不止一条电话线，多出来的电话线可能是为小孩、电脑、传真机或是家庭办公准备的，或者可能是一部手机。如果有两部电话被登记在电话号码簿上，那么有两部电话的家庭被抽中的概率是其他家庭的两倍。你可以通过进一步的加权来修正这种情况，但首先你应该知道相关情况，你也可以通过询问来了解相关情况。只要在访问中有一个问题是"你家里是有不止一个电话号码，还是只有这一个号码？"如果有不止一个的话，弄清楚究竟有多少个并以此来加权。

如果你事先做足了这些工作，那么你就会得到一个很好的家庭电话登记在电话号码簿上的个人样本。这是一个好样本吗？如果你想要研究的就是电话簿上所列出的人，那么它就是很好的样本。大多数时候你心中的目标会更具野心，那么一个来自电话号码簿的样本可能会带来麻烦。平均说来，在整个美国，有15％的还在使用的住宅电话没有出现在电话号码簿中。这个比例在各地有所不同，所以把你所在地域的这个比例找出来。大多数未登记电话都是来自在电话簿发行后迁入此地的家庭，其他没有列出的电话号码可能是家庭成员有意这么做的，也许他/她正在躲避账单或者前任配偶，也可能是他/她本身就不喜交际。不论哪种情况，这样的人都落在了你的抽样框（sampling frame）之外。

有一个方法能使他们回到你的抽样框中，这种方法叫做随机数字拨号（random digit dialing，RDD）。你可以将电话号码簿中已经列出的电话作为源头，从电话簿中抽取你自己的 RDD 样本。还像以前一样，按照硬纸板上的小孔的方式进行操作，但是这次不要拨打已登记出来的号码，而是把抽取出来的电话号码的最后一位数字加上一个常数，例如 1。如果你在电话簿中抽选出了 933—0605，那么样本中的电话号码是 933—0606，这可能是一个没有列出的号码！这种方法叫做"转换最后一位数字"，该方法能够生成一个样本，非常接近于每一个家庭都有相同被呼叫概率的准则。

当然，这些号码中有一些可能是商业办公电话，而且有一些可能是空号。如果人工语音或者留言告诉你该号码属于商业号码或者空号，你可以把它从样本中删除。不幸的是，不是所有的空号码都连着答录机。一些拨打就像在真空中响起，就像森林中倒地的哲学家之树，人们的耳朵听不见。这意味着你无法真正地算出绝对回复率（成功的人数除以实际拨打的人数），因为你不清楚访问员听见响铃的电话号码是不是住宅电话。在这种情况下的最佳选择是：指定在不同的日期与不同的时间段拨打电话的合理次数。如果没有人应答，就把这个号码从基数中删去。但要记住，你要重新定义你的样本基数，它不是所有可能的号码，而是所有能打通的号码。这两者有很大的不同，但是这仍是一个值得计算的比率，因为你可以用它来和其他调查比较成功率。

用电话号码簿作为 RDD 的源头十分方便，但是它有时并不是完全随机的。在大城市中，电话的前三位数字经常对应着一些地理区域，不同地理区域住户的社会经济特征是不同的。所以，特定的一些号码前缀（或者是电话公司所称的 NNXs）会比其他前缀有更多的未被登记出来的号码。某个地区如果有很高比例的电话号码没有在电话簿上登记，那么电话簿上的号码就不能充分代表该地区，同样任何源于此的 RDD 样本也不能充分代表该地区。

对于这个问题最好的解决方案是避免完全使用电话簿。从当地的电话公司获取一份前三位数字的局号目录，以及每个局号下估计的住宅电话数量，再加上一份有效电话号码所在范围的列表。电话公司倾向于把电话号码限定在有限的范围内而不是随机分配。如果知道这些范围你就可以节省时间和精力，并且不用浪费时间在空号区域进行拨打。通过这些数据，你可以估计出每一个 NNX 下你需要拨打多少个电话，而且你可以在 BASIC 或 SAS 里写一个小程序来随机生成每一个号码的后四位，当然是包含在有效号码范围之内的。听起来很麻烦？并不完全如此。以下是一个 BASIC 程序，它可以产生 99 个四位随机数。

105

```
10 FOR 1 = 1 TO 99 20 PRINT INT (RND * 8 000) 30 NEXT
```

这种方法适用于一个大的地理区域，包括州，因为提供号码的电话公司是有限的。马里兰州相对简单，因为州内大多数地区都被同一家公司覆盖，而北卡罗来纳州比较复杂，因为那里有 30 多家电信公司。

电话抽样已经变成了一个专项任务，以至于很多调查研究机构更愿意与按量收费的专门抽样机构合作，而不是自己进行抽样。在 2001 年，一个一次使用的全州范围的样本的标准价格是几百美元。

家庭户抽样

有关电话抽样的讨论建立在假设有电话的家庭总体与全部家庭的总体是同一个，并且两个总体是相同的基础上。如果你很幸运是在瑞典做调查研究，这个假设几乎就是真实的，因为那里的电话拥有率为99%。加拿大也很好，电话拥有率为97%。然而，在美国只有94%的家庭拥有电话，在美国南部的某些州，电话覆盖率更低。1999年美国的家庭电话拥有率范围是从密西西比州的88%到缅因州的97%。[1]

对于某些新闻报道，一个来自电话调查的样本是无法胜任的。你可能需要那些没有电话的家庭样本，因为你需要代表低收入阶层。或者如果你想要访问员展示一些物品，比如说报纸的复印件，或者观察一个人的外观，或走进住户家来检查冰箱里有什么东西，你需要与那些被访者面谈。面谈调查可以满足所有人等概率的目标，但是存在着一些困难。

如果你想要在你所在的州或镇做1 500人的面谈，你会想到把这些人分群（cluster），以减少访问实施的成本。像电话调查样本一样，面谈样本也是基于住宅单元的。你甚至可以用电话号码簿来做这件事。从电话号码簿中抽取一个样本的方法已经介绍过了，这里与其不同之处在于：把所要抽取的数目1 500除以5。这样在排除了无人在家和被拒绝的情况后，你会得到300，注意这是300个群，而不是300个被访对象。

每一个访问地点派一个访问员去，按照以下的指示进行操作。

（1）不要去访问那个在电话号码簿上列出的地址。

（2）背对着电话号码簿上列出的地址，向右转，选择临近的下一户（如果是一个公寓式住宅并且右边没有单元，那就下一层楼，站在最左边的一户门前，然后选择右边的那一户）。

（3）继续遵循这个规则。如果你来到了一个拐角，向右转，在这个街区继续工作，直到完成了五个住宅单元。

一个更好的方法是先派出工作人员到实地现场，对所有群中的单元进行登记。用这样的方法，访问员就不需要浪费时间来按照规则抽取家庭户，而且你也有时间来处理所有模糊不清的状况。

因为在这个样本中，构成源头的家庭被跳过了，所以未在电话号码簿上登记的家庭就有机会被访问到。当有很高比例的家庭没有登记电话号码或根本没有电话的时候，这种做法仍然存在着偏差。

利用人口普查数据

当你的总体太分散以至于不能被一个或者其他适当数量的电话簿号码所覆盖时，或者当你关心没有电话/没有登记电话的偏差时，就要考虑放弃电话号码簿，直接利用人口普查数据进行工作。

假设你需要做一个全州范围的调查，要分阶段来抽取样本，从包含各县及其人口数的清单开始。如果你的调查研究是有关投票选举的，就选用登记注册的选民数量或者上次类似选举的投票人数来代替全部人口数。

你的目标是按各县人口占总人口的比例来抽选样本县，做法是用总人口数除以所需要的群数。如果你计划面访接触 1 500 人（希望回复响应率是 67%，以得到 1 000 人的有效样本），你需要 300 个群，每群抽取 5 个人。以北卡罗来纳州为例，在 2000 年人口普查中该州符合选举年龄的人口数是 6 085 281 人，而且有 100 个县。将所有达到选举年龄的人口数除以 300，得到 20 284，这就是跳过的间距（skip interval）。现在用你的铅笔在各县的清单上找出每一个 20 284 的倍数出现在哪个县。在 1 到 20 284 中随机选一个数字作为开始。从哪里能得到这个随机数字呢？过去，类似于本书的书一般会印一个电脑生成的随机数字表，专门来帮助解决这种问题。鉴于个人电脑和计算器都十分方便，这个随机数字表也就不再需要了。一旦你学会了 BASIC 语言，就可以使用 BASIC 的随机数生成功能。同时，你也可以使用计算器，将两个大而复杂的数字相加，跳过第一位数字，然后读出接下来的五位数。如果它们组成的数字与 20 284 相等或更小，就选用它作为起点。如果不是，将一位数移到右边然后继续尝试。有必要的话，键入另一个复杂数字，加上它，再试一次。让我们假设你得到了 13 137（这是我依据我自己的计算器得到的数字）。这个数字被叫做随机起点（random start）。

为了展示这个步骤如何运作，我打算带领你快速把这个过程进行一遍。在你对此有了概念之前，不要想着看接下来的几段。这有另外的方法来实现它。想象所有的北卡罗来纳州的居民按照所在县和名字的字母顺序站成一个长长的队列，目标是找到队列中第 13 137 个人，以此向后每间隔 20 284 人抽出一个人，如果我们让这些选出的人报数，我们发现一共会得到 300 人，而且我们知道他们是来自哪个县的，他们中的每一个人都代表着各自县的一个抽样点。这个练习的目的很简单，就是找到每一个县有多少个抽样点，如果有的话。基于人数进行选择，我们将自动根据每个县成年人口数的规模来确定每个县抽选的人数。一些小的县，成年人数少于间距 20 284，将会被跳过。但是有一些小县将有机会被选中，它们将会代表所有的小县。

如果你理解了这个概念，那么继续看这个例子就没有问题了。或者你可以等到你确实需要抽取样本的时候再看。这个例子就展示了这个抽取过程。

这是一个北卡罗来纳州100个县清单的开头部分（见表6—2），它包括2000年精确估计的成年人数量，来自早前的人口普查数据。

表6—2   2000年北卡罗来纳州人口普查数据（部分）

县名	成年人口数（人）
阿拉曼斯县（Alamance）	99 679
亚历山大县（Alexander）	25 370
阿勒格尼县（Alleghany）	8 606
安森县（Anson）	18 906
阿西亚县（Ashe）	19 556
艾佛理县（Avery）	13 837

你第一个任务就是找到随机起点那个人所在的县——在这个例子中，就是第13 137个人。这很容易，这个县就是阿拉曼斯县，用阿拉曼斯县的人口减去13 137，这样该县还剩86 542个成年人，下一个人的位置就是13 137加上20 284。但是不用麻烦做这些加法，就是从86 542中减去20 284——你的袖珍计算器里仍然显示的数字。这个结果表示阿拉曼斯县在第二次抽样后还剩多少人，还有66 258个人。继续这样做，最后你就将发现阿拉曼斯县有四个抽样点并且剩余5 406个人。

108

用剩下的人数减去20 284，得到−14 878，这个数字意味着你下一个抽中的人是下一个县——亚历山大县——的第14 878号。按照这个程序继续下去不难。为了避免负数，就把它加进亚历山大县的人口数中。现在把人口数减去20 284，得到10 492。因为余数少于20 284，所以亚历山大县没有别的抽样点了。

为避免负数，可以加上下一个县的人口数。小的阿勒格尼县没有达到间距的数目，甚至把亚历山大县剩余的人加上也是这样，仍然有一个负余数，这意味着阿勒尼格县没有抽样点。加入安森县，此时就有足够的人口数来获得一个抽样点，但是剩余17 720个人，这样就不足以抽取下一个抽样点，减去间距产生负数，这个负数表明下一个县的要抽取的目标人还需间隔多少个人。然后就这样继续做下去。如果你在北卡罗来纳州按照这个程序做下去，结束时刚好会得到300个抽样点。

如果你精通Excel软件，那么就不需要手工做这项工作了。你可以建立电子数据表来为你执行减法和抽样。其具体做法是：为纵列加上"县名"、"成人人口数"、"选择点"、"整数"和"余数"等标题。在第一纵列键入县名，第二纵列键入成人人口数。在第三纵列键入一个公式，这个公式是从总人口数中减去RS（随机起始数，random start），然后用余数除以I（间距，skip interval）。RS与I使用实际数据，不要在表格中填入引用的单元格，这样数据才能在复制公式的时候保持不变。

第四列的公式是INT（C2），这个公式表示通过截尾的方式将前一列的数值转换成一个整数。

最后一列，我们需要算出剩余多少人。其计算公式 ＝ B2 － （4 ＊ 20 284） －
13 137。要注意的是，为了代替 4，我们本来可以填入引用单元格，但是没有必
要，因为我们不会复制第一行。我们首先要做的是越过随机起始数。

现在变得简单了，对于第二个数据行（算上标签行，就是电子数据表中的
第三行），在单元格 C3 中键入公式 C3：＝（B3 ＋ E2）/20 284（等号是向 Ex-
cel 表明这是一个公式，而不是一个标签）。对于单元格 D3，就拷贝 D2 中的公
式，把 C3 中的结果转换为整数。

现在把它们整合起来。在单元格 E3 中写下公式：＝（E2 ＋ B3）－（D3 ＊
20 284）。就像你看到的那样，它把上一步得到的余数加到了一个新县的人口数
上，然后减去一个总和，总和等于这个县的选取点次数乘以 I 或者 20 284。这产
生一个余数来加到下一个县的人口数中。

现在所有你要做的就是复制单元格 C3、D3 和 E3 中的公式到下面的行，然
后这个阶段的完整样本将会为你抽好。整数列表示每一个县中有多少个抽样点。

对于每一个选中的县，你下一步需要的是得到详细的带有人口普查统计区
域的普查地图。在这个抽样阶段你要给每一个统计区域相同的抽中概率，不要
考虑它的规模大小。这样做会简单。如果一个县需要五个抽样点，那么就把统
计区域的数目相加，然后除以五，得到间距（I）。选择一个随机起点，抽取每一
个 I 的倍数的统计区域或地区。

在最后一个阶段，按照与人口规模成比例的概率来抽取街区（blocks）。你
不能让访问员来进行选择，因为他们会挑选看起来最干净或是最有趣的地方。
告诉他们找到街区的东北角，然后选择右边的第二个住所。从位于街角的家庭
开始被认为是不好的主意，因为街角的房子可能有系统性的差异——在一些老
社区可能价值更高，但在其他地区可能价值更低，因为街角更加暴露在交通线
路上。在一些没有划定明显街区的老社区里，你可能需要用一些其他单元，例
如街区组（block group）。也许你需要在地图上扔一个飞镖来确定起始点。必须
记住抽样的第一法则：每一个单元都有相等的被抽中机会。

当起始点确定之后，给访问员一个方向，然后选择五个住所。如果你可以
事先在这片区域为他们做一个目录，就会更好。

在多阶段的抽样中，按人口比例抽样与等概率抽样交替使用是十分重要的，
这样做可以使最终抽取的个体更加等概率。莱斯利·基什[①]（Leslie Kish）在他
的有关这项工作的权威著作中给出了一个算法[2]。我可以用一个例子来解释它。

想象两个有高层公寓的街区。A 街区有 1 000 户家庭，B 街区有 100 户

109

家庭。

如果你住在 A 街区，相比 B 街区，你的街区将会有 10 倍的概率被选中。

但是这里有一个平衡设置：从每一个街区选择相同数量的受访者。所以一旦选中某个街区，一个住在 B 街区的人被抽中的概率是住在 A 街区的人被抽中概率的 10 倍。这样保证了每个人都有相同的被抽中概率。

采用整群抽取样本的方式可以节省时间和减少访问实施的麻烦，但抽样的算法改变了。基什给出了精确计算的数学表达。对于一个粗略的经验法则，整群抽样减少了三分之一的效能。换句话说，一个样本量为 1 000 的整群样本所带来的边际误差，等同于样本量为 666 简单随机样本。

一部分在整群抽样时损失的效能会在分层（stratifying）中重新获得。我已经描述过的在北卡罗来纳州中的抽样步骤，确保了抽样点在地理上是分散的，并且主要城市没有被遗漏，而且最大的县被访者的人数也是与县的规模大小成比例的。因为上述过程没有偶然性，所以比起简单的随机性，精度得到了改善。

有限区域内的样本

对于 1967 年年底特律骚乱的调查，约翰·罗宾逊（John Robinson）所设计的样本使用了人口普查和城市电话号码簿数据，没有利用整群抽样方式。因为该地理区域很小，所以把几个家庭户聚集成群没有任何优势。但是在家庭中采用了整群抽样，家里的青少年和成人一样，都包含在样本中，所以罗宾逊指出在每个家庭中一半的合格被访对象将会被访问。基于性别与年龄，把每个人进行编号，然后提取这个数字表中所有的奇数（或者偶数）。参与家庭活动有利于促进合作，虽然这也带来了一些在保护隐私方面的困难。利用城市电话号码簿来获取地址，罗宾逊设置了一个过程来获取未登记的电话和地址。在实际访问过程中，每一个访问员去接触样本中抽中房子旁边临近的那一户家庭。即使那一户没有被列在电话号码簿中，访问员也同样要访问这一户。那些随机抽取的房子隔壁的没有被登记的房子，是所有的没有被登记房子的一个随机样本，这些房子中的家庭户进入样本，保证了样本的代表性。

电话与家庭样本中的偏差

一般认为最难接触到的人是处于社会底层的人。访问员不愿意去差的社区，并且这类社区的电话普及率也较低。对低教育程度的人进行电话访问，会带来额外的偏差，一旦通过电话来接触低教育程度的人，他们很少愿意合作。在某些类型的调查中，这种现象不会带来很大的差异。如果这是一个市场调查，未回答者更可能不是购买者。如果这是一个选举调查，那么未回答者更可能是没

110

有投票的人。但是在以新闻为目的的许多调查中，有利于上层社会的偏差（up-per-class bias）可能会带来严重的影响。如果研究的主题涉及了一个社会问题，受这个问题影响最大的人，可能就是调查中最难达到的人群。

在迈阿密，我和胡安妮塔·格林（Juanita Greens）、乔治·肯尼迪（George Kennedy）在骚乱发生之前研究黑人社区的时候惊讶地发现，我们得到的数据表明在迈阿密有三分之二的黑人是女性。这是我们第一次碰到隐匿黑人男性的问题。怎样处理样本中这么严重的偏差呢？我们想到了以下几个选择。

（1）加权。我们可以给接触到的男性加权来使他们代表没有接触到的男性。其中存在的问题是，很有可能我们没有接触到的人与我们接触到的人相比存在着不同，也许是很大的不同。

（2）把数据扔掉。其中存在的问题是，我们不知道获得更好的数据的方法。

（3）重新定义我们的抽样框并且仅仅把结论推广到稳定可见的黑人总体。其中存在的问题是，重新定义抽样框，把所缺失的这些男性排除在调查以外，并不能使他们真正消失。

我们选择了第三种意见，而且格林用传统的报道方法写了一篇专门的报道，报道关于迈阿密隐匿黑人男性，以及社会与政治上的压力使他们生活在调查的视野之外。她展示了一个我们不能用数据展现的故事：家庭结构和福利政策迫使穷困男性陷入了无家可归或者与家庭脱节的状态。这种报道策略面面俱到，使得我们可以自由地去解读数据，并充分认识到了它的局限性。这显示了一个很好的通用规则：

当所揭露的社会问题涉及了你的调查中所不能代表的人群时，找其他的方法把他们包含在新闻报道中。

了解一个调查不能承载所有的事物，可以帮你远离自欺与欺人。

邮寄调查中的抽样

邮寄和互联网调查通常是为特定总体制定的，获得邮寄地址清单可以使一些新闻报道独出心裁。我和麦克·马丁伯格（Mike Maidenberg）曾做过一项五年的追踪调查，调查对象是20世纪60年代第一次主要学生抗议活动中被逮捕的学生，这个抗议活动是1964年在加州大学伯克利分校中展开的。我们从校友录入手开始工作。首先我们要掌握的是谁被逮捕了，但是法院已经删去了被捕时未满21岁的人的记录。幸运的是，当时收到删除记录的命令滞后了一段时间，所以当地报纸得以把他们的姓名公布在报纸上。因而查阅当时报纸上的记录就得到了想要的名单，我们把这个名单与校友录进行比较，获得了这些人现在的地址。

《今日美国》（USA Today）为了报道现阶段美国的发明创造，需要一份发

112

明家的名单。通过查询美国专利局（U. S. Patent Office）的近期注册信息，他们获得了一个可供邮件调查的名单。邮件调查常被用于为主要大党候选人提名大会来选定代表，姓名和地址都能从党部获得。针对一些职业组群的调查，如警务人员或航空公司的飞行员等，都是可以通过从他们的专业协会来获得名单完成邮寄问卷调查的。

有时目标总体可能很小以至于不需要抽样。你可以尝试从总体中的每一个成员那里搜集数据。但是抽样的基本准则仍然适用：成功率比样本容量重要得多。如果你的目标总体中有 8 000 人的姓名和地址，你发出了问卷，可能只得到了 2 000 人的回复，这 2 000 人是一个样本，但不是非常具有代表性的样本。但是如果你每间隔四个人抽取一个人，发出了 2 000 份问卷，并且做了大量的后续工作，完成了其中的 1 500 份，那么你就得到了一个更好的样本。

当你从一个小总体中选取样本时，抽样的边际误差会稍有减少，虽然并不像你想象的那么多。乔治·盖洛普（George Gallup）喜欢用两个装满弹球的桶来解释它。一个桶里面装了 200 000 个弹球，另一个只有 2 000 个。每一个桶里的弹球都是一半黑一半白，并且均匀混合过了。从每个桶中各抓出一把弹球，每一把中黑球、白球的比例是 50—50，是相同的。每一个你抓取的弹球都有相同的机会是黑球，不论这个弹球来自包含有多少弹球的桶。

但是当总体非常小时，抽样误差会明确减小。经验规则是：如果你的样本量大于总体的五分之一，那么试着使用校正系数（correction factor）。[3] 其计算公式是：

$$\text{sqrt } [1-(n/m)]$$

其中 n 是样本量，m 是所来自总体的大小。根据计算结果你就会明白，样本量为 2 000 的样本，如果是来自容量为 8 000 的总体，其误差边际是来自无限总体的 87%。

可能样本

在很多情况下科学的抽样是做不到的，但是还是有一些要点来应用某些随机原则。拦截访问或者说百货商场内的访问就是这样的例子。这里有一群人并且没有办法使他们驻留下来进行样本选取，但你可以选取商场中一个随机地点和一个随机数字，比如说 4。站在随机地点上，数着经过虚拟线的人数，拦截经过这里的第四个人。这至少防止了访问员自己做出选择，访问员一般喜欢访问那些看起来有趣、有吸引力、性感或有其他迷人之处的人。虽然特定的购物者经过随机地点的概率是未知的，得到的不是真正的概率样本，但是这么做至少消除了一部分偏差——来源于访问员的选择偏差。这项技术被阿尔·戈林（AL Gollin）用于抽取大型政治游行参与者的样本，当时他在社会科学研究局（Bu-

113

reau of Social Science Research）工作。[4]斯坦利·米尔格拉姆① （Stanley Milgram）用这种方法来评估人们在城市街道遇到的有益帮助。

提出问题

你得到的答案取决于你所问的问题。如今，在设计调查工具时，某些特定议题的敏感意识不断增加，因此必须仔细斟酌调查问题的措辞，同时注意问题排列的顺序与方式也变得十分必要。为使每一个人都可以理解，一般来说调查问题小心地使用日常用语，但调查情况仍然和日常对话有很大的不同。注意去听一些人在电梯或者出租车上自发的聊天，并且注意对话的结构，你就会发现里面充满着废话。当谈话参与者为减少含糊并聚焦于一个狭窄的议题范围时，两人都渴望在这个议题范围能获得精准的理解，所以对话的问题和答案围绕着相同的内容一遍又一遍地重复着。想一想你自己在电话交流中不断重复的情形。注意电话中的对话通常是如何结束的，每一方都重复着对话结束后接下来要干什么，即使这部分内容在对话中已经交流得很充分了。我们天生就知道口头交流有多难，所以通过不断重复来检查错误。

调查研究中的问题置于一种更加不同的框架之中，调查的目的是测量对于一种刺激的反应，所以这个刺激需要通过一种方式明确地表达出来，这种刺激针对一个又一个被访者不断重复，以保证每个被访者都是针对完全相同的事情做出反应。提问者不能为了适应被访者的知识水平或者兴趣而改动问题。每一个问题都必须按照设计来提问。

这样做的好处在于精确，但是付出的代价是，营造的是一个口头交流的全部力量没有完全实现的非自然的环境。这种调查访问中的问答情况太不自然，以至于 1986 年霍华德·舒曼（Howard Schuman）在美国民意调查协会（American Association for Public Opinion Research）的会长演说中主张不再强调甚至是全部忽略调查结果中的原始频数或边际（marginals）频数。他说，没有其他数字的比较，单独的调查数字都没有意义。知道 60% 的会议出席者喜欢会议安排是一个好消息，他说，如果以前的会议中平均值为 40%。但是“如果前几年的平均数是 80% 的话，今年的组织者将会羞愧地低下他们的头”[5]。

---

① 斯坦利·米尔格拉姆（1933—1984）为美国心理学家，在社会心理学领域进行了大量研究，由于对从众行为的研究而著名。他提出了著名的“六度空间”理论。——译者注

114 ▋ 公民投票模式

　　舒曼的观点和大多数的新闻实践活动相反，新闻实践把民意调查看成是不间断的公民投票，其中民众指导他们的代表该如何去做。这种模式可能导致编辑、政客和读者高估调查问题的力量，高估典型市民的认知水平与注意力。

　　但是公民投票模式（referendum model）并不总是无效的。如果公民投票模式是无效的，民意调查就不会那样精准地预测选举的结果，许多关于公共政策议题的问题也不会表现得那么稳健。通过稳健性我想说的是，不管你怎样修改，一些问题总是提供相同的答案。

　　这就引出了问题措辞的第一条法则：

　　不要错过任何机会来借用别人已经用过的问题。

　　这样做的好处有很多，如果这个问题别人使用过，那么这个问题也很有可能对你有用。并且你可以把你此时的总体与已知的另一个总体或者另一个时间段进行比较。

　　下面是另一个通用法则：

　　不要为了你希望的新闻标题而设计你的问题。

　　我的一些好朋友是报纸编辑，但是我不喜欢为他们设计问题，因为他们有时是在追求一种他们想要的标题而已。一个编辑想要的有关公众对于总统最新税收议案的态度问题可能像下面这样：

　　以下哪一项最能代表您对总统税收议案的看法？

　　（1）我支持。

　　（2）有些支持。

　　（3）去死吧！

　　编辑希望的是，标题作者可以这样写："人们对总统说：去死吧！"

　　即使你采用了这样的问题，你还是会发现大多数时候被访者往往会回避那些引人注意的标题式的选项，而选择更加保守的那个选项。你完全不可能通过改变中间态度的基调来影响问题，使其严重不平衡。想从被访者的嘴里得出耸人听闻的标语是无益的。

115 ▋ 开放式问题

　　另一种极端情况是不给被访者任何选项，而是通过设置开放式问题（openended）来提问。对于大多数获取新闻的目的来说，这样做是不可行的。以开放式问题来提问的话，如果需要对开放题汇总分析的话，则答案必须被记录、编码以及按某种方式分类。仅仅是设计一个编码方案就是一个漫长冗杂的过程，你必须浏览所有的答案并且弄清楚分类的方法。一旦分类方案建立好了，你必须浏览每一个被访者的回复，然后判断它符合方案中的哪一个选项。在每天都有截稿期限的新闻行业中，只有两种情况下开放式问题是有意义的：

（1）当你引用开放答案来使故事更生动时，不需要对它们进行编码分类。

（2）当答案是一个数字例如"你在这个住址生活了多少年"时，量化的信息可以直接录入电脑，只要其单位是一致的。

在其他的大多数情况下，对于新闻目的的调查来说，开放式问题不是一个理想的选择。当你面临截稿日期的压力时，必须把答案内容按类别划分，这样可以在电脑中进行计数和比较，人工处理最少。所以封闭的答案类别就成了问题中的重要部分，既要引导被访者的答案到你事先选择的分类，又要使它们从那些你没有给出的可能性中归并到已给的选项中，这是一个艰巨的任务。

无意见

封闭式回答的最大弊端是，对该主题不了解的被访者可以像精通这个主题的人一样，轻而易举地从给出的观点中选择一个。确实，访问环境的社会压力促使了这种现象的产生。访问员定义了各自的角色：我给出问题，你给出答案。这种体系迫使每一个人选择了一个类别。许多记者看见大量被访者选择了"不知道"这个选项就十分失望，坚持主张强迫被访者来做出决定。但是这样做只是自欺欺人。许多人真的是不知道，并且作为一个记者或者研究者，你应该觉得，不知道的人与有坚定意向的人是同样重要的，都需要了解和计数。因此这里的规则是："不知道"也是信息。

把来自不知道者的信息与来自知道者的信息同样对待。25 年前，菲利普·康弗斯（Philip Converse）就开始担心他后来称之为"无态度"（non-attitudes）的测量方式，当时他作为一项调查的被访对象，注意到自己匆忙地对一个之前了解和关注很少的议题给出了答案，这样做就可以履行自己的社会角色并且赶快搞定。这个经历使他的职业生涯致力于研究这个现象，并且进行了一些有重大影响的研究，使"不知道"作为有效数据获得了更多的认可与支持。[6]之后，另外两个密歇根大学的研究者——霍华德·舒曼（Howard Schuman）和斯坦利·普雷瑟（Stanley Presser）——进行研究，在调查问题中明确地把"不知道"作为选项，他们发现支持和反对的相对比例通常保持不变，但不知道的人数却增加很多。[7]怎样使被访者承认他们"不知道"？这里有一个例子：

"你认为联合国对于其需要面对的问题处理得是好还是坏？——或者由于对这一问题关注不够，你没有结论？"

为证明在研究中加入这一"逃离舱口"的重要性，舒曼和普雷瑟还有辛辛那提大学的乔治·比舍普（George Bishop）一起合作，询问人们对一些根本不存在的事物的看法，例如"公共事务法案"，几乎有三分之一的人表达了他们的看法。当"不知道"作为选项加入进来后，只有不到10％的人自称知道这个不存在的法案。[8]

另一个避免产生无态度问题的方式是在该问题前设置"不知道"选项来做过滤。先问一个简单的知识性问题，例如，"您是否读过或者听说过有关……的事"，如果答案是否定的，就不需要用相关问题来打扰他了。

通过进行民意调查以获得政治支持的利益团体，经常用非常深奥的问题来配合公民投票模型。他们通过设计一个非常长的问题来解释他们的主张，然后让被访者确定自己的立场。这么做不是个好主意！这种方式不能产生速成教育，不能把结论推及其他公众。所问的问题变得如此复杂以至于不可能用文字来客观表达。这样接受速成教育的被访者不能代表任何人。速成教育使被访者不同于其他那些对此议题无知的人，但又不能使他们与那些已经知晓并考虑过这些议题的人同步。更好的做法是将那些已经了解情况的人甄别处理，然后询问他们的看法。

新闻记者特别容易陷入这样一种陷阱，即认为他们的考虑、兴趣和知识理所当然地代表全部的民众。不是这样的！如果你正在读这本书，这就会把你标记为来自记者和新闻系学生总体中的一个独特甚至异常的子群体，更不用说所有人的总体了。绝不要由自己来推及所有人。因此，千万不要从教堂山（Chapel Hill）、剑桥（Cambridge）、托皮卡（Topeka），或者任何你碰巧住过的一些有趣的地方来进行归纳概括。① 代表性是难以实现的，总是会有别处的。

中间类别问题

哈里斯调查（Harris survey）在询问对总统表现的评价时，选项是"很好、好、一般、差"（excellent，good，fair，poor）。盖洛普民意调查（Gallup poll）在提问时，选项是"赞成或者反对"（approve or disapprove）。两者的选项中都没有一个明确的中间类别。

两组可能的选项都是为在新闻中应用所设置的。作为一个记者，通常意味着对含混不清的答案无法忍受。政治家和其他新闻源通常会使事情模糊不清，所以记者被要求将事情变得条理清晰。因此，将问题选项类别设置为离散的、是—否这样的二选一选项就成为一件很自然的事。然而针对这种强制性选项的争论，与引进"不知道"选项的争论一样激烈。一些被访者的确不属于赞同或者反对两者中的任何一边，刚好属于中间类别。盖洛普和哈里斯的有关总统表现评价的问题出现在特定的时间点，那时大多数的从事民意调查的人认为，避

---

① 教堂山（Chapel Hill）是北卡罗来纳大学所在地；剑桥（Cambridge）是哈佛大学和麻省理工学院所在地；托皮卡（Topeka）是堪萨斯州首府所在地。——译者注

免中间状态、强迫人们表态是自己的责任。而当今的趋势是把中间状态当作合理的类别加入问题的选项中。

舒曼和普雷瑟的研究发现包含中间选项后，支持与反对的比例关系并没有受到影响，而且也不影响回复"不知道"的数量。如果一些人认为中间态度最为合适，我们对于真实性的追求应当促使我们尊重他们的想法，而不是设法操纵他们表明一个坚定的立场。将他们赶出中间态度事实上会造成数据的丢失，因为这可能会掩盖真正模糊的态度，而了解这个态度是十分重要的。[9] 尽管加入中间态度选项不需要成为一个绝对的准则，但当你有理由怀疑中间态度是实际情况的重要部分时，就要考虑加入中间态度这个类别。在最简单的问题中，"不知道"选项的引入会为持中间态度者提供庇护所，例如，"总统是否应该派遣军队到某地去终止暴乱？或是对于这个情况你还有没有什么想法？"

平衡性问题

一个平衡的问题（balanced question）呈现出两个有相同结构的选项。不平衡的问题给出一个方面然后问被访者同意或者不同意（或赞成还是反对）。对于一个复杂的议题，平衡性问题可以采用"有些人这样说"这种形式。例如：

"有些人认为总统应当做更多努力来平衡联邦预算。另一些人认为他已经做了足够努力。哪一个说法更接近你的想法呢——是他应该做得更多，还是他已经做得足够多了？"

而不平衡的形式则是："你是否同意下面的陈述——总统应当做更多努力来平衡联邦预算？"

118

接下来是一个带有中间立场的平衡版本："对于减少国家债务而言，总统采取的措施是太多了、刚刚好还是太少了？"

当你正在寻求一个公民投票结果，并且主要目的是确认多数人的观点时，平衡形式通常会更好。然而，至少在以下两种情况下不平衡的形式更加合理。

（1）指数构建（index construction）。在某些问题中，很多方面都很重要，以至于不能被合并为一个问题。为减少误差，你可以就相同主题询问一系列的问题，然后把它们合成一个指数。不管你测量的是什么，这个指数可以给你一个很好的连续测量结果，并且可以对回答的一致性进行检测。一个同意—不同意的列表可以很快生成许多指数项目。

（2）生成一个简单的自变量。预测公民投票结果虽然重要，但知晓一种态度是如何影响另一个态度，或者一种民意如何影响类似于投票这种行为的就更重要了。在这种情况下，调查的目标不是询问一个没有偏差的问题，而是以一种测量目标属性的方式来提问，然后将总体或多或少地分离开，这样就可以在交叉表中使用它了。

　　在投票后的出口民意调查（exit polls）中用的是自填式问卷（self-adminis-tered questionnaires，SAQs），关于议题的同意—反对的列表生成一系列变量，这些变量可以与实际的投票结果做成交叉表。在这种情况下，你不考虑公民投票的结果，你想要知道的只是哪些议题有利于某个竞选者，这些议题的相关影响是什么。为达此目的，你必须建构问题来提供二选一的答案，从而把人群分到大致平等的类别中。

　　这里有一个比较极端的例子。曾经在佛罗里达的一次初选中，用校车接送学生以废除校园种族隔离是一个议题。我们需要一个同意—反对的问题作为分析中的自变量。反对校车接送的声音很强烈，使这个问题完全不能成为一个变量，所以需要把这个问题改变一下使其成为一个变量——同意或者反对以下说法："如果法院要求白人和黑人学生共乘校车，我们不妨关闭公立学校。"对于这种极端的陈述，交叉表就有足够的差异了。

回答选项的设定

119

　　由于一些被访者对问题有肯定回答（yea-sayers）的倾向，不平衡问题会造成很差的结果。在电话访问中，一个不耐烦的被访者可能对所有问题都表示同意，仅仅是因为想让访问快点结束。当问题的条目是按可能的指数结构排列时，被访者更容易受到问题的形式而不是内容的影响。在心理测试中，人们习惯于把可替换问题转换方向，比如，在一个同意—反对选项的列表中可能同时包含"《纽约时报》是公正的"和"《纽约时报》是带有偏见的"。一些人会对两个题都选择同意，但是这至少证实了存在着肯定回答的倾向。

　　甚至在缺少明显模式的情况下，回答的设置也会存在问题。在 1960 年和 1973 年，不同的社会学家在很多调查中都同时用到了这两个同意—反对的陈述："为寻求未来而带孩子来到世界上是不公平的"以及"今天出生的孩子们会有一个令人期望的美好未来"。结果既同意第一种说法又同意第二种说法的人占了不小的比例。[10] 舒曼和普雷瑟尝试过一个折半样本实验（split-sample experi-ment），在实验中一半的人被问到同意还是反对"对于这个国家的违法犯罪来说，个人因素相比社会因素要承担更大的责任"。而另一半人被问到同意还是反对这个问题的对立面："对于这个国家的违法犯罪来说，社会因素相比个人因素要承担更大的责任。"每一个版本都有大多数的人同意。[11] 舒曼和普雷瑟把这种情况命名为默认偏差（acquiescence bias）。令人发狂的是默认偏差是反复无常的，不能以可预测的方式出现在所有的议题和问题上。

　　你可以预料到会带来麻烦的一种情形是，这些问题常用于评估一些事或一些人，如一个机构或者是政治获选人。如果有利的答案是同意某个人（或者在自填式问卷左侧的答案），被访者会对接下来的项目有预期，并且按照脑子里的期待来解释它们。翻转对立的说法只会鼓励被访者误解问题，保持对立问题的持续稳定是更安全的选择。[12]

选项类别的顺序

即使一个问题是平衡设置的，所给出的选项类别的顺序也会带来差异。研究者已经发现了首要影响（primacy effect）（倾向于第一个选项）和近因影响（recency effect）（倾向于最后一个选项）的证据。舒曼和普雷瑟报告说近因影响尤其普遍。在 20 世纪 40 年代为美国石油组织（American Petroleum Institute）进行的拆分样本实验中，斯坦利·佩恩（Stanley Payne）首次注意到了近因影响。[13]30 多年后，舒曼和普雷瑟重复了其中的一些问题，顺序的影响仍然存在。其中一个例子是，"一些人说从现在起的 25 年内我们将有足够的石油。另一些人说以我们使用石油的速度，石油将在大约 15 年后竭尽。你猜想这些想法哪一个最接近正确呢？"在 1979 年的重复调查中，当"仍会有足够石油"的选项在最后给出时，比起首先给出，相信的比例提高了 13 个百分点。舒曼和普雷瑟发现在他们所检验过的陈述中，大约有三分之一的陈述存在着这样的顺序影响，但是他们未能总结出一种模式，来发现造成这种影响的原因或者在什么时候会产生这种影响。[14]

当一个被访者被要求判断一系列相互比较的问题时，另一种不同的顺序影响就会出现。如果你是选美比赛的参赛者，那么要尽量避免成为第一个被看到的评价对象。《今日美国》在 1989—1990 演出季之前在达拉斯甄别出观众来对节目进行测试，观众对于最先看到的演出给出了最低的评价。因为预料到了节目顺序的影响，《今日美国》轮换了节目的顺序，以使每个节目在不同的组别中按不同的顺序播出。结果《少校老爸》（*Major Dad*）在第一顺序被观看的组中，按 10 分制打分得了 7.7 分。而另一组由于先观看了另外两个节目，因此有了比较，于是给《少校老爸》打了 8.8 分。

轮换顺序（rotation）在调查访问中也是一个好策略。如果要求被访者对一系列候选人或者事件进行打分，那么对一半的受访者的访问顺序要进行颠倒。在芝加哥大学、密歇根大学以及其他地方进行的实验中，已经证明前面提到过的问题会影响后面不相关的问题。前面问题的一些内容有时也会引发一系列想法或者设置了心情，从而影响对后续问题的回答。遗憾的是，没有人找到预测这些影响的方法。当复制其他调查中的问题时，本章的开头就建议过你这么做，谨慎的方法是寻找同样需要复制的语境。

连续变量

如果你建构的问题所伴随的答案选项是连续的区域，就可以搜集更多的信息，并且进行更复杂的分析。但这并不容易做到，尤其是在电话调查中。在面访调查或邮寄或网上问卷中，你可以展示标有从 1 到 10 的数字阶梯的图片，并且要求被访者把自己的态度标注在阶梯上。或者你可以展示一行数字，从 1 到 7，并且两头的 1 和 7 用词语标出相反的含义，例如，偏见—无偏见，勇敢—胆怯，兴奋的—无聊的，诚实的—欺骗的，等等。奇数的尺度包括了中间点，被访者可以用铅笔或鼠标相对轻松地进行标记。

如果话题容易直观呈现，电话访问也可以同样做到这一点。使用熟悉的学术评价尺度 A 到 F 是有帮助的。《今日美国》用这种方法做了简单的实验。其问题是："使用评估标准 A、B、C、D 和 F，其中 A 是'优秀'，F 是'非常差'，使用其中任意一个等级，你会如何评估乔治·布什总统任职以来所做的工作？你会给他 A、B、C、D 还是 F？"

如果调查主题是熟悉并且给出的尺度级别是明确的，从 1 到 10 的尺度级别也可以用在电话访问中："用从 1 到 10 的尺度，其中 10 表示最好的可能表现，1 表示最差的可能性，你如何评价总统昨晚关于毒品的演讲？"当然了，这样的问题只能询问那些看了或听了演讲的人。

另一种获取一些尺度的方法是在回答了同意—反对选项后进行扩展，并进一步拆分为非常同意或比较同意、非常反对或者比较反对，但是这个过程是耗费时间的，并且会导致被访者疲乏厌烦。你可以对一个或两个问题这么做，但不能在电话访问中以这样的方式问很多问题。

然而对于关键变量来说，克服困难也是值得的。全国民意研究中心（National Opinion Research Center）对于政党事务的调查就是一个典例，按照在密歇根大学制订的计划，该问题从简单的共和—民主二分法转变为一个定序变量：

> 一般来说，通常你认为自己是共和党、民主党、独立人士还是其他？
>
> （如果回答是共和党或者是民主党）你会称自己是坚定的（共和党或民主党）还是太坚定的（共和党或民主党）？
>
> （如果是独立人士）你觉得自己是亲共和党还是亲民主党？

结果是一个七级的连续变量，从坚定的共和党人到坚定的民主党人。尽管询问起来有许多麻烦之处，但是如果你研究的是随时间而变化的党派的忠诚度和归属感，那么一切都是值得的。

敏感问题

你能在调查中询问最令人讨厌的问题：骚乱的参与、性行为、药物滥用以及各种反社会行为。电话访问比起面访提供了有利条件，因为你不需要面对着被访者。而且电话营造了对被访者来说似乎更自然和舒服的社会情境，使他们告诉你他们的不良行为。

　　一种方式是从容不迫地提出问题引出被访者的坦白承认。在底特律的骚乱行为研究中，问题假定每个人都是骚乱参与者，访问员只询问细节，如"在骚乱中您的活跃程度如何？"然后就是每个人都这么干了的策略，提醒被访者所询问的行为是很普遍的。"许多人有时会向自己的配偶大声吼叫发脾气，在过去的七天里，你的配偶是否做了让你向她或他吼叫的事情？"这样的措辞也暗示你发脾气是配偶的错，而不是你的错。

　　我主持的高级新闻报道班上的学生们在北卡罗来纳州的奥兰治县（Orange County）对可卡因使用情况进行了测量。测量方式是对一系列不同等级的物质使用情况进行询问，开始是烟草、啤酒、葡萄酒，随后是烈酒、苯丙胺（安非他明）和镇静剂（兴奋剂或者镇定剂）、大麻，最后是可卡因和海洛因。前面关于合法药品的问题建立了信息披露的模式，并且这种披露模式延续到对非法药物的询问。

　　在另一项测定约会强奸发生率的调查中，另一个班使用电话征募了一些愿意填写并寄回自填式问卷的被访者。被访者事先被告知问卷中含有一些明显与性有关的问题。除了直接与强奸有关的问题，问卷询问了更多的细节行为，包括了一个等同于法律定义的强奸的问题："你是否曾在妇女不同意的情况下与其进行性交？"类似于有关可卡因的问题，这一问题也是在询问了一系列良性行为问题之后才出现的。比起直接使用强奸字眼而承认强奸，更多男性承认进行了对方不情愿的性交，这也引起了一些有关强奸的社会定义的争议。

　　有关亲社会行为的问题也有可能敏感，这发生在一些被访者并没有完成这些期许行为。为了让他们承认自己的不作为，在问题中构建一些理由是有帮助的。"上次选举你碰巧参加了投票，或者有什么事情让你不能参加投票？"即使是这样措辞，过去的投票通常也被高估了。"开车时你是系安全带呢，还是你属于讨厌被安全带绑着的人群中的一员呢"，这能够鼓励人们承认自己没有系安全带。如果询问一个特殊的时间点效果会更好，比如"上一次开车时"。这种方式人们可能承认只有一次不符合规定的行为，而不会被认为是完全不守规矩者。基于同样的理由，标准的报纸读者调查也会问被访者"昨天"是不是看了报纸。

 ## 人口统计学信息

　　任何一个持续进行的民意调查都应该有一个关于人口统计学类别的标准列表，并且一直遵循这个标准。按时间维度进行纵向对比是一个很重要的丰富你的数据的方法，要这么做你就需要一个一致的分类标准。下面是你最低限度需要搜集的人口统计学信息。

（1）性别（gender）：两个类别即可。

（2）种族（race）：弄清你的受访者是黑人、白人还是其他种族。其他种族包括了亚洲裔或者印第安人，但是不包括西班牙裔，因为"西班牙裔"这个词指的是出生国国籍而非种族，事实上西班牙裔也有白人、黑人、亚洲裔和印第安人。所以请在询问种族之前以一个单独问题的形式提问是不是西班牙裔。

（3）年龄（age）：询问确切年龄。你可以在分析数据时进行分类。在这里保留灵活性是很重要的，因为相关的年龄分类是取决于新闻主题的，不同的新闻主题会有不同的年龄分类。从事民意调查的人有一种错误的认识，认为询问确切年龄会让受访者觉得不快并拒绝合作。当《美国今日》用询问确切年龄来代替之前的询问年龄组别以后，拒访率从 0.33% 上升到 1.5%——相当于在 800 人的调查中增加了 9 个拒访者。获得确切的年龄后，就可以做到按统计分析的需要进行各种年龄分组，所以询问确切年龄付出的代价并不大。[15]

（4）受教育程度（education）：询问确切的在校年限来保证灵活性。常用的分类选项经常是这样的：小学（grade school，0～8 年）、中学肄业（some high school，9～11 年）、中学毕业（high school graduate，12 年）、大学肄业（some college，13～15 年）、大学毕业（college graduate，16 年）和研究生（post-graduate，17 年以上）。然而在北卡罗来纳州，一些年纪大的人只接受了 11 年在校教育就拿到中学毕业证，因此，需要询问更详细的问题。

（5）收入（income）：这个问题常常留到最后，因为拒答率相对较高。由于通胀的影响，设置长时间内一直有意义的收入分类标准是不可能的。询问收入的方法一般是访问员先告诉受访者"当我念到您的收入所在的类别时就打断我"，然后访问员把收入分类念给对方听。通常询问的是家庭的税前总收入，而不是被访者的个人收入。有关这个问题的实验研究表明，所问的收入类别越多，得到的收入就越高。然而，对于多数的报纸调查来说，询问教育程度就足以代表一个人的社会经济地位，不需要知道收入了，除非该调查议题是与收入情况密切关联的，如关于税收政策。

（6）宗教信仰（religion）：通常的选项类别是新教、天主教、犹太教、其他教以及无宗教信仰。在南方的一些地区，一半的人口是浸礼会教派基督徒，因而在这里新教也可以进一步细分为浸礼会教派和其他教派。

（7）职业（work）：查看一下综合社会调查（general social survey）的编码手册，你就会知道职业的分类是多么复杂。[16]如果你把人们分成蓝领、白领和专业人士固然很好，但是很多的职业却是很难归类的。你也可以询问某个人是在职、失业、退休、料理家务或者在校上学。

（8）婚姻状况（marital status）：已婚、未婚、丧偶、离异、分居。

（9）地区的社会发展程度（region of socialization）：有时，一个人成长的地方与你的调查主题有关联。为了调查的一致性，考虑使用美国普查局所定义的美国区域状况。你可以在《美国统计概述》（*Statistical Abstract of the United States*）的内封中找到这个表。[17]

124

地域规模

不用询问这一问题，只要知道了被访者所在城市、县或邮政编码，就可以直接进行编码。一个有用的区分是城市和非城市，定义一些县是属于都会统计区（Metropolitan Statistical Area）的，而另一些县不是。即使是在没有大城市的州，如北卡罗来纳州，根据这个维度，也可以区分为几乎一半对一半的城市和非城市。

搜集数据

可以通过面访、邮寄以及电话的方式来搜集数据。技术的进步不断地带来新方法。面访和电话访问都可以利用计算机辅助完成，计算机里可以储存问题和答案。近年来互联网的普及率超过了 50%，通过电子邮件进行调查越来越受欢迎。

两个基本策略已经在互联网调查中使用，尽管相比电话，互联网的普及率还是很低。第一种策略是使用统计加权方法来弥补非互联网家庭的缺席。第一步是在网络样本中找出数量不足的人口统计分组。然后，样本中这些组别的成员被计数多次以代表那些不上互联网的同伴。因为互联网普及率的提高，这种措施的风险在下降，甚至必要性也在降低。

另一种雄心勃勃的方法是先通过传统方法抽取一个样本，然后找出（通过询问）样本中没有接入互联网的成员，给他们一台电脑并且训练他们使用电脑。想要让这么做值当，这个样本必须被反复使用。为了防止样本疲惫老化，要保证这个样本规模很大，以便对大多数调查项目，可以从中抽取子样本。这种方法需要大量资本，但是在 21 世纪初期，已经有企业勇敢地这样做了。

对邮件和互联网调查方法阐述得最清楚的专家就是唐·A·迪尔曼（Don A. Dillman），他著有《邮件和互联网调查：量身定制的方法》（*Mail and Internet Surveys：The Tailored Design Method*）（约翰·威利父子公司，纽约，1999）。如果您正认真考虑采取邮件和互联网方式进行调查，那么请记下这本书并阅读迪尔曼的最新版的书。

培训访问员

125

　　无论是采取面谈还是电话的方法进行访问，访问员都需要知道社会科学研究中信息搜集的基本要素以及正在进行的研究项目的特殊目的和特点。调查访问是一种对话，但不是一种自然状态下的对话。就像任何一个记者都知道的那样，你可以把受访者带到街角的酒吧，花上一点时间，喝上几杯啤酒，就能对这个人的态度有较好的了解。[18]像这样的对话可以增加我们对于被访者的洞察，但是没有得到数据。为了得到可计量的数据，必须对访问员进行培训以消除他们的个体差异，这样才能使得调查进行时，被访者不会因为不同的人询问而给出不同的答案。这种反应稳定一致性的专业术语叫信度（reliability）。要想取得信度，有可能会牺牲一些效度（validity）或是你获得答案的本质事实。但如果没有信度，不同访问员得到的数据就不能加在一起。因此要培训访问员有统一的举止表现，在访问过程中要避免主观性。

　　必须培训访问员要按要求准确地读出问题。如果读出的问题没有得到答案，访问员要中立地进行追问，比如说发出"嗯"的声音，或是"能否再具体些"，或只是一个充满期待的暂停。禁止暗示或推荐一个回答。"你的意思是你赞同布什总统的工作方法？"就不是一个中立的追问。

　　在对访问的介绍阶段，是允许访问员有些自由度的。你可以为访问员写一个基本脚本，来开启对话，寻求被访者的配合，此时访问员可以根据材料即兴发挥。但是一旦开始进入数据搜集环节，访问员必须严格按照要求来做。

　　事先，我们就可以估计到来自潜在被访者的一些问题：是谁出资做这个调查的？我的姓名是否会被公布？等等。把可能的问题以及参考答案列出来，给每个访问员人手一份，让他们在数据搜集时随身带着，无疑可以事半功倍。一些关于有助于配合调查的说明信的好例子可以参考唐·A·迪尔曼的书《邮件和电话调查：量身定制的方法》[19]。虽然迪尔曼现在的关注点是以自填的方式搜集数据，但是他过去的一些著作仍然给利用电话进行现场访问的研究者提供了很好的建议。

　　通过角色扮演的方式可以帮助接受培训的访问员熟悉问卷。挑选一个访问员来访问另一个人，当着大家的面多次演练。当然你也可以扮演一个十分难缠的被访者。

　　告诉访问员大多数人喜欢接受访问，这样可以消除访问员的顾虑。没有必要扮演成秘密任务中的侦探。如果你的单位是一个富有声望的媒介公司，在开场白里提到它的名字可以让对方感到参与调查是有益的。

CATI 系统与纸笔记录

126

如果有资源的话，计算机辅助电话访问（Computer Assisted Telephone Interviewing，CATI）系统可以节省时间、提高准确性。计算机辅助电话访问要求每个工作站有一台个人电脑或是主机终端。最简单的形式是，你将问卷编辑在一张软盘内并将其拷贝送给每个访问员。在访问时，问题会显示在电脑屏幕上，访问员将答案输入电脑并且保存在同一张软盘内。每晚访问结束后，软盘被收集起来，把数据汇总入主盘中。如果你的电脑已经联网，答案在收集的同时通过网络直接进入文件服务器，你可以实时地计算频数。一些大型机和网络系统甚至允许在线修改问卷，以对在访问进行时突发的新闻事件做出反应。

当你使用纸与笔的记录方式时，通过设计表格以便让答案都记录在单独的一张纸上。垂直的格式可使数据录入更容易。我倾向于使用三栏式的答案表，答案水平地对应着问题表格。这也减少了印刷成本，因为你只需要给每个访问员一份问卷就行，而不是每个被访者一份问卷。答案正好能够填满一张纸的正面和反面，这也避免了在数据录入时累人的翻页工作。

在最后确定问卷和答案表前，让负责数据录入的人检查一下答案表，以确认这是可行的。在数据录入需要打孔卡的时代，对答案表进行预编码是标准操作，这样可以确保每个条目最终所在列的位置都从头标示出来了。今天，既然数据录入员直接对着电脑进行输入，这一步就不是必需的了。但检查一下还是可以避免歧义。

回拨电话

你需要做好书面记录，以便追踪每一个尝试过的访问。更先进的 CATI 系统能够为你做大多数这样的工作，甚至是管理样本。另外，你也要把已经拨打过的电话号码按以下类别进行归类。

（1）完成访问。

（2）预约，要回拨下一个过生日的人。

（3）忙音和无人应答，需要再次进行拨打。

（4）拒绝、空号、办公电话和其他一些允许更换号码的结果。

很自然地，你希望保存这些结果，以便发现访问中效率低的地方并努力加以改善。

127　　对于无人应答的号码，在放弃之前，应该拨打多少次呢？在不同日期以及一天的不同时间段拨打三次之后，如果还没有人接听就可以放弃了。处于截稿压力下的记者有时做不到这一点。当我指导北卡罗来纳大学教堂山分校的学生运营"卡罗来纳民调"（Carolina Poll）的工作时，我们采用的方法是，三次拨打电话的间隔最少是一小时，这常常需要持续到第二天。即使这样，完成最后几个样本也是很麻烦的，"卡罗来纳民调"有时会在一个项目的最后10%～20%的样本中使用配额抽样（quota sampling）方法。

　　比较不同调查的成功率是相当困难的，因为有太多的方法来计算成功率。美国民意调查研究协会（American Association for Public Opinion Research，AAPOR）已经建立了一系列标准的定义，是很用的，并且不断更新。获取最新版本的最佳渠道就是登录 AAPOR 的官网 www.aapor.org。[20]

配额抽样

　　在 1948 年总统选举前的民调中，所有大型民意调查都错误地预测了美国总统大选的结果①，并把这种错误归咎于所采用的配额抽样方法，使得这一方法饱受诟病。事实上，其他一些错误也对 1948 年惊人的误差负有责任。配额抽样至今仍然以一种低风险的方式被采用，它被用在复杂概率抽样的最后一步，用来选择被访者。在 21 世纪初期，配额抽样也是欧洲大部分民意调查的标准抽样方法。

　　用概率抽样（probability sampling）来选择一个群（cluster），这个群在面访样本中是家庭户或街区，在电话访问样本中，群是电话号码的前三位 NNX②。在最宽松的形式中，配额抽样方法允许访问员选择那些最容易接近的人进行访问，满足宽泛的年龄和性别配额。另一种简单设定配额的方法是让访问员调查每户中年龄最小的男性，这样做可以弥补在家里找不到男性和年轻人的缺陷。如果没有年轻男性出现，访问员要求访问最年轻的女性。

　　在稍微严格一点的配额抽样中，回拨电话仍然停留在户这一级中，以减少来自无应答和占线电话所带来的偏差，但是这样做样本框就局限在电话响时那些在家的人。再一次，我们请最年轻的男性来接受访问（女性更有可能接听电话）。

① 1948 年美国总统选举的最有竞争力的候选人是共和党的杜威以及民主党的杜鲁门，选前的民调都预测杜威将战胜杜鲁门。而大选结果却正好相反，杜鲁门获得的选票比杜威多 4%，成功连任美国总统。——译者注
② 在电话调查中，群就是我们所说的电话局号，在中国不同地区，电话局号有三位的，也有四位的。在最近几年兴起的手机电话调查中，群就是我们常说的号段，手机号码中的前七位。——译者注

有时新闻截稿的压力迫使访问实施的时间只有一个晚上，在这种情况下，在家庭户阶段使用配额抽样，并且立即更换无法接触的家庭是很有必要的。访问容易找到的人所产生的偏差可能是重要的，也可能是不重要的。对于政治议题来讲，这种偏差常常是重要的。如果你注意到在一系列竞争性的选前民调中所出现的不稳定情形，那么试着去掉那些在一夜之间完成的民调，然后观察剩下来的民调结果是否更加一致。

 ## 通过邮件搜集数据

128

邮寄问卷调查是缓慢的，而且成本可能高得惊人。你要做的远不止列出清单、设计问卷、寄出问卷，然后等待邮递员把结果给你送来那么简单。

一个邮寄问卷调查不应该太短，太短了让人看起来觉得微不足道、不值得去关注。但如果问卷过长，又会看起来工作量太多。比较合适的长度是一张 11×17 英寸的纸，折叠成 4 张信纸大小的页面。装入一封有说服力的说明信，并且附上贴好邮票、写好回邮地址的信封。在信上或者问卷上做一个明显标记以了解哪些人已经回复，在说明信中解释这个标记的目的，同时告知你如何保守秘密。在准备这些材料的同时，准备一张提醒明信片，在原件寄出五天后寄给被访者，不要等到有人未经催促回复了邮件以后再寄（自然地，这张卡片要写一些致歉性的语言，或者换一种话说"如果您已经回复，请接受我们的感谢"）。两周以后，再给没有回复的样本寄出一份附带问卷的提醒信。

个人电脑使用的数据库软件如 Access 对于管理邮件名单并追踪回复情况很有用处。其目标是要得到三分之二或更高的有效回复率。所以总是选择一个足够小的样本，以保证有足够的时间和资源进行充分的追踪，包括恳求性的电话动员，必要的话还要激励那些没有回复的人。

 ## 混合方式调查

当你需要向被访者展示某物的时候，诸如一个产品样品、一张报纸小样或者是一张明星照片时，混合使用邮件调查和电话调查效果就会很好。你可以利用随机电话抽样来进行首次接触，征得被访者的同意接收邮件，然后给他或她打电话询问有关邮寄材料的问题。个人电脑在追踪谁同意这么做上又一次起到了作用。

《今日美国》在1989年秋季电视评估项目中就使用了混合调查方法。在那次调查中，访问员首先使用电话进行接触，通过询问问题甄别出常看电视的观众。然后，向符合标准的被访者提供每人40美元的津贴，要求他们到中心区域的一个指定地点来观看电视节目，并且通过自填式问卷评估这些节目。这些被访者已经通过了电话的第一级甄别，研究的供应商征募了这些人，获得了数千名愿意评价节目的人的名单。有时，按照这些人来进行推算是很困难的：居住在达拉斯的大多数电视观众，有兴趣评估节目，愿意为了40美元一晚上不做其他事情。只要告知读者调查是怎么做的，并且不声称这样的样本代表了全国的电视观众，就没什么问题。它们好像仍然比那些平常的令人厌倦的报纸电视评论更具有代表性。

129

自己做调查还是外包出去

一个经常进行民意调查的新闻机构早晚会碰到商学院经常提到的"制造还是购买决策"（make-or-buy decision）的问题，即是把民意调查外包给专业的调查研究公司，还是自己从事调查？哪一个更好些呢？

重要的是要认识到这样的决策并不是非此即彼的。一个项目的不同部分也可以被分开，一部分外包，一部分自己做。记住一个总的原则：

自己做调查有隐形成本，而且效率较低。工作外包的成本是显性的，效率较高。

抽样是调查项目中比较容易分离出去的一部分，访问实施也是这样的。你可以给供应商一个样本和一份问卷，他们返回给你的是一摞已经完成的问卷。把问卷转化成电脑可读形式的这部分工作，也可以很容易地外包给专业的数据录入机构。数据分析工作很难外包出去，这个工作承担着新闻功能，应该是由新闻机构自己的人来做的。

自己做调查可能看起来便宜，那是因为你没有算上总的成本，比如场地和仪器设备的管理费用、机构中给你帮忙的那些员工的工资。新闻机构自己进行调查的主要理由是保持控制、把新闻功能限制在记者手里。调查研究是一个强有力的工具，新闻机构可以通过自己做调查来掌控这个工具。

【注　释】

[1] Federal Communications Commission, Industry Analysis Division, Common Carrier Bureau, "Trends in Telephone Services," December 2000.

[2] Leslie Kish, *Survey Sampling* (New York: John Wiley, 1965).

［3］这个法则以及修正因素来自 Hubert M. Blalock，Social Statistics（New York：McGraw-Hill，1960），396。

［4］相关内容的描述见 Philip Meyer，*Precision Journalism*，Second Edition（Bloomington：Indiana University Press，1979），306。

［5］Howard Schuman，"Ordinary Questions，Survey Questions，and Policy Questions，" *Public Opinion Quarterly* 50，no. 3（Fall 1986）：437。

［6］Philip E. converse，"Attitudes and Non-Attitudes：Continuation of a Dialogue，" 17th international Congress of psychology，1973.

［7］Howard Schuman and Stanley Presser，Questions and Answers in Attitude surveys：*Experiments on question form*，Wording and Content（New York：Academic Press，1981）.

［8］被引用在 John P. Robinson and Robert Meadow，Polls Apart：*A Call for Consistency in Surveys of Public Opinions on World Issues*（Cabin John，Md.：seven Locks Press，1982）中。

［9］一些著名的社会科学家同意我的观点。参见 Seymour Sudman and Norman M. Bradburn，*Asking Questions：A Practical Guide to Questionnaire Design*（San Francisco：Jossey-bass，1982），141。

［10］引用在 Robinson and Meadow，*Polls Apart*，124 中。

［11］Schuman and Presser，*Questions and Answers in Attitude Surveys*，208.

［12］Philip Meyer，"Defining and Measuring Credibility of Newspapers：Developing an Index，" *Journalism Quarterly* 65，no. 3（Fall 1988）.

［13］Stanley Payne，*The Art of Asking Questions*（Princeton，N. J.：Princeton University Press，1951），133.

［14］Schuman and Presser，*Questions and Answers in Attitude Surveys*，72.

［15］基于 Gordon Black 为《今日美国》所做的 17 次调查，由 Jim Norman 计算。

［16］*General Social survey，cumulative Codebook*（Roper Center，University of Connecticut），updated annually. Available on the World Wide Web.

［17］*Statistical Abstract of the United State*（Washington，D. C.：U. S. Government Printing Office）. Published annually in both print and Web version.

［18］啤酒馆的类比曾被用过，在 Elizabeth Noelle-Neumann，"The Public Opinion Research Correspondent，" *Public Opinion Quarterly* 44，no. 4（Winter 1985）：591 中。

［19］（New York：John Wiley & Sons，1978），206 - 67.

［20］在 2001 年，这些信息显示在主页，标题为 "Ethics and Standards"。

第7章
潜在变量（上）

标准的统计教科书非常强调显著性检验，但实际工作中统计的应用却在别处，重要的部分是找寻因果关系。

这个工作需分两步来完成。首先，你要找到协方差，协方差表示一个变量同另一个变量共同变化的倾向。然后，你要搞清楚在显而易见的原因之外还有什么因素在起作用。在现实世界中，任何事情的发生都有复杂的原因，如果我们不小心，用来理解现象的简单模型可能就会误导我们。

新闻报道中找到的明显案例就是种族歧视（racial profiling），这已经成为深入调查性报道的主要部分，并且它们的结论通常基于简单的单变量交互表。记者证实黑人被停车检查的比例远高于黑人在社会人群中所占的比例，并且他们对此已经不用多说了。但那还无法抵御法庭假设，即更多的黑人应该被停车检查，因为比起白人司机，黑人司机更多地卷入违法行为。

有一种简单的方法来检验这个备选假设。如果警察真的抱有偏见，如果他们真的逮捕黑人时需要的证据少于白人，那么，在公正的司法体系中，只有较少的被逮捕的黑人会被定罪。明尼阿波利斯《明星论坛报》（Star Tribune）的丹·布朗宁（Dan Browning）探索了这种可能性。

而且他还发现了下面这一点。在分析了五年的逮捕数据后，布朗宁报告说，对于由警方裁定的犯罪，与白人相比，黑人不太可能被判刑，这个有说服力的指标表明黑人的被捕确实是不公正的。[1]

另一个对种族歧视做了深入研究的案例，是以抵押贷款的手段来歧视少数族裔，可以用相似的方法进行检验。结果很容易地显示了相对于白人，黑人在贷款时更容易被拒绝。控制收入保持不变是标准程序，但是资料也反映出其他可能的潜在变量难以得到，比如信用记录。少数族裔，由于过去的歧视，也许不大可能有继承得到的财产，从而使得资本净值太少，导致贷款方对他们的偿还能力没有信心。

如果银行的确存在歧视，那就意味着它们错过了信用可靠的少数族裔，而喜欢有风险的非少数族裔。如果它们不存在歧视，这种指责就很容易被反驳，通过显示少数族裔和非少数族裔的违约率大体相等，或者是少数族裔的违约率更高。我可从来没有看到过一项贷款制度有这样的防御措施，但是至少这对于记者探求它来说是好的。甚至一个"无可奉告"也是一种启发。

在我们了解更复杂的策略以寻求潜在变量之前，让我们跳出这个思路，去寻求一些数据分析的基本观点。大部分的民意调查数据在简单地报告了边际频数以后，并没有进行进一步的分析。并且一些新闻媒体认为很难做到更正确。

这种边际频数给出了基本的陈述：在一项调查的所有问题中选择每个可能答案的人数和比例。确定这些基本信息并不像听起来那么清晰，然而，一定要提前形成一些决定策略。

首先，就是决定如何处理回答中的不知道、无意见、无回答等答案。在计算比例时，你把这些答案都算在分母里面，或者你把它们都去掉了？这会有很大的不同。假设你访问了 500 人，调查"总体而言，你是赞成还是反对市长处理工作的方式"，并且你得到了如下的回答分布：

赞成	238
反对	118
不知道	104
无回答	40

如果你基于样本容量为 500 来计算比例，你会得到：

赞成	48%
反对	24%
不知道	21%
无回答	8%

这个案例中合计达到了 101%，这是因为四舍五入凑整数位所造成的，不需要对此纠缠不休。如果调查研究是完全精确且可信的工具，你的报道中精确到小数点后几位也是合理的。但调查研究不是这样的，运用小数位会让人觉得精确，而这种错觉是我们应该避免的。

现在来看一下前面的这个百分比，潜伏在所有人心中寻求刺激的兽性发现了令人兴奋的导语："今天，来自《号角日报》（Daily Bugle）独家民调的结果显示，老古董市长没有获得本市超过半数成年居民的支持，他失败了。"

然而，把"无回答"的这 40 个人从百分比的分母中去掉，市长就可能获得超过半数的人的支持。运用原有的频数除以 460 名回答了这个问题的人，我们得到：

赞成	52%	
反对	26%	
不知道	23%	(n = 460)

老古董市长的境遇看起来立刻就变好了。当然，他看起来比以前好，是基于虚拟的少数和多数的区别。如果是从 42% 上升到 46%，那么这四个百分点的差异看起来就没有那么重要了。并且如果这里面不涉及选举，过半数人支持的问题也不是特别恰当。而且，表面上的是否超过半数支持可以归结于抽样误差。然而，这种虚拟的差别却能够迅速抓住读者眼球，并且被过分强调，即便你尽最大的努力来保持理性。在计算百分比时，分母的选择是很关键的。

当然还有第三种可能，以明确表达了对市长意见的 356 人作为基数来计算百分比：

赞成	67%	
反对	33%	(n = 356)

现在市长看起来确实非常好。尤其是当我们考虑到回答"不知道"的这部分人也是不了解情况。市政府公共关系官员以此为依据，理直气壮地宣称，在了解情况的市民中市长的支持比率是二比一。

 ## 决定对什么来计数

现在你面对着一个包含大约 200 个问题的调查，并且每个题目都有三种不同的理解。你要撰写新闻报道，而不是冗长的学术著作。你要做些什么？在前面的章节详细解释过的一条法则是如此的重要，值得在这里再来重复一遍："不知道"就是数据。

最合理的过程是基于非空白答案来计算百分比，就像前面引用过的三分之二的例子。它在理论上具有合理性的原因是，不回答某个特定问题与拒答全部问卷的分类是一样的。没有答案的原因是多种多样的：访问员可能由于粗心而没有把答案记下来，或者忘记提问了，或者被访者拒绝回答。无论如何，对于特定的问题来说，没有回答应该被视为不包括在完成的样本中。当然，你应该警惕无回答比率非常高的那些题目，它们可能暗示着特别敏感或者有争议的议题，值得向你的读者提醒一下。并且当你发现有意义的回答是来自于比全部样本少得多的人时，你要想着提醒读者。

　　然而在通常情况下，无回答的比率非常小，可以认为是无足轻重的，并且你可以问心无愧地把比例建立在基于非空白的回答之上，不需要详尽的解释。

　　"不知道"的类别就相当不同了。一个被访者无法在给出的两个选项中进行选择是很重要的信息，并且这个类别应当被看做重要数据——和那些人们能够下决心提供的信息一样重要。举个例子，在一项选举活动中，未决定的比例很高就表明情况还不稳定。前面提到的市长的例子说明很多人缺少兴趣或者缺少信息来了解市长——尽管这是一些更加直观且最容易评价的品质。

　　因此，按照惯例，你应该把不知道包括在基本的频数计算里面，并且报告它们。当你以新闻价值来判断，只报告基于确切回答的百分比时，你也可以这样做，但是作为补充信息来呈现的："在那些表达了意见的民众中，老古董市长的支持率非常高……"

　　当你用电脑进行计数时，基于非空白的答案去计算百分比是很简单的，并且也可以报告空白的数量。如果你用 SAS 或者 SPSS 进行分析，频数过程将会自动地为你提供两种百分比，包括或不包括缺失值。

 ## 超越边际百分比

　　无论哪种方式，如果你把百分比填入空白的访问表上，你就能很快地得出结果。在开始下一步工作之前，你会想到要进行表面效度的检查。男性和女性在数量上大体相等吗？年龄分布是否符合你所知道来自其他资源的总体分布，比如人口普查的数据？投票行为是否符合已知的结果（接受对获胜候选人支持的高估）？如果运气好的话，这些分布中的每一个都会落在抽样误差的允许范围内。如果不是的话，你就必须查出原因并且处理它。一旦你知道了每个问题每个选项的百分比，你就已经有很多东西可写了。《今日美国》可以只凭三到四个问题就开辟一个报纸专栏。然而，所得到的频数，或者按照社会科学家喜欢的叫法——边际，并不就是全部。在通常情况下这些问题本身并不有趣，也不意味深长。如果我告诉你综合社会调查的全国样本中有 61％的比例认为 1998 年政府在改善环境方面花费"太少"，它至多让人觉得有趣，但没有特别的意义。为了让这 61％的数据有意义，必须把这个数据与一些其他数据进行对比。如果我告诉你九年前在一个类似的全国性样本中，73％人给出了同样的回答，你会发

现在这个国家里一些有趣的事情正在发生。这就是综合社会调查 1989 年和 1998
年的调查结果。当然，只进行一次的横截面调查是不能给出这样的对比的。但
是，如果这个问题在针对其他人群的其他调查中被问到了，你可以进行对比，
比较也许能提供新闻价值。这就是在全国性样本中采用以往用过的问题所带来
的一种益处。例如，一项在 1969 年进行的调查，针对的对象是 1964 年 12 月在
加州大学静坐中被逮捕的年轻人，问到了一个对政府信心的问题，这个问题曾
经被密歇根调查研究中心（Michigan Survey Research Center）采用过。两个结
果的对比显示，前者的激进分子对于政府的信心远远低于来自全国性样本的
信心。

 ## 内部比较

在一个调查的内部也可能发现重要的对比机会。75％的迈阿密黑人支持通
过获得更多的行政权力来改善他们的命运，把这个事实与赞成以其他方式改善
的比例进行比较，就显示出新的意义。在一项为迈阿密黑人制订的可能的行动
计划列表中包含了从提高教育水平到街头骚乱的一系列行动，教育排位非常靠
前，96％的人认为教育"非常重要"，暴力骚乱行为排位非常靠后。

这让我们重新回到了本书开头章节所解释过的问题。你可以报道数据，围
绕着数据填补一些文字，就像单枪匹马的通讯社记者凭着一场高中足球比赛的
比分来构建出一个简短的报道，并且就此罢休，让读者自己去搞清楚这意味着
什么吧。或者你可以做一些可类比记者跑腿的统计分析工作，以深度挖掘调查
数据的意义所在。

有一个例子将会展示出深挖数据的意义。对于世代差异已经有过许多研究
报道，特别是婴儿潮一代和其他人之间的不同。并且几乎所有的全国性调查都
显示年龄是个强有力的解释变量。这类数据中最具戏剧性的结果之一是来自
《CBS 新闻》（CBS News）在 1969 年的五月和六月进行的由三部分组成的系列
调查。调查数据的搜集工作由丹尼尔·扬克洛维奇公司（Daniel Yankelovich.
Inc.）完成，对孩子和他们的父母采用背对背的方式进行，访问中展现了相反
的观点。这个样本在两个总体中进行抽取：正在上大学的青年及其家长构成
一个总体；没上大学的青年及其家长构成另一个总体。这就是用来解释的比
较：被问及"为荣誉而战"是否值得去发起一场战争时，25％的大学生说是
的，比较而言，这个说法在他们的父母中有 40％的支持率，两者相差了 15 个
百分点。

扬克洛维奇公司提交给 CBS 的报告厚达 213 页，这个报告构成了广播的基

础。然而，在报告的第 186 页上，是另外一个有意思的对比。在接受过大学教育的大学生父母中，只有 35％的人同意为捍卫荣誉是可以发动一场战争的。通过严格比较接受过大学教育的两代人，受教育水平保持恒定，年龄的效应，也就是代际，导致差异减少了 10 个百分点（见表 7—1）。

扬克洛维奇在第 186 页还有一个更令人关注的对比。他分离出那些未上大学的孩子中的没上过大学的父母来研究他们对于战争和捍卫荣誉的看法。他们之中有 67％的人持支持态度。因此，在这一指标中我们发现两者有 32 个百分点的差异：自己也上过大学并且有孩子上大学的成年人，以及自己和孩子都没有上过大学的成年人。

表 7—1   同意"值得为荣誉开战"的比例

上大学的青年	25	10％的差异
有上大学孩子的上过大学的父母	35	
孩子没有上大学，自己也没上过大学的父母	67	32％的差异

很明显的，除了代际差异以外还有很多因素在起作用。教育和社会阶层的差异（social-class gap）带来很强的影响。扬克洛维奇进一步进行研究，对年轻一代进行对比。在第一次广播前一个月扬克洛维奇告诉 CBS："世代内部的鸿沟也就是年轻人内部的分隔，在大多数情况下，比代际的差异更加明显。"

同样的结果也在其他调查中显现出来。控制受教育程度不变，世代之间的鸿沟就会消失。控制年龄为常量，巨大的社会阶层鸿沟——受教育和未过教育人群之间的广泛的态度分歧——就会出现。因此，把美国社会的分隔归咎于年龄差异比过度简单化还要糟糕。它在很大程度上是错误的，并且掩盖了造成差异的更加重要的原因。CBS，就像我们大部分工作在新闻行业的人一样，有追求时效性的压力，报道并说明了表面化的数据，这些数据支持着预设的、传统的关于代沟的观点。

137

暗隐的影响

利用三维交互表进行统计控制是一种很有力的工具，可以带来很多先前看不见的影响。当 1976 年吉米·卡特竞选总统时，记者运用传统的方法，写到在那些经常做礼拜的人中卡特的宗教信仰帮助了他。后来民意调查专家检查了数据，发现比起那些周日待在家里的人，那些经常去教堂的人投票给卡特的比例没多也没少。

这些来自 1976 年 9 月奈特·里德民意调查（Knight Ridder poll）的数据说明了出现的结果（见表 7—2）。

表7—2   宗教信仰对支持率的影响（1）

	宗教信仰虔诚（%）	不太虔诚（%）
卡特	42	38
福特	47	52
没投票或者不知道	11	10
合计	100	100

　　"宗教信仰虔诚"者中卡特的支持率比"不太虔诚"者高出了4个百分点（42比38）。但是这个差异在统计上是不显著的。然而结果表明这个传统记者是对的，宗教的影响确实存在，但你要知道在哪里能看到这个结果。卡特在年轻人中很受欢迎，并且年轻人一般都对宗教信仰不大虔诚。卡特笃信宗教对于老年人不会有很大影响，因为老年人的政治理念已经建立起来了。宗教带来的收益主要是在年轻人中。这样掩盖了影响的变量被玛瑞斯-罗森博格（Morris Rosenberg）称做"抑制和失真变量"（suppressor and distorter variable）。[2]找出这种影响的方法就是在每个年龄段中去看卡特的支持率与去教堂行为的关系。这样做过之后，一个很强大的宗教影响卡特支持率的结果就在18~41岁年龄段中显现出来了（见表7—3）。

表7—3   宗教信仰对支持率的影响（2）

	宗教信仰虔诚（%）	不太虔诚（%）
卡特	49	38
福特	43	52
没投票或者不知道	8	9
合计	100	100

　　前面的这两个例子是非常复杂的，你现在不必急着抓破头皮。让我们放慢一点，在一个单一的调查里看一看。我喜欢把《迈阿密先驱报》骚乱前的调查作为一个学习范例，因为它具有的开创性，也因为它的分析非常基础。我们将从一个简单的二维表格开始。一个二维（双变量）表格只是简单地将样本中的人数放到每一个可能组合类别中去。下面这个表格中针对迈阿密的黑人，用的变量是年龄和暴力倾向。在第一份数据表格中，年龄被分成四类，暴力倾向被分为三类（见表7—4）。

表7—4   年龄与暴力倾向的关系（1）

		年龄				
		15~24岁	25~35岁	36~50岁	50岁以上	合计
暴力倾向	低	23	28	34	45	130
	中	65	60	65	56	246
	高	23	44	38	19	124

　　由于边际合计并不相等，从表7—4中很难分析出有意义的信息，除非换算成比例。由于暴力倾向是因变量，我们将会以列合计为分母计算百分比（见表7—5）。

表 7—5　　　　　　　　　　　　　年龄与暴力倾向的关系（2）

		年龄				
		15～24 岁（%）	25～35 岁（%）	36～50 岁（%）	50 岁以上（%）	合计（%）
暴力倾向	低	21	21	25	37	26
	中	59	45	47	47	49
	高	21	33	28	16	25
占 N 的比例		22	26	27	24	100

　　边际百分比是基于全部 500 个样本量的。因此我们看到 26% 的人处于低暴力倾向组，49% 在中倾向组，25% 在高倾向组。年龄近似均等地分散在各个组中。从最上行的单元格看过去，我们会发现低暴力倾向会随着年龄而增长，并且高暴力倾向比例最高的组别是 25～35 岁。

　　有太多的数据抛向读者，但它们是有意义的（利用原始数值计算卡方值，卡方值为 20，自由度为 6，结果在 0.003 水平上显著），并且这种意义非常简单——确实是非常简单，因此我们不需要道歉——那就是，年纪大的人不像年轻人那样好斗。我们可以通过语言体现出这一点，并且我们也可以合并单元格，做一个更加简单的表格（见表 7—6）。

表 7—6　　　　　　　　　　　　　年龄与暴力倾向的关系（3）

		年龄	
		15～35 岁（%）	35 岁以上（%）
暴力倾向	低	21	31
	中高	79	69
	合计	100	100

　　这份表格也去掉了边际比例，最底行的比例合计只是让基于列合计的百分比显得更加清晰。

139

　　最初的时候，看比例的走势可能是一件比较困难的事情，但是最后你会驾轻就熟的。为了简单，本书大部分表格的百分比都基于列合计。因此因变量——按性质被分割了——就横穿行来排列了。并没有社会科学的法律要求这样做，我们这么做的目的是按照逻辑把因变量放在列上，并且跨行来计算百分比。在一些情况下，为了使数据分布更清晰，你可以把百分比基于总合计，也就是说表格中边际角落的合计。但是现在我们需要规范起来，跨行来报告因变量，因而百分比是基于向下的列合计。

标准化你的表格

　　按照这个标准的呈现格式，你可以快速地养成习惯，让你的眼睛从左到右浏览以发现百分比的差异。这份对比了不同年纪的人对于暴力问题的百分比的表格显示，年长者中保守人士或者说暴力倾向低的人是年轻人中的 1.5 倍：31％对 21％。这是一个为读者解释问题的非常好的方式。

如果你花费了很长时间来掌握表格阅读的技巧，以至于数字飞出页面，在你眼前晃动，色彩明亮、意味深长，考虑一下这给读者带来的困境吧。你在解释方面的实践和技能无法帮助他们，这样你必须减少表格，增加文字，或者只展示必要的基本数字，或者是两者的结合。一种减轻读者负担的方法是给他们一维表格，把二维表格中不那么引人注目的部分砍掉。甚至这样，你还应当增加一些文字来告知这些数字在说什么。下面是一个如何构建年龄和暴力倾向之间关系的范例：

暴力倾向与年龄：年长者相比年轻人会更加保守。

	15～35 岁	35 岁以上
保守（%）	21	31

另外的半个表格，每一类别中暴力倾向的比例是隐含的，并且表格也清楚地说明了数字是按年龄分类的百分比。

那么"不知道"的类别该如何处理呢？不应该在表格中有单元格给他们吗？并不是那样的。暴力倾向的操作化定义是根据被访者对构成指数的八个问题中的六个给出的暴力回答而生成的。"无回答"因此被定义为没有暴力倾向的回复。既然选项中的空白数量已经出奇的高了，那么一些理论上的问题可能浮现出来了，但它们不会的。在个别情况下，如果访问员没能记录下年龄，那么这样的记录在表格中会自动被消除。

现在我们必须考虑一下我们在读者的认知方面增加了哪些内容。我们已经比较了年轻人和年长者的情况，并且证实在年轻人中暴力倾向的比例更高。表格本身就是一种成就，因为对暴力倾向进行了全面的描述，这在我们提供表格之前是不能实现的。年龄和暴力倾向是有关系的。

我们能走得更远些吗？这种联系是因果关系吗？这些数字本身不能证明这种联系是具有因果关系的。为了提升到因果假设，我们必须运用一些逻辑、一点直觉以及判断力。而且，在前面的章节，你可能还记得，我们为什么把一个变量作为因变量，而把其他变量作为自变量。这样的描述是可用的最吝啬和保守的一个。我们可以说我们正在寻找暴力倾向取决于年龄的证据，而不是我们自己承担起谈论因果的责任。暴力的数量取决于年龄这一陈述是很纯粹的描述（或者说，如果行的比较结果基本相等，我们就可以说暴力倾向不依赖于年龄）。

现在让我们看看这个特殊的表格，并且带着一些逻辑思维来考虑。如果两个变量之间存在着联系，那就因为其中一个变量是另外一个变量的起因。但是这种因果之箭的前进方向如何呢？在这种情况下，很容易排除那个暴力冲动导致年龄的假说。不幸的是，自然的年龄是固定的和不可更改的，因此因果之箭必须飞向另外的方向，即年龄导致暴力冲动。其他容易测量的、具有相同的优势可导致因果关系的属性包括：性别、种族以及在家里的出生序列等。因为它们不能改变，如果存在着因果关系的话，我们可以假设它们是原因而不是结果。

对于例证，我们回到迈阿密黑人的案例上去。暴力倾向不能让人们变得年轻，但是相反的命题——变得年轻会导致暴力倾向——也缺乏一个很好的论证。我们特别想知道的是，是什么使得年轻人更具有暴力倾向。

搞清楚这一点的方法，是先看看在哪些方面年轻人是不同于年长者的，比如说受教育程度。所有社会阶层的人都有比父母受过更好教育的趋势。在超过24 岁的迈阿密黑人中，25％的人有高中毕业文凭，而他们的父亲们只有12％是高中毕业的。此外，我们可以期待暴力倾向随着教育程度的提高而增加。

了解了这些后，我们猜想可能不是年轻本身导致了暴力倾向，事实是年轻黑人受过更好的教育，而更好的教育是暴力倾向的真正原因。为了检验这一看法，我们首先对我们的怀疑——也就是教育程度与暴力倾向有关联——进行查证。结果确实是这样的。以下是为适应报纸形式而简化的表格，证实了暴力倾向随着教育程度的提高而增加（见表 7—7）。

141

表 7—7   教育程度与暴力倾向的关系（1）

	教育程度			
	小学	高中以下	高中毕业	高中以上
暴力倾向（％）	16	23	32	38

（完整的表格包括七类的教育程度和三类的暴力倾向，卡方值为 33，自由度为 12，在 0.001 水平下显著。）

乍看起来，教育似乎对暴力倾向的影响比年龄因素更大。可能年龄根本不是一个"真正"（real）的因素。可能这只是简单地来源于教育这个原因，教育是暴力倾向更直接的原因。

为了检验这个想法，我们引进了被玛瑞斯·罗森伯格所命名的检验因子（test factor）[3]，它的另一种说法是控制（control）变量。如同在 CBS 的报告中一样，我们要控制年龄变量来研究教育和暴力倾向之间的关系。控制年龄意味着保持年龄的影响不变，在每个年龄段里看一下教育程度对暴力倾向的影响。这个过程与实验室里的科学家所做的一样，在不同温度下反复试验，要弄清楚室内温度的变化不会影响到它的化学反应。

 三个维度的表格

这样的一个检查结果就是一个三维表格：四类年龄中教育与暴力倾向的交叉。如果把结果打印出来，就是在教育程度的四个类别中，两维表格重复出现，这是仅有的在二维平面纸张上表示三维表格的方法。

可能会出现以下几种情况。

（1）教育—暴力的关系可能会在每个年龄组别中消失。如果是这样的话，年龄就是暴力倾向的原因，而不是教育。事实上，年龄是教育和暴力倾向的普遍原因，并且所出现的教育—暴力的关系是假的。

（2）教育—暴力之间的关系在每个年龄组别中都存在。在这种情况下，年龄和暴力联结在这个因果链条中。从逻辑上看，年龄是固定的，是先出现的，因此，年龄决定教育程度，教育程度导致暴力倾向。

（3）教育—暴力的关联可能在某些年龄组别中消失，但在其他组别存在或者变得更强烈。如果是这样，一些交互作用便显现出来了。在某些特殊的环境下，年龄和教育共同发生作用增加了暴力倾向，共同作用有可能会带来更强大的效果，比两个变量单独的影响加起来还要强大。

对于迈阿密案例，究竟以上的哪一种可能性会出现呢？

为了简单一些，我们再次把表格拆分为一个维度，观察每个年龄组别中暴力的比例，从最年轻的开始（见表 7—8）。记住，我们不是在看一个表，而是在看四个表。

表 7—8		教育程度与暴力倾向的关系（2）			
		教育程度			
		小学	高中以下	高中毕业	高中以上
暴力（%）	15～24 岁	*	15	25	36
	25～35 岁	*	25	39	48
	36～50 岁	17	32	33	*
	50 岁以上	14	15	23	*

星号表示单元格中的数字太小，不足以计算比例。

正如你所看到的，在所有的年龄组别中，教育和暴力倾向都是有关的。三个假设中的第二个被证实了。不是因为年轻人热情奔放、精力旺盛而产生了暴力倾向，而是更好的教育机会向年轻人打开大门，转而使他们的暴力倾向增长。这种发现刚好符合关于上升渴望的一个更大的理论框架：教育使人们离目标更近，并且增加了他们的期望。更高的期望无法得到满足，就会产生出挫败感和暴力倾向。

这个例子涉及了罗森博格所说的"特征"（年龄）和"倾向"（暴力）之间的关系。"特征"是清晰的，是一个人是或不是的问题：白种人、出生在德国、毕业于语言学校、蓝领工作者、2000 年大选戈尔的支持者、数字电视拥有者、滴酒不沾者、有飞机驾照者、一天一包的吸烟者。"倾向"是更难了解和掌握的，因为它们都是需要特殊环境才能表现出来的品质。黑人暴力者——也就是说，一个黑人在暴力倾向量表中得分较高——可能是也可能不是以暴力方式来表达他们的行为倾向。在正常的情况下，这取决于在特定时间他所面对的外部环境。但是倾向就是存在并且可以被测量。一些社会科学家非常努力地去探讨的工作就是把倾向和行为联系在一起。然而另外的学派，认为这种倾向——态度、价值以及个人的人格特征——与行为的关系不大，而与外部环境联系更大。

一般说来，在"特征"和"倾向"之间建立联系比预测实际的行为更容易，就像年龄—教育—暴力链条的案例。然而，这两种类型你都可以找到新闻应用，尽管你可能发现，你无法调动起编辑或者读者对态度关联方面的兴趣，直到"倾向"显现为具有新闻价值的行为。我们所感兴趣的是，黑人、学生或者公立学校的老师在他们参加骚乱、把院长从办公室赶出来或者罢工之后在想些什么。然而，一个认真采用新方法的媒体机构将尽力去监测态度的发展变化，早于事件公然发生、具有明显的新闻价值、人咬狗级别的。如果人咬狗是新闻，一个想要咬狗的人则是潜在的独家新闻。

如果某种倾向是因变量——也就是说，被研究的事情——然后你就会很快发现你自己致力于探索一种倾向和其他倾向之间的联系。《迈阿密先驱报》在骚乱之前于 1968 年早期进行的调查研究中，一个重要的因变量是对暴力的倾向。它用问卷中的两个问题进行了测量，一个是对于通过暴力实现黑人理想的一般支持，另一个是询问被访者，如果有机会的话，自己参与类似暴力活动的意向。这两个问题合在一起形成了一个四水平的指标，从"暴力"——不仅支持暴力作为一种理念，并且自己准备参与的人——到那些反对观念以及个人行动的人。后来把这个指标与一些特定的牢骚不满一起检验，研究发现，首先，是否不满确实使人倾向于想到暴力，并且，如果确实如此，什么样的不满造成的影响最大。

一个更加直观的表格清晰地表明，暴力倾向是与人们对个人居住情况不满联系在一起的（见表 7—9）。

表 7—9　　　　　个人居住情况与暴力倾向的关系

		对住房的态度	
		满意（%）	不满意（%）
对暴力的态度	暴力	7	12
	接近暴力	8	18
	摇摆不定	25	24
	反对	69	45
	合计	100	100
		(n=478)	

然而，年轻人趋于受到更多的教育，更加不满并且也会更加暴力。问题在升温，对住房不满确实影响了对暴力的感觉，还是这两种变量仅仅是共同作用，对有关年轻人和黑人的大量更加复杂态度的影响。因此重新制作表格，这次的控制变量是年龄。为了保存个案，暴力的四个类别被合并成两个，并且为了简便表格各自被简化成一维表（见表 7—10）。

表 7—10　　　　　综合因素对暴力倾向的影响

		对住房的态度	
		满意（%）	不满意（%）
暴力或接近暴力	15～24 岁	21	33
	25～35 岁	19	29
	36～50 岁	12	40
	50 岁以上	12	20

这种关联出现在每个年龄段中，在中年组别，即36~50岁组，关联更加显著。因此，至少有两件事情在这里可以体现出来：首先，年轻或者与年轻相关的一些因素，造成了人们在住房问题上感受到并表达出不满，而这种不满又反过来导致支持暴力态度。其次，观察第三个年龄段的结果，在36~50岁那个年龄段，住房是对暴力倾向的最强有力的解释变量，因为它是关联最强的。这些在抚养孩子中后期的人们因为对住房状况不满意，充满了挫折感。因此恶劣的住房情况使这些人充满了暴力倾向，尽管他们的年龄已经不小了。在前面那些检验对住房不满意状况对暴力倾向的影响的二维表中有：年龄，与暴力负相关（年龄越大，暴力倾向越小），具有抑制作用（suppressor effect）。

或者，用更简短的句子重新进行表述：

> 随着年龄增长，暴力倾向减少。
> 对住房的不满意使得暴力倾向增加。

在中年人中，对住房不满意与暴力倾向的关联如此强烈，以至于超过了年龄对暴力的抑制作用。当你能够确定一个组别在特殊境遇下，变量之间的关联清晰有力地突现出来了，你就有巨大潜力来进行一个重大的新闻报道。在迈阿密，城市事务专栏作家格瑞妮（Greene）发现，对于抚养孩子的人们来说，住房的挫败感是根植于客观现实之中的。住房的供需矛盾很大，并且不会消除。这种特殊情况的处境，顺便说一下，探索一般理论准则的社会科学家对这些问题通常不能做得很出色。"社会科学家已经遭到了批评"，罗森博格说，"因为忽视了情境因素。人们可能知道通用法则存在，但是人们不知道这些法则在特殊情境中是否还有预测价值。"[4] 相对于社会科学家，记者的本能可能是挖掘特殊情况。学术研究不愿意去搜寻出单调的细节，我们完全不需要受这一点的约束，正如我们寻找传统的何人、何时、何地、何因以及如何。

在离开前面提到的关于住房影响暴力以及年龄影响满意度的精简表格以前，再一次浏览这些组合表格，看看你能有多快的速度习惯于让那些数字从纸面上跳跃出来，成为你的信息。你的眼睛自动地从左到右浏览，显示出在所有年龄组对住房的态度与对暴力态度相关联。当然你也可以从上到下垂直浏览，来看看支持暴力的态度是怎样随年龄的增长而减少的。在那些对住房条件满意的人中，支持暴力的百分比从21降到12，在那些对住房条件不满意的人中，这个百分比从33降到20。此外，在对住房不满意的36~50岁组别中，暴力倾向高达40%，迫切地需要关注和解释。

另一方面，如果你必须要停下来并且推测出数据的含义，也不用担心。毕竟，你是用写文字而不是数字来写新闻的。但是处理数字的能力是通过实际的训练而得到的，尤其是当你在实际工作中应用它们，而不是只看书上印刷案例的时候，你会进步更大。你可能也会在这种想法中得到安慰：到目前为止，你正在避免这样一种危险，就是在数字方面变得如此流畅，以至于你开始失去把数字的含义转换成那些报纸读者能够看懂并喜欢的文字的能力。这种危险是广为社会科学家所熟知的，尤其是在学生们首次接触定量研究方法的时候。他们有时会达到一个对以下事实感到愤怒的阶段，即他们不能简单地把电脑输出的数字结果直接给出来，对显著性直接加以评价，并传播到世界各地。对他们来讲不能以这种方式工作，这种方式对于我们记者来说尤其不合适。我们是用文字来书写的，但我们必须学会阅读数据。

自变量不仅一个

我们已经看过一些例子，针对简单的双变量关系，引进与前两个变量都有关联的第三个变量会发生什么。有一个例子值得进一步检查，在这个例子中，第三个变量不是真正的检验或控制变量，而是起到了第二个自变量的作用。换句话说，我们发现有两种情况与所研究的现象有关联，并且他们的影响是可以累加的。有很多方法可以把两个自变量的相对贡献区分出来。然而，在一篇新闻报道中，你需要了解的就是他们的存在，他们影响着因变量，以及他们的影响是累加的。

举例来说，在针对伯克利被捕者的五年追踪研究中，一个影响因素需要被确定，即是什么让以前的激进学生——少数派——的政治行为变得相对保守了。在这里政治保守定义为在 1968 年总统大选中投票给休伯特·汉弗莱（Hubert Humphrey）（在这个组里没有人投票给尼克松）。投票给汉弗莱意味着在政治系统内的行动，而不是抗议，就像投给非推荐（write-in）候选人尤金·麦卡锡（Eugene McCarthy）、迪克·格雷戈瑞（Dick Gregory）、埃尔德里奇·克利弗（Eldridge Cleaver）、帕特·保尔森（Pat Paulsen）或者是故意不投票。

一些因素与投票给汉弗莱是联系在一起的，其中有两项值得在这里提及作为案例：一个综合的低水平的激进主义自我评价，以及在 1964 年被捕以后结婚了。

在所有的回复了邮件调查的被捕者中，33％投票给了汉弗莱。在静坐之后结了婚的人中，43％投票给汉弗莱。在那些自我评价激进主义得分低于 2/3 的人中，49％投票给汉弗莱。

由此看来，假设本身就表明激进程度越低，就更有可能去做一些保守的事情，如结婚，并且这两个自变量——婚姻以及低自我评价激进水平——在告诉我们相同的事情。看起来是激进的学生为理想而奉献，没有时间或者意向来遵守保守的制度诸如婚姻。但事实上，高激进组和低激进组在结婚率上并没有显著的差异，这里存在的差异在于，五年后依旧单身的人倾向于把激进主义

146

（radicalism）排序更低。

两个自变量之间缺少相关性，意味着它们的影响必须是累积的。低激进主义以及婚姻两个因素的存在，比起任何一个因素单独来说，应当带来更高支持汉弗莱的投票。它的确是这样的，并且这种效果很容易用读者理解的数据进行展示。

43％的已婚调查对象投票给汉弗莱。

49％的低激进者投票给汉弗莱。

61％的已婚并且低激进者投票给汉弗莱。

从这些案例中你可以看到，在已知两个变量的关系基础上，引入第三个变量可以有三种基本情况：

（1）它可以发现虚假的关系。例如，那些吃糖果的人相比不吃糖果的人有更低的死亡率。因此，吃糖果导致长寿？不对，孩子们吃糖果，孩子们还没有面对高龄带来的导致死亡的疾病。控制年龄变量，食用糖果和死亡率之间的关系就消失了。

（2）它可以分离出关联最强大和最重要的情况。举例来说，在一个南方城市中，年轻人组别中报纸的阅读率在下降，这种观点加深了预感：报纸正在与受教育的年轻一代失去联系。但是一旦控制了这种关系中的教育程度，就会发现几乎所有的年轻人阅读率下降都出现在受最少教育的组别中。这个发现打开了一条全新的探寻路线，没有受过教育的年轻人可能用电视来替代报纸，并且对未来趋势的预测表明，没受过教育的年轻人的数量在持续减少。

（3）因果链条可以被分辨出来，并且发现交互作用或者累加效果。例如，在1968年的迈阿密黑人调查中，那些在政治效用测试中分数最高的人趋向于在保守（与激进相对立）暴力性上获得高分。两种测量与收入也都是正相关。把收入看成独立的自变量，显示它和政治效用会产生累加效应：对于增加的暴力倾向，每一个变量都有独立的贡献。

在阅读这一章节前，当你思考一个变量时，你可能会想到访问计划表中的一个单一项目变量。大部分时间确实是只讨论一个变量的走势。然而，你必须在游戏之前学会不要让你的想象力被单一变量限制住。通常可以把两个或者更多的变量结合起来，产生一个全新的测量。

源于老变量的新变量

在社会科学文献中一个典型的组合变量是地位不一致（status inconsistency）。举例来说，社会经济地位用教育和收入进行测量。那些在两个变量上都高或者都低的人是地位一致；而那些在一个变量上高，而在另一个变量上低的人就是地位不一致。并且研究已经显示，地位不一致的人是不同的。这是一个有用的变量。

另外一个从老变量中生成新变量的方法是按尺度或者指标来建构。[5]新变量并不是真的"新"，并没有涉及不同的特征或者倾向。相反，它们提供了更准确并且更弹性的针对你想要测算事物的指标。回到黑人暴力倾向的案例，对于倾向，采用八个条目来进行组合测量要好过任何单个条目。一个明显的优势就是，你可以根据给出的暴力答案的数量，对样本中的每个人进行排序。

选择有效的相关条目来建构指标可能有些随意，但是你不用为此担心。正如保罗·拉扎斯菲尔德（Paul Lazarsfeld）所指出的那样，测量相同现象的不同指标应该是可相互替代的。[6]改变指标的组合将会意味着，在每一次改变中一些人会进入或者脱离所定义的组别。但是，当你寻找与另一个变量的关系时，不同的组合不太可能在结果上造成任何实质性的改变。我们可以从八个传统暴力条目中任意拿出四个作为对分指标，并且仍然可以发现传统的暴力倾向与教育相关。然后我们可以把另外四个条目拿过来，再次尝试，也得到了相同的结果。

这么做的原因是，通常没有必要在一个指标中运用八个条目那么多。用两到三个通常就可以做得很好了。并且，就社会经济地位来说，可能你经常发现只用教育一个指标就可以满足要求。有时对于收入的回答率是很低的，而职业涉及了复杂（虽然是可以克服的）的编码问题。但是对很多研究目的来说，收入与职业都与教育程度有足够的相关，所以你可以单独使用教育程度一个指标。

基于指标的民调新闻不是很多。这真是可惜，因为指标的构建可以增加民意调查数据的说服力和解释力。并且你应该开始思考调查数据的分析方法，超越基本的频数分析——也就是有多少人选择了每个问题的每个答案——甚至超越简单的双变量比较，诸如高收入人群与低收入人群相比如何、城市居民与郊区居民对比等。如此艰巨的分析怎样做才能适应新闻的时效性限制呢？

这种方法做起来可能比你想的要容易。在调查数据中，即使你所写的大部分内容都是基于边际频数和简单的双变量关系的，然而充分意识到深度分析的作用还是非常必要的。

一个基本手段是对变量重新编码，使数字变量构成一个排序指标。例如，一个关于预期暴力行为的选项可能原来是这样编码的：

可能会参与	1
可能不会参与	2
不确定	3

为了让数据的排列大致接近暴力预期，这个选项可以被重新编码为：

148

可能会参与	3
不确定	2
可能不会参与	1

149

当所有的连续性变量或近似的连续性变量都这样编码后，可以利用电脑计算相关矩阵（correlation matrix）——每个条目与其他条目的相关。当然，在很多情况下统计学是有缺点的。计算相关（皮尔逊 r）的前提是定比尺度。除了那些必需的连续型变量如教育、收入以及年龄，大多数的社会科学变量顶多是定序尺度。但是电脑不知道你的数字代表的是什么类型的尺度或者指标，它将生成一个有足够近似效度的相关矩阵作为有用的检查手段。你的眼睛可以浏览各行各列的相关系数，当一个意外的高值出现时，你要问自己为什么，然后运行列联表来找到发生了什么。当然，你不用考虑在报纸上来报告相关系数，相关系数只是一种工具，来提醒你用其他方法没有注意到或者没有想到去探寻的关系。

指数构建

相关矩阵（correlation matrix）也可以引导你用几个变量来构建量表。如果你认为问卷的几个问题都是指向一个共同的特性，诸如暴力倾向、对当地政府服务的不满意度、种族歧视等，你可以通过看它们是否相关，快速估计一下作为一个指标的有效性如何。

你怎样辨别什么样的条目适合构建量表呢？你希望这些项目间的相关系数较低，在 0.2 到 0.5 之间。如果相关（intercorrelation）系数太大，这些条目就会提供冗余信息，对相同的事物进行太多的测量。但如果相关系数太小，这些条目就是在测量不同的事物。有很多的统计检验能够帮助你构建指数。在 SPSS 中可以利用克朗巴哈 α 系数（Cronbach's alpha），这个系数评估了所有条目测量同一个潜在特征的程度。它是如何做到这一点的呢？直接的解释是，你需要统计检验。在大多数情况下，你可以把它看做内部一致性的测量。低的 α 系数值意味着你可能遇到了苹果与橘子的问题，即量表里的条目并不是在测量相同的事情。目前公认的克朗巴哈 α 系数[7]的解释是，当一个量表的 α 系数达到 0.7 时，这个量表就可以用于探索性研究中，如果 α 系数是 0.8 甚至更高，这个量表就可以用于验证性研究了。[8]生成 α 系数的 SPSS 程序也可以告诉你在量表中需要每个条目的程度，可以针对每个条目，告诉你如果去掉这一项后量表的 α 系数变化多少。你当然不想用这些信息来叨扰报纸读者，但是这可以让你内心无愧。

150

可以采用因子分析方法进一步对相互支持的变量实现快速分析，因子分析可以对相关矩阵进行梳理，用最精确的数学方法挑选出变量组。因子分析的逻辑假定你的变量是潜在条件的表面反应，并且相关变量形成的最佳组合能显示潜在变量是什么。这件特殊工具带来的麻烦是它过于强大，它可以把因子呈现给你，而不管这些因子是否真实。因而你需要用批判的眼光看待因子分析，还要考虑它在直觉上或理论上是否合理。如果合理的话，你就可以用因子得分作为尺度来构建变量，这通常要比单条目的指标效果更好。

成功地使用因子分析的一个例子是 1968 年底特律研究中对 1967 年骚乱地区的黑人态度的调查。该研究使用相关分析和因子分析处理了一系列条目，这些条目都是关于黑人取得成就的可能原因的问题。采用正交因子（orthogonal factors）方法来提取因子，用通俗的方式来说，就是每个因子下的条目与该因子下的其他条目相关，但是各个因子之间不能相关。因此，每个因子代表了一个与其他因子无关的独立的维度。

在底特律研究中，所提取的前两个因子看起来很不错。第一个因子被命名为"黑人权力"，这个因子中最强有力的成分是对于以下说法的肯定回应，如"黑人应当通过共同投票选出能够照顾黑人团体的官员以获得更多的政治权力"，以及"黑人应当通过促进黑人控制的工商业发展以获得更多的经济权力"。

第二个因子被命名为"黑人民族主义"（black nationalism）（要注意的是电脑并没有引入这些标签，你要自己来设定它们），这个因子中的最强有力的成分是同意以下陈述，如"要尽量避免与白人打交道，对黑人来说这是很重要的"，以及"要准备好在必要的时候与其他黑人并肩战斗参与暴乱，对黑人来说这是很重要的"。

最终分析结果显示，绝大部分底特律黑人赞同那个被认为是保守的、自助的黑人权力理念，只有极少数人倾向于黑人民族主义。这两个维度是不同的并且不相关，但是这对于许多白人来说却是新闻，因为白人们过去习惯于认为，极端形式的暴力只是黑人权力（black power）概念的一个等级。这是不同种类的概念，而不是一个概念的不同等级。

尽管这一发现是依靠因子分析完成的，但这一证明过程并未停留在因子分析这个相对复杂、难以解释的工具上，而是构建黑人权力指数和黑人民族主义指数，将其分为不同的类别，共同计算列联表，以核实不存在关联性。这一步骤是必要的，不仅可以简化数据，也可以检查是否误用了因子分析。针对我们的特别目的，应该用它来发现事物的线索，使得这个事物可以用更简明的方式来阐述。

151

处理相关矩阵还有其他一些技巧。当几个自变量与因变量产生关联的时候，捷径是通过计算偏相关系数（partial correlation coefficient）来梳理每个自变量的影响。例如，在 1964 年对印第安纳州曼西市选民的调查中，政治兴趣与收入的相关系数是 0.212，暗示着有钱人在影响政治决策中拥有更多筹码，因此更关注政治。另一方面，收入与教育水平的相关性相当大（$r = 0.408$），同时我们观察到教育水平与政治兴趣之间的相关性虽小却显著（$r = 0.181$）。利用列联表，通过查看不同受教育水平类别中人们的政治兴趣与收入的关系，可以检验政治兴趣与收入的关联性情况。但这意味着还需要去一趟计算中心。使用偏相关分析可以更快地估计出控制教育水平后的影响。你可以在统计学教科书上找到计算公式，然后在一个旧信封后面算出这个值，也可以轻点几下电脑利用SPSS来计算。

如果你有固定样本（panel）数据，那么相关矩阵还会另有特殊用处。有时候，相关矩阵能够很容易地指出因果关系的方向。试想，间隔一年你已经在两个项目中访问了同一批人，每次调查都显示了被访者对当地政治的兴趣与每天阅读晨报时长的关系。困扰你的问题就是，在因果关系链条上哪个变量先出现？（如果有一个先出现的话；不排除互为因果的情况）。从相关矩阵中我们可以发现，时间点 1 的政治兴趣度与时间点 2 的读报时长的关系，要显著地强于时间点 1 读报时长和时间点 2 政治兴趣度的关系。由此我们就能知道，占主导地位的因果关系的方向是从政治兴趣度到读报时长的（见图 7—1[①]）。

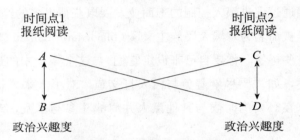

图 7—1　报纸阅读时长与对政治的兴趣程度

注：如果 AD 的相关系数大于 BC 的相关系数，报纸阅读时长就更是对政治兴趣度的原因，而不是结果。

152

现在你可能已经注意到，自己开始以一种新的眼光来看待社会科学方法。如果有机会，你应该进行一些实践，而不是被动地观察和写作。

进入本章是我们的另一个转折点。也许你已经注意到，到现在为止，我们在讨论调查分析时还没有进行很多的统计检验。我们已经花了大力气强调数据挖掘与探究过程，而这与本书前面呈现的假设检验模型不是太合拍。

这是否就是从学术界到新闻界的转折点呢？不完全如此。高明的更有创造力的学者知道探究可能的原因是调查研究的功能所在，相比之下统计检验是微不足道的，统计检验可以帮助你避免过度解释的诱惑。但是在分析两个变量关系的表格时，引入第三个变量来探究表象背后的原因，才能防止你进行错误的解释。这也是你发现因果顺序并且探索之前未曾发觉存在于身边的事物的运行规律的好机会。

在古典的科学研究方法中，通常是提出假设，进行检验；如果不能通过检验，则拒绝假设，并且继续进行别的尝试。你不能在本轮启动，就像托勒密（Ptolemy）所做的，除非你有简单而精练的解释适合于观测得到的数据。然而，反对根据既成事实以及已获得数据分析表格进行解释，这条规矩绝不是铁板一块。社会科学中有意外发现的空间。如果数据给了你以往未曾有过的想法，你继续研究这个表格看能得出什么结论，完全不必有内疚感。罗森伯格（Rosenberg）指出在自然科学和社会科学的研究中都会有大量的意外发现。他引用了一个最佳的、也是最早的从现代调查研究中抽象出来的概念作为例子：相对剥夺（relative deprivation），是萨缪尔·斯托弗（Samuel Stouffer）在他的研究《美国士兵》（*The American Soldier*）中发现的。[9]

斯托弗在开始研究的时候并没有意识到研究会揭示相对剥夺现象。他没有想过这个概念，这个调查也不是为检验这个概念而设计的。但是调查得到的数据是如此的出人意料、如此的令人惊奇，必须要创造一个新概念"相对剥夺"才能解释这种现象。一个让人意想不到的发现是扎驻在南方的北方黑人士兵，尽管他们对当地的种族歧视相当不满，然而与那些驻扎在北方的人相比，他们是同样甚至更好地适应这种情况。另一个矛盾之处出现在士兵的士气比较上，对比在高升迁率的单位和低升迁率的单位的士兵士气，结果发现身处低升迁率单位的士兵更幸福。

一个精练的概念"相对剥夺"与这些现象都相符。驻扎在南方的黑人士兵会将自己与周围的黑人市民相比，他们发现自己生活得更好。比起无人升迁的单位中的士兵，高升迁率的单位中会有更多的士兵在自己升迁之前看到别人升迁了，从而感到更加不满。

当这些表面上矛盾的结果出现时，研究者会不会欢呼"我找到了"而大为得意，意识到自己在社会科学的历史上写下了浓重的一笔？不是的。相反，他们会把报告延期，然后一遍又一遍地检查这些数字，寄希望于发现文书上的错误或其他什么事情来证明黑人士兵和低升迁率部队士兵并不是那么快乐。这对于记者来说有深刻寓意，记者并没有做出首创科学发现的令人敬畏的责任，但是记者的确有挑战并检验传统认知的责任。如果传统认知与数据得出的结论相悖，如果你的数据收集与分析是可靠无误的，那么相信我们的数据。

一些方法论正统主义者认为事后解释太像托勒密地心体系的建构，对此论点，罗森伯格也给出了自己的回应，他指出，意外的发现是可以被宣布无效的。如果你发现了令人惊讶的现象，你可以使用列联表仔细地从另一个方向检验，看这种现象是否仍然存在。斯托弗在黑人士兵态度的研究中发现了惊人的现象，创造了新的概念"相对剥夺"，然后用他的高—低升迁率单位的数据检验了这一概念。

在新闻业务上也有类似的例子。在伯克利被捕事件发生五年后，《奈特报》（*Knight Newspapers*）调查了在这场运动中的被捕者，一个有趣的发现是，受史布罗广场（Sproul Hall）事件影响而态度激进的女性，在接下来的这些年里，比起男性来说，趋于继续持有激进的观点。这一基于表格数据的发现提出了一个假设：与男性相比，女性成为激进分子涉及了更痛苦的与自己家庭的价值观和态度分离的过程。这样女性就紧紧抓住激进活动作为家庭的替代品。这个理论可以用调查中的其他数据进行检验。如果这一理论是对的，女生的父母中就会有更大比例反对参加这些让她们被捕的行为。进一步来说，那些有父母反对的女生更有可能保持自己的激进主义观点。

检验这两个命题需要一个新的二维表格（性别与父母赞同度）和一个三维表格（激进观点保有度、父母赞同度与性别）以及再去一趟计算机中心。结果显示，男生和女生在父母支持方面有很小的性别差异（统计上不显著）。然而，不支持的父母对激进观点保有度的影响对男生和女生都是相同的。所以这个理论不成立，至少对这个项目而言。

罗森伯格认为："事后解释并非分析的结束，而是分析的第一步。这个解释是有条件的，需要找到支持它的其他证据才行。"[10]

154

因而，把计算机作为探寻设备来代替假设检验工具，是不需要以新闻为借口的。新闻业的理由是记者们需要赶时间，因而不能像社会学家一样精确，另外，记者的发现也不会被载入史册。让我们三思而后行。在我们与科学正统主义者就方法论进行争论时，如果我们已经没有退路了，我们可能必须抢占最后的位置。与此同时，我们可以进行更好的讨论，因为我们就像大多数社会学家一样，也是注重实际的，因而，当我们发现一个思想萌芽在数据中闪烁的时候，我们应该紧追不舍。

【注　释】

［1］Dan Browning, *Star Tribune*，"Testing Police Strategy and Claims of Claims of Racial Profiling," July 23，2000.

［2］Morris Rosenberg, *The Logic of Survey Analysis* (New York：Basic Books，1968).

［3］Rosenberg, *The Logic of Survey Analysis*.

［4］Rosenberg, *The Logic of Survey Analysis*，139.

［5］一些社会科学家在量表和指数之间做了区分，一个指数是由有理论关系的变量组成的，但变量之间可能不相关。例如消费者价格指数，可能受面包和汽油的价格影响，即使市场条件并没有使这两种商品价格共同上升或下降。在量表中的条目是相关的，这些条目测量同一个潜在现象，把这些条目累加起来，提供了对该现象的强度的测量。

［6］Paul Lazarsfeld, *Daedalus*87，no. 4（1958）.

［7］L. J. Cronbach, "Coefficient Alpha and the Internal Structure of Tests," *Psychometrika*，16（1951）：297.

［8］Jum C. Nunnally, *Psychometric Theory* (New York：McGraw-Hill，1967)，276.

［9］Samuel A. Stouffer et al.．*The American Soldier*：*Adjustment during Army Life* (Princeton：Princeton University Press，1949).

［10］Rosenberg, *The Logic of Survey Analysis*，234.

第8章

潜在变量（下）

用交互表来获取潜在变量的最大问题就是，当样本量不大时，个案数很快就被用完了，因为你控制变量的方法是确实保持可能的潜在变量不变。如果你认为老年人与年轻人的态度存在区别，是因为年轻人接受了更长时间的教育，那么你可以在教育程度相似的层中比较不同年龄组的态度结果，然后你就可以看出当教育程度保持不变时，影响是否仍然存在。

理论上这是可行的，但增加的层次越多，因为每一层的个案数很少，你就越有可能丢失数据的显著性。如果你增加了第二个或第三个控制变量，如地区或种族，每个层的数据甚至会变得更小。

用间隔尺度测量的变量可以帮你避免这个问题。这种层次的度量所内含的信息使你适应不同的潜在变量，而不是保持不变。这确实使回归法非常有用。

为了使你的思路从交互表转换到回归法，思考一下交互表与散点图的关系。图8—1展示了一个分布在四个象限中的图，代表了一个2×2表格的4个单元格。每一个数据点代表了26个社区中的一个，这项研究是由奈特基金会（Knight Foundation）支持的。其中纵轴代表了公众对文盲（illiteracy）的感知度，横轴代表了实际的低水平的识字率（literacy）。

这些点聚集在一条向右上倾斜的直线附近，对此的解释也是显而易见的。

155

156

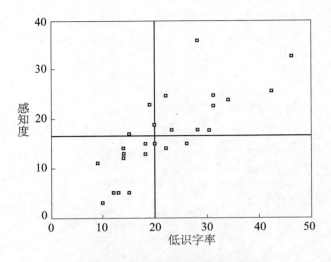

图 8—1   低识字率与对应的感知度

当真实的文盲率上升时，公众对此的感知程度也在提高。通过把这两种变量分别以中位数（median）来划分，可以得到一种很直观的解释（SPSS会自动为你完成这个操作）。

如果我们设置这样一个切割点，1～16表示低的感知度，1～19表示低的实际文盲率，我们可以用一张交互表来展现这种关系（见表8—1）：

表 8—1   实际文盲率与感知文盲度交互表

		实际文盲率	
		低（%）	高（%）
感知文盲度	高	17	79
	低	83	21
	合计	100	100

交互表中展现的细节比较少，但更容易用一句简单的描述性语言概括：相对于17%的低文盲率社区，79%的高文盲率社区具有更高的文盲感知度。

作为记者，我们喜欢交叉表的易于解释，但作为分析者，我们还要承认散点图的作用。散点图可以为我们生成一个表达趋势的等式。在这个案例中，可以得出如下等式：

感知度＝1.98＋（0.686 * 实际文盲率）

用语言可以这样概括：在识字率低的社区中，每当实际文盲率提高一个百分点，认为文盲是"大问题"的人就增加0.68个百分点。

这种描述已经可以被放在报纸上了。任何这样的对某一变量的给定变化的描述——在这一例子中是文盲问题的感知程度——与另一个变量的联系（实际的文盲人数）都是一种线性回归模式。如果你把它想成图上的一条线，则这是条直线。如果你把它看成一个等式，那么它通常会是这种形式：

$$Y = C + Xb$$

等式中的 C 是一个常数，它使这条线从一个固定起点开始。等式的剩下部分描述了直线的倾斜程度。

从一个简单的散点图开始可以让数据可视化更容易。考虑这样一个假设（这里的报纸和数据都是虚构的）：当佛得角群岛附近发生飓风时，《迈阿密日报》的街头销售量增加；当迈阿密与飓风生成地的距离越近时，销量有增加的趋势。[1] 从发行量记录，我们得到了八个数据点：

距离（公里）	销量（份）
1 035	2 000
805	3 000
667	4 000
529	4 000
460	6 000
391	8 000
276	7 000
115	8 000

当然，只是看这个列表就能发现，飓风离迈阿密越近，街头销量就越高，但为了使这个规律更明显，我们需要一个图。我们用纵轴也就是 Y 轴表示销量，水平的 X 轴表示距离（见图 8—2）。

怎么描述这个图呢？我们可以说它看上去很像一只从沼泽里往外看的鳄鱼的侧面，或者像是佛罗里达群岛的镜像图，或者说它非常接近一条直线。如果采用后一种描述，这就是一种基本线性模型，其中简单线性回归是最主要的构成。

158

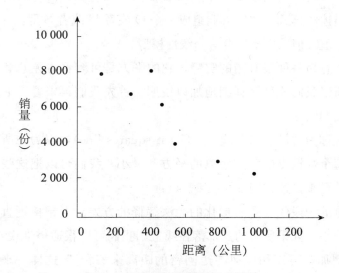

图 8—2　飓风的距离与街头销量

这种模型可以使我们在描述的时候更专业。任何好的统计教材都会给出利用最小二乘回归（least squares regression）的计算公式，用最小二乘法可以找到并描述出最适合这些数据点的直线。或者你可以跳过公式，用电脑帮你完成这个工作，甚至一个便宜的计算器，比如 TI-55 就可以完成。在本案例中，下面这个等式可以描述那条最佳拟合直线：

$$Y = 9150 - (7.3 * X)$$

对我们大多数人来说，用文字描述会更简单。可以这样写：当飓风袭来时，《迈阿密日报》的街头零售会多卖出 9 150 份。在飓风袭击之前，迈阿密与飓风的距离每减少 1 公里，就会少卖出 7.3 份报纸。

当然，如果所有的数据点都刚好落在这条线上，这种描述就是很准确的。但实际上，这些点并没有刚好落在直线上。但因为这些点倾向于适合一条直线，所以出于规划的目的，线性模型成为一种很实用的工具，尤其是当这些点围绕这条直线随机变化的时候。如果是随机变化的，那么这条直线就是可以得到的最好的预测，我们似乎可以听到发行经理在说："你看，飓风离我们 500 公里，7.3 乘以 500 是 3 650，9 150 减去 3 650 是 5 500。好的，亨利，我们的街头零售版的印刷量是 5 500 份。"

在应用这个工具之前，这位发行经理可能需要一些量化指标来评估线性模型与手头数据的契合程度。统计学告诉我们，相关系数也可以由最小二乘法的回归方程得出。在这个例子中，相关系数，也就是皮尔逊 r（Pearsonian r）是 -0.930。怎样来解释呢？如果相关系数是 1 或者 -1，这意味着所有点都刚好落在这条直线上。正值表示直线向右上方倾斜，也就是随着 X 数值的增大，Y 的值也在增加。

本例中的负值，表示这条直线向右下方倾斜：当 X 值增加时，Y 值减小。当相关系数为 0 时，说明数据根本不符合任何一条直线，但它们仍然有可能呈现一种容易描述的模式，它们可能组成一个 O 或者 U 或者 S 型，并且模型可能有一定预测价值，但它们不符合一个线性模型。

相关系数有另一种很有用的解释，它的平方是可解释方差总和。这个概念非常重要，所以我们要稍微详细地加以说明。首先我们再来看一下这个画上了最佳拟合直线的图 8—3。

这条线被称为"最小二乘线"[①]（least squares line），因为在所有可能的直线中，它与每个数据点的垂直距离的平方和最小。我们可以把这些最小二乘距离画在图中，再来描述它们（见图 8—4）。

这些垂直的线段代表了有形化的无法解释的方差。点越接近直线，无法解释的方差就越小。如果所有的点都落在线上，我们可以很通俗地说："所有街头零售销量的增加都可以用飓风与迈阿密的距离来解释。"这样一来，我们可以说，销量变化中 86％的部分可以被解释。

但是等等，你说，每个百分数必须都要有一个基数，这里的基数是什么？

[①] 中国古代称平方为二乘，故 least squares 中文也称为最小二乘法。——译者注

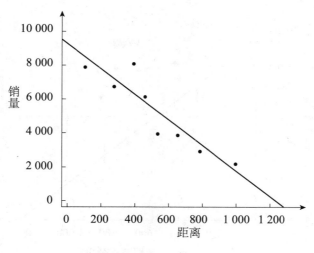

图 8—3　最小二乘直线

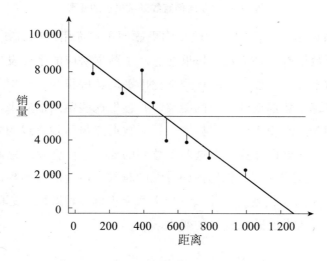

图 8—4　从最小二乘回归直线到数据点的距离

这个问题提得很好。我还没有告诉你用方差的含义是什么。现在我们再来看一下这张画有不同垂直线的图（见图 8—5），它们表示总方差。

　　这次垂直线表示从每个数据点到表示 Y 均值的水平线之间的距离。为什么要这样做？假设你是《迈阿密日报》的发行经理，你知道有飓风正在靠近，但你还没发现飓风距迈阿密的距离对销售量的影响。你所知道的是，有飓风时报纸卖得比没有飓风时多。

　　但具体多卖出了多少份报纸？数据是在变化的，但销售量的平均值是 5 250 份，销售量的范围是最低 2 000 份，最多 8 000 份。所以如果你想使犯错误的机会最小化，并且没有什么别的资料来帮助你，那么你就要用平均数——准确的说法是均值——作为预测的销售量。

　　并且，这么做的优点是，你的误差范围就是围绕着均值的方差（variance）。

　　现在市场研究人员来了，向你解释基本的线性模型，并且找到了一条适合

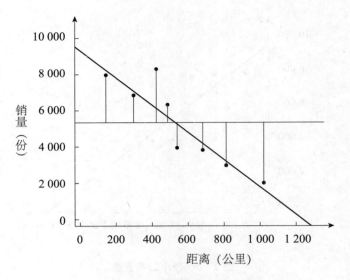

图8—5   从均值直线到数据点的距离

于已知数据的最小二乘回归线。现在你更聪明了：你用回归直线来进行预测，而不是用八个数据点的平均数。如果在这八个数据对应的事件发生以前，你就已经知道了这个回归方程，你的预测会比用平均数好很多。精确了多少呢？如果你测量一下每个数据点到均值的距离，并且把这些距离加起来，你就会发现用这种方法预测的准确程度。现在测量一下数据点与回归直线的差距，你的预测就更准确了。如果你计算一下这两个总和的比值，你会发现你的预测准确性提高了86％，也就是说，当你用回归直线的时候，估计值与实际值之间的距离平方和减少了86％。这就是为什么统计学家会告诉你，飓风到迈阿密的距离解释了报纸街头零售增加量的86％的变化。

不可解释的方差

飓风到迈阿密的距离解释了报纸街头零售增加量的86％的变化，这个结果已经很好了，但固执的研究者仍然纠结于那14％尚未被解释的变化。有什么办法来降低这个比例吗？有，因为可能存在另一个可以测量的变量，引入到模型后，就能进一步提高这个模型的解释能力或预测能力。这个变量也许是风速，一个最大风速150英里/小时的飓风应当比一个最大风速80英里/小时的飓风带来更多的销量，你不是这么认为的吗？

下面来讲一下怎样把这个信息加入到方程中。对于每一个数据点，我们测量了观测值与模型预测值的差异（在图中用点与回归直线的物理距离来表示）。这个差异是用Y来表示的，在本例中代表的是报纸销售量。如果我们实际卖出的报纸比模型预测的要多，这个差值就是正的。如果我们实际卖出的报纸比模型预测的要少，这个差值就是负的。这个差值被称为残差（residual），是不可解释方差的实际表现形式。这就是需要我们解决的，我们希望用新的方程可以预测这个残差。

所以我们可以制作另一组数据，Y 是从上一个模型得出的残差，X 是新的自变量（预测变量）——以英里计的每小时风速。如果这个方程管用，我们可以得到另一个很有意义的描述，可能就像这样：增加的街头销量等于 9 150 份，加上或者减去这个回归的第二步得出的常数，飓风每远离迈阿密 1 英里就减去 7.3 份报纸，风速每提高一个单位就加上 X 份报纸。这样你就表示出了新变量的影响，在第一个变量的影响已经计算出来以后，或者说第一个变量已经被控制。

多变量回归方法就是做这样的事情，只是更好，它可以给出以下形式的方程：

$$Y = C + (b_1 * X_1) + (b_2 * X_2) + (b_3 * X_3) \cdots$$

系数，或者说这些 b，表示当其他所有自变量保持不变时，不同的自变量（Xs）对 Y 的影响。为使这个方程效果最好，自变量之间要不相关。这种假设经常被违背。在我们关于飓风的例子中，这个条件不成立，因为发源于佛得角群岛的飓风在向西移动过程中风速会增加。当自变量之间存在相关关系时，确实没有办法析出每个变量独立的影响。但从应用的角度来看，在方程中引入与现有自变量相关的变量，可以提高方程的预测能力。当预测 Y 值比估计每个变量的影响更重要时，这种方法就是可行的。

 ## 评估发行表现

这里有一个真实的案例，《费城问询者》（*Philadelphia Inquirer*）在 20 世纪 70 年代进行了一项充满挑战性的活动，希望在比较小的地理区域内评估它的发行表现。

评估发行量的传统方式是在一张地图上涂色。一种颜色用来表示平均的发行渗透率（发行量除以家庭户数），另一种颜色表示低于平均值的地区，在高于平均值的地区涂上第三种颜色。或者可以再加上两种颜色表示远远高于和远远低于平均值的地区。编辑和发行主管看着这张地图，他们的目光盯着低于平均值的地区，发现这些区域大多是低收入者聚居区，本来就不应当期望能达到平均渗透率。再来看地图上高于平均值的地区，他们注意到年纪较大的、富裕的人群住在那里，这说明为什么那里有较高的发行渗透量。简而言之，这张地图并没有太大用途。

他们真正需要的是一种依靠销售潜力——这种潜力是以已知的人口统计学特征为基础的——来评估这些小区域销售量的方法。对于这种问题，多元回归是最合适的，但你需要两个数据：人口普查数据以及普查区域的发行数据。

在费城的例子中，我们可以得到基于普查局较细致分类的人口统计单位的发行数据。在这些单位区域中，每个区域的人口统计学数据，加上发行量和家庭数目被引进到模型中。得到的多元回归方程的系数是 0.795，并解释了《费城问询者》家庭渗透率的 63% 的方差。下面是那些带来影响的变量，以及它们的系数（见表 8—2）。

表 8—2 　　　　　　　　　　　带来影响的变量及系数

变量	系数
在费城工作的百分比	0.15
收入高于 15 000 美元的比例	0.40
老年人家庭比例	1.56
郊区的报纸渗透率	−0.16
人口密度指数	0.12
新房屋指数	0.21
单身女性比例	1.54
开汽车上下班者比例	0.19
白人比例	0.12
无子女家庭比例	−0.55
年轻人家庭比例	0.76

回归方程的常数是 −0.35。所以这个模型告诉我们，对于任意给定的一个较小的地理区域，如果你用了上面列出来的变量来预测《费城问询者》的发行渗透率，比起只用平均数来预测，精确度可以提高 63%。为了得到预测结果，以 −0.35 为基数，"在费城工作的百分比"每增加 1 个点就加上 0.15 个百分点，"收入高于 15 000 美元的比例"每增加 1 个点就加上 0.4 个百分点，以此类推。

你可能注意到了，其中的一些变量的意义不好解释。比如，为什么《费城问询者》在老年人家庭较多的区域销量较高，而在年轻人家庭聚居的区域销量更多呢？这是因为有多重共线性（multicolinearity）问题的存在。当变量相互关联的时候，很难分清楚每一个变量的确切影响。但在这个应用中这是无关紧要的，因为我们想知道的是在已知人口特征的条件下，每个区域的预期发行渗透率是多少。所以我们用电脑打印出一张关于残差的表格。

你应当还记得，残差表示观测值与用方程计算的预测值的差值，对于每个数据点来说，残差都是不同的。这个练习的目的就是发现不同之处。下面是电脑给出的残差表的一部分（见表 8—3）。

表 8—3　　　　　　　　　　　　　　部分残差表

单位	预测值	观测值	残差
01A	0.37	0.41	0.04
01B	0.41	0.41	0.00
01C	0.35	0.41	0.06
02A	0.38	0.39	0.01
02B	0.36	0.39	0.03
02C	0.36	0.39	0.03
02D	0.35	0.39	0.04
03A	0.40	0.30	−0.10
04A	0.39	0.34	−0.05
04B	0.27	0.34	0.07
05A	0.36	0.25	−0.11
06A	0.58	0.43	−0.15

　　你可以看到这张表的价值。比如在区域 06A，43％的家庭订阅率比其他地方要高很多，但这是在你看到回归模型给出的预测之前。看了回归模型的预测，你就可以进一步采取措施，充分挖掘那个地区的发行量潜力。这个研究发现了费城郊区的一些未被认识到深具潜力的地区。

非线性模型

　　现在你可能已经注意到了，世界不是全部由直线构成的，至少不是在所有方面。许多影响是非线性的。比如，纽约城那家以超大杯咖啡为特色的哈佛俱乐部（Harvard Club），是受到西奥多·罗斯福（Theodore Roosevelt）的启发，因为他抱怨第二杯咖啡永远不如第一杯好喝。我怀疑这种有两倍容量的杯子是否能解决大多数顾客的这一问题，但是前总统是对的，回报递减现象（phenomenon of diminishing returns）确实存在。其他影响有延迟反应，直到另一个临界点到来。比如，一项新业务可能很难盈利，直到达到临界的顾客数量或者市场份额。最初的投资会比后来的投资回报更少。

　　当用回归来理解协方差（covanriance）时，先看散点图是很重要的。散点图会告诉你是否有非线性因素存在。如果是简单的曲线，你可以重新表达自变量，使模型更合适。这算作弊吗？不，这只是去顺应世界运行的方式，并试着尽可能简明地进行描述。

　　约翰·图基建立了一些关于重新表示变量（re-expression）的简单规则。如果这种影响开始变化快，然后逐渐减速，你可以用直线来表示这种情况，即拉伸自变量低处的取值，并压缩高处的。对数就是这样一种重新表达变量的方法。在他写的关于探索数据分析的书中，图基提出一个重新表达变量的阶梯。试一下其中一个，如果它起作用，就顺着阶梯尝试下一个。如果曲线向另一个方向弯折，就退回来。下面是图基的阶梯图（Tukey's ladder）。[2]

图基的阶梯

X^3

X^2

X

sqrt$X$

Log$X$

$-1/$（sqrt$X$）

$-1/X$

$-1/X^2$

当图基说 Log$X$ 的时候，他是指以 10 为底的对数，这样可以把从 0 到 10、从 10 到 100、从 100 到 1 000 的距离在图中用相同的线性距离表示出来。为了举例解释它的工作原理，我们看一幅报考率对美国各州学术能力评估测试（Scholastic Assessment Test，SAT）平均分影响的散点图。

其基本规律是，报考率低的州，SAT 平均分似乎更高。这是因为在 SAT 平均分排名靠前的几个州，要进入公立大学不需要 SAT 分数。如果参加考试的人构成比例不均衡，都是想去哈佛大学的高中生，那么分数就会很高。但当报考率接近 30% 时，这种影响迅速地减弱了（见图 8—6）。

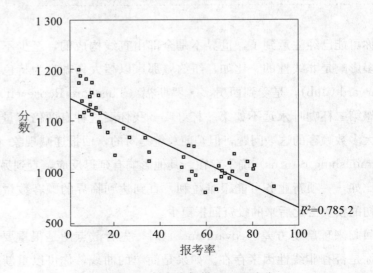

图 8—6   报考率与州 SAT 平均分

从图 8—6 中可以看到，这些点不是围绕着最适合的回归直线随机分布的。那些 SAT 分数最高和最低的点在回归直线的上方，但中间的点下沉到直线的下方。即使这样，这条直线的 r^2 也相当好，达到 0.785。一个易于理解的方程定义了这个图形：

$$Y = 1\,114 - (2.07 * X)$$

Y 是某一州 SAT 的平均分，X 是这一州的报考率。也就是：报考率每提高一个百分点，SAT 的平均分降低两分。

这个描述是准确的，但并不全面，因为影响不是统一的，而线性模型给出的是统一影响。但我们可以修正这一点。

想象一下这个散点图是在一张橡胶片上，拉伸左边并压缩右边，这条线就被扯直了。用对数来重新表达一下报考率可以得到相同的效果（见图 8—7）。

167

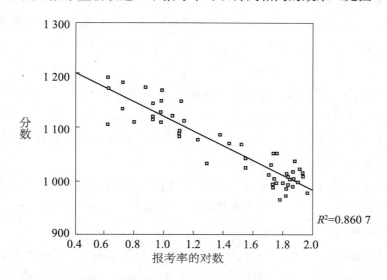

图 8—7　报考率的对数与州 SAT 平均分

现在数据点围绕着最佳拟合回归直线的分布更加随机了。可解释方差提高到 86%。描述这条直线的方程仍然很简单：

$$Y = 1\,257 - (137 * \text{Log} X)$$

Y 仍然是某一州 SAT 的平均分，X 是报考率。但这个方程用语言描述起来就不那么简单了。报考率的对数每提高一个百分点，州 SAT 平均分就降低 137 分。图 8—7 中竖轴的数据不太容易直观解释。

我的解决方法是——尽管一些统计学家可能不赞成——用第一个公式得到的简单的句子来表述，然后用第二个公式来解释这种影响主要体现在低报考率的州。比较简单的那个版本公式已总结了基本趋势，只要你指明在不同的报考率水平下影响是一致的，这样描述就是可以的。

另一种处理这种影响不一致问题的办法是，把这些州分为两部分，以报考率 40% 为切割点。低于这个水平的，影响基本是线性的；高于这个水平的，影响几乎是零。这样做可能需要好几个句子来描述，但一些读者会喜欢这种方式。

168

逻辑斯蒂回归

　　有时候我们的自变量是连续型的数据，但因变量是二分变量。在医学、政治、市场销售等领域，这种问题很常见。病人痊愈了或去世了、候选人成功当选了或落选了、顾客买了商品或没有买。每一个这样的情况都可以用1或0来编号，但没有连续的尺度。

　　但是，当我们考虑1或者0发生的概率时，我们可以引进一些直观的办法作为连续型尺度。比如说，每一个人都有80%的概率被治愈、当选，或者进行交易。

　　但在数学上处理这些概率是很麻烦的，因为从定义上来说，1代表确定，0代表不可能。所以逻辑斯蒂回归（logistic regression）用比值（odds）取而代之。这里有一个有趣的故事，是关于电脑以及它们创造的一种新的、实用的，同样令人迷惑地看待数据的新方法的能力。

　　当电脑最初被用来做统计计算时，它们被用在经典统计学上。经典统计学是17—19世纪出现的手工计算数据的工具。还有一些方法尽管难以用手工计算，几乎从没被应用过，但至少在电脑出现之前是可行的。

　　多元回归就属于这些方法中的一种，它提供了一种同时调整多个自变量的方法，这样你就可以在其他条件一样的情况下评估各个自变量的影响。

　　当统计学家们还在使用纸和笔来计算的时候，这是一种有用的方法。电脑使它变得更简单。然后某一天某个人有了一个想法：如果把这个保持其他条件一样的检验应用在二分变量上，结果会怎样呢？

　　从病人存活率到大选结果，医疗和政治领域都有很多具有这种特征、有待探索的、有趣的事例。

　　就像普通回归分析应用于连续变量，逻辑斯蒂回归被创造出来应用于这种二分变量。逻辑斯蒂回归使用的不是直线模型，而是某种看起来比较平缓的S形曲线。当给予小剂量时，什么也不会发生；增加剂量，影响开始出现，随着剂量的增加效果明显，随后继续增加剂量，但结果几乎不再变化了。

169

　　这是个很可爱的模型，但不是仅靠纸和笔就能完成的。实际上，这不是任何一种计算方法能解决的。相反，它是大量的、反复的计算机试验的产物，直到找到最适合逻辑斯蒂回归模型的组合。

　　一个理想的逻辑斯蒂回归模型的输出结果是可以表示为一个概率，一个介于0到1之间的数字来表示效应——病人存活、共和党胜选等——发生的可能性。但这个模型不是那么完美的，当它试着估计概率时，有时会得到大于1的结果，这在逻辑上是不可能的。

所以它的设计者让它来解决与概率有关，但没有上限的问题：比值（odds[①]）。

如果你经常去赛马场，你也许一下就能抓住不同之处。下面对其进行具体的解释。

从一副没有大小王的扑克里随机抽出一张，你抽到红心的概率是四分之一。抽到红心的比值 odds 是 1 比 3（1 个机会能抽到，3 个机会抽不到）。

或者，用另一种方式解释：

概率是目标可能性（抽中红心）除以其他所有可能性（所有四种花色）：

$$1/4 = 0.25$$

比值 odds 是目标可能性除以所有的其他可能性（方块、黑桃、梅花）：

$$1/3 = 0.33$$

比值和概率两者之间的换算很简单：

$$比值（odds）= P/（1-P）\qquad 概率\ P = odds/（1+odds）$$

如果比值 odds 相等，我们就说我们有 50 对 50 的机会，这也是一种表达概率的方式，这么说与 1 对 1 的机会或者相等的比值是一回事。

用数学符号可以简单表示为 $P = 0.5$ 或 odds $= 1$。

同样，75% 的概率等同于 3 比 1 的比值 odds。统计学家们省略了"比 1"，直接说比值 odds 是 3。

在赛马场上，会对"比 1"做出如下的调整：为避免出现分数，比值 odds 为 1.5 比 1 会被表达成 3 比 2。但在统计学上，我们还是会说比值 odds 是 1.5。

并且，再想一下，你会发现当概率大于 50% 时，得到的比值 odds 大于 1。概率小于 50% 时，比值 odds 就小于 1。

用逻辑斯蒂分析的软件包得到的结果被称为优势比（odds ratio[②]）。这里有一个来自医学领域的简单例子。

一位读者想知道一种特定的治疗方法将在多大程度上改变他得病的几率。一位未接受过治疗的成年男性被建议服药以预防某种疾病。在未接受治疗时，他被告知，在未来两年里，他有 4% 患中风或者心脏病的风险。在接受治疗后，这个风险可以降低到 2%。这个风险比（risk ratio）是 2/4 或者一半。吃这种药使他的患病风险降低了 50%。

现在计算一下同样一个案例的比值 odds。在未接受治疗时，他患中风或者心脏病的比值 odds 是 4/96 = 0.041 67。接受治疗后，比值 odds 是 2/98 = 0.020 4。优势比降低了 0.49——非常接近风险比，没有实际的差异。

正是因为在大多数情况下没有实际的差异，医学工作者和社会学家养成了

170

①　odds 表示出现某种结果的概率与不出现某种结果的概率之比，有些书中译成比值、差异等，也可直接使用 Odds。为避免歧义，本书使用比值 odds。——译者注

②　odds ratio 是两个 odds 之比，简称 OR，可被译成比值比、机会比率、优势比等。——译者注

一种坏习惯，他们常把风险比和优势比当做一回事。但有的时候，它们甚至毫不相干。

当你研究的问题不再是小概率事件时，风险比和优势比的区别开始变得重要起来。当基线概率超过 0.10 时，优势比会给出误导人的结果（见表 8—4）。

表 8—4   概率变化与比值变化

概率	比值 odds	概率变化（%）*	比值 odds 变化（%）*
0.10	0.11		
0.20	0.25	100.00	125.00
0.30	0.43	50.00	71.43
0.40	0.67	33.33	55.56
0.50	1.00	25.00	50.00
0.60	1.50	20.00	50.00
0.70	2.33	16.67	55.56
0.80	4.00	14.29	71.43
0.90	9.00	12.50	125.00
0.95	19.00	5.56	111.11
0.98	99.00	4.21	421.05

* 来自前面的比值 odds 或者概率值。

阿诺德·巴内特（Arnold Barnett）在麻省理工校友会出版的《技术评论》（*Technology Review*）上发表的一篇文章提供了一个极端的例子。[3] 假设在某一个特定案件中，黑人被告被判死刑的概率有 99%，而白人被告被判死刑的概率是 96%。其风险比是 1.03，换句话说，黑人被告被判死刑的概率是白人被告的 1.03 倍（或者说高出 0.03 倍）。

但是把它转换为优势比，0.99 的概率等于比值 odds 的 99（99/1），0.96 的概率相当于比值 odds 为 24（96/4）。因此优势比是 99/24，或者 4.1。如果你写成黑人被判处死刑的可能性是白人的 4 倍，你可就大错特错了。

记者们要理解这一点，因为这种错误甚至出现在科学著作中。这里有一个真实的例子。1999 年 2 月，《新英格兰医学杂志》（*New England Journal of Medicine*）报道了医生治疗心脏病时对不同人种和不同性别的病人区别对待。其中一条证据是实施心导管插入术的黑人比白人少 40%。[4]

171

这是真实的，但风险比的数值没有这么大。实际上，84.7% 的黑人和 90.6% 的白人在这个研究案例中接受了心导管插入术。这里的风险比是 93%。也就是说，没有实施心导管插入术的黑人只比白人少 7%。

当媒体报道这个事情时，不论印刷媒体还是广播，它们挑出来的是优势比的数据，但把这个数据当做风险比来解释，报道称实施导管插入术的黑人比白人少 40%。该杂志在后续的一篇评论中批评自己的作者使用了容易被误读的数据。但记者们也要承担一定的责任。[5]

甚至在教科书里也能找到把优势比当成风险比的例子。

在塔马斯·鲁道斯（Tamás Rudasz）所写的《列联表分析中的优势比》（Odds Ratios in the Analysis of Contingency Tables）一书中使用了社会学上的一个著名研究——萨缪尔·斯托弗（Samuel Stouffer）的《第二次世界大战中的美国士兵》（The America Soldier from Word War Ⅱ）——中的表格。该表格显示 74％驻扎在北部的士兵和 40％驻扎在南方的士兵表示，如果有机会的话他们更愿意驻扎在北方。很明显，74％是 40％的 1.85 倍。用一个简单的语句来表述就是："士兵们更喜欢驻扎在北方，现驻扎北方的士兵是驻扎南方的士兵的 1.85 倍。"

但米歇尔·S·刘易斯·贝克（Mechael S. Lewis-Beck）——Sage 出版社这套丛书的编辑——用优势比来进行比较。他计算的优势比很准确，是 4.27，但用了以下语句来表述："这个优势比表示，已经驻扎在北方且还想留在北方的士兵人数是驻扎在南方而想到北方的士兵人数的 4 倍多。"鲁道斯在教材中说的也是同样的事情，尽管不是很明确。[6]

另一个相似的错误发生在一个同样不可想象的地方。SPSS Base 8.0 的应用指南使用了一个选举调查的例子，结果显示房屋拥有者的选举投票率是 79％，租房者的投票率只有 54.4％。毫无疑问，这是房屋拥有者的一个优点，他们的投票率是租房者的 1.45 倍。但那个不知名的作者把百分数（或者说概率）转换成了优势比，准确计算出了优势比是 3.161，但错误地解释了该数据："因此，大体上房屋拥有者的投票率是租房者的 3 倍多。"

这是错误的。当然两者的区别只在于是（as likely）1.5 倍，或者说多了（more likely）45％。[7]

当科学家都会犯错的时候，记者们怎样搞清楚优势比呢？我能给出的简单的建议是，不要在新闻报道中使用或者提及优势比，而是使用风险比来表述这种关系。

当最小概率也在 10％以下时，风险比与优势比的差距足够小，不会产生问题。当这个概率较高时，你仍然可以把优势比转换成风险比，但这需要多做一些工作。

这么做是值得的。记住起初出现优势比是很常见的，因为逻辑斯蒂回归法给出的是调整并适应了其他中间因素的比率，这样就能在一个其他条件不变的基础上呈现影响。尽管理论上风险比是构成优势比的基础，但它们不能被直接给出。但是一种充分逼近近似值的方法已经由美国国家健康研究院（National Institute of Health）的两名科学家公布了。[8]这是一个新闻工作者可以用的简单方程：

$$相对风险 = \frac{OR}{(1 - P_0) + (P_0 * OR)}$$

其中 P_0 代表对照组或控制组的结果的概率。

我把它应用在一个由美国大学生发起的关于酗酒的著名哈佛研究中。在那个研究的一份早期报告中，亨利·韦克斯勒（Henry Wechsler）和他的同事说经常酗酒的人"比不酗酒的人发生下列行为的可能性多 7～10 倍，包括发生性行为时不采取安全措施、发生计划外性行为、与校园警察发生冲突、毁坏财物、受伤"。

这种表述是对所有这些后果的调整优势比的解释，它们的优势比确实达到了 6.92～10.43。但是当我用上述的相对风险公式来取相同的风险比近似值时，取值范围降低到了 5.71～8.49。这仍然是一个可观的相关比率，但不如"7～10 倍"那么令人瞩目 。[9]

记者们可能会问："如果这对科学家来说足够完善，为什么对记者不够好呢?"当然，答案是，记者也应当对信息源保持怀疑，即使对于那些有博士学位的人。那些误用了优势比的科学家已经认识到这个问题，我们应该与他们一起为此感到兴奋。

【注　释】

[1] 这个例子以及所附的图表改写自我的 *Newspaper survial book*（Boolmington：Indiana University Press，1985）。

[2] John W. Tuekey, *Exploratory Data Analysis*（Reading，Mass：Addison Wesley，1977），172. Turkey's Xs are my Ys (to preserve the more common notation for the dependent variable).

[3] Arnold Barnett, "How Numbers Are tricking You," *Technology Review On-Line*, Massachusetts Institute of Technology，1994.

[4] Kevin A. Schulman et al., "The Effect of Race and Sex on Physicians' Recommendations for Cardiac Catheterization," *New England Journal of Medicine*（February 25，1999）：618－26.

[5] "Misunderstandings about the Effects of Race and Sex on Physicians'Referrals for Cardiac Catheterization," *New England Journal of Medicine*（July 22，1999）：279－83.

[6] 对于这些误差的建议，刘易斯-贝克（Lewis-Beck）说："我已经检查了引用，并且我不得不推断，我对优势比的解释不是唯一的正确解释，只是正确的解释之一。"（个人交流，2001 年 8 月 15 日）

[7] SPSS 公司的亚历克斯·瑞特（Alex Reutter）看到了问题，并且澄清了在 SPSS Base 10.0 的应用指南（SPSS Base 10.0 Applications Guide）中风险比与优势比的不同，他同时警告在概率小于 0.10 时，不要把优势比作为风险比的近似值。

[8] Jun Zhang and Kai F. Yu, *JAMA*：The Journal of the American Medical Association 280（November 18，1998）：1690－91.

[9] Henry Wechsler et al., "Health and Behavioral Consequences of Binge Drinking in College," *JAMA*：*The Journal of the American Medical Association* 272（December 7，1994）：1672－77. 韦斯勒（Weschler）在研究的后期阶段避免这个问题的方法是，报告优势比，而不是把它们展现为风险比（个人交流，2001 年 8 月 7 日）。

第 9 章

实验：在实验室里、在实地、在自然环境中

编辑们热爱实地实验。当我还是一个年轻记者时，在迈阿密，一位名叫比尔·菲利普斯（Bill Phillips）的充满智慧但有点疯狂的特写版编辑把我送到街上，去测试迈阿密人对粗鲁行为的宽容度。我撞上匆忙的商人，我把烟圈吐到和蔼可亲的老太太的脸上，我在公共汽车出入的门口撒了一些零钱，并且坚持捡起每一个硬币后才让汽车开动，于是汽车站上的交通瘫痪了。市民们对我的回应是宽容温和的，我想任何一个《迈阿密先驱报》的记者，在今天都不敢重复这个实验。[1]在 4 月 1 日愚人节那天，菲利普斯安排我在迈阿密大街和弗拉格勒大街的十字路口，用细绳系在放在人行道上的钱包上，如果某个行人蠢到试图把它捡起来，我就拉动细绳把钱包抽走。一位摄影师躲在附近的路上来记录我被拳打鼻子的次数和表情。这是另一个没人敢重复的实验。

像这些噱头可能不值得变成可推广的实验，但是还有对社会有用并且有趣的事情可以去做，这些事在一定程度上可以推广，又有着 20 世纪 50 年代《迈阿密先驱报》疯狂的影子。我们来看一些例子。

对艾滋病的无知

176

在 1988 年，英格·克莱斯（Inge Corless）博士，一位北卡罗来纳大学教堂山健康科学部的教师，正在准备一门关于获得性免疫缺乏综合征（艾滋病）的课程。作为研究的一部分，她与本地的药剂师讨论了不同类型的安全套在疾病预防方面的特性，并且发现这些专业人士缺乏艾滋病预防的知识，这令人不安。为了了解她的发现在更大的药剂师群体中是否存在，我的高级报道课程设计了一个实验：把学生进行分组，每组派一个人到教堂山和附近的卡勃罗里（Carrboro）小镇的每一个药房去购买安全套，并询问药剂师哪种类型的安全套能最有效地预防艾滋病；设计了一个量表来给每位药剂师按他们知道的多少来打分。该量表是渐进的，因为每个知道列表上给定事实的人通常也知道前述的事实：

(1) 乳胶的比动物皮的好（后者的毛孔可以让病毒进入）。

(2) 润滑的乳胶比干燥的乳胶好（更少断裂的风险）。

(3) 用杀精剂润滑比简单的润滑剂好（杀精剂可以杀死艾滋病病毒）。

(4) 杀死艾滋病病毒的杀精剂的名称在实验室实验中叫做壬苯聚醇－9。

只有 40％的药剂师知道全部这些简单的事实。更糟糕的是，他们中间的一些人建议学生购买羔羊皮安全套，那不仅是最贵的而且预防艾滋病效果最差。

这是一个简单并且容易推广的实地实验，这么说有几个原因。首先，关于因果关系和相互关系的推论不是必要的。简单的无知率本身就是有报道价值的。这些学生比较了连锁药店和独立药店、年长的药剂师和年轻的药剂师，检验了一些关于无知原因的假设。没有发现有意义的差别，这些对新闻报道的价值来说也没有必要。

第二个增强了普遍性的原因在于在所定义的区域内，所有的药房都被测试了。在药店内部进行了抽样，因为当购买安全套的学生出现时值班的人员代表了这个药店所有的药剂师。总的说来，被调查的那些药剂师可以代表这些时段中所有值班的药剂师，这些时段是指学生消费者认为方便去药店的时段。

这个结果的报道被刊登在《达勒姆晨驱报》（*Durham Morning Herald*）上，产生了两个有用的社会影响。[2] 它刺激了当地的药剂师更好地接受艾滋病防治的教育，并且直接对报纸读者的艾滋病教育做出了贡献。

打击未成年人饮酒

　　1982 年，更早的一班学生实施了一个更加复杂的研究设计。这项研究的目的是测试教堂山镇警方打击未满 18 岁者非法购买啤酒行动的效果。这次，发现了一个有因果关系的结论。研究假设是：当警察采取打击行动时，向未成年人的啤酒销售停止。为了检验这个假设，我们把临近的另一司法管辖区内的啤酒销售商当做控制组。我们对第二个研究假设也进行了检验：警察更可能在周末的晚上进行检查，所以违法行为在工作日的晚上发生得更为频繁。

　　在教堂山镇没有进行抽样，每个便利店和酒馆都被调查了。控制组是利用黄页电话簿进行抽样，按照临近教堂山的距离顺序累计，直到达到要求的数量。啤酒购买者均超过 18 岁，所以不会违反法律。要测量的变量是啤酒销售者是否要求这些年轻人出示身份证件以核实年龄。对青少年来说检查证件是十分重要的，他们有一个俚语的说法：出示证件（carding）。

　　买酒尝试总共进行了 246 次。在教堂山镇周六晚上要求出示身份证件的比例是 22%，一个孤立的数字，暗示着警察的打击行动并不是十分有效。然而，在教堂山镇以外地区要求出示证件的比例仅为 6%，揭示出打击行动有显著的效果。

　　周一晚上在教堂山镇要求出示证件的比例降至 7%，并且与教堂山镇以外的地区不再有明显的差别。该项研究关键的结论是：警察的打击行动在周末确实有选择性影响，在其他时间并没有这种影响，并且未成年人仍有许多机会非法饮酒。

　　执行这样一个实地实验并不像听起来那么简单。实地的工作人员需要接受培训，以采取统一的行为从而获得量化的数据。每个 18 岁的学生都有一个高年级学生或研究生陪伴，这些人可以观察和记录每个测试的结果。我们也禁止现场工作人员在工作时间饮酒，导致了不少社交尴尬。"我们是酒吧里唯一的顾客，"一位督导员报告说。"服务员人很好，招待了温迪一杯啤酒，然后坐在吧台后面跟我们说话。温迪只能偶尔拿起酒杯然后又放下，一口也不喝。我盯着玻璃门外的停车场，避免看服务员的眼睛。"这个学生突然离开了，装作追赶路过的车里的朋友。[3]

　　一些新闻记者出于道德考虑对这种欺骗感到不舒服。然而，参与观察在新闻界和社会科学领域都是具有悠久历史的传统。并且，至少监视公共服务是令人关心的，甚至像西塞拉·博克（Sissela Bok）这样严格的伦理学家也有条件地同意监控可导致更高标准的公共保护。[4]

　　实地实验的直接性令人满意。相比在一个调查中询问社会行为，你得到了直接的观察机会。当研究假设清晰地被预先制定好后，你可以设计实验，用最有效率的方式去检验假设，并且使用随机选择或检验全部总体来使误差最小化。

实验的规则

　　从约翰·斯图尔特·密尔（John Stuart Mill）在 19 世纪对科学方法给出的建议开始，实验研究的规则多年以来已经被很好地编辑成典。[5]然而，一些基本原则是直观的。托马斯·D·库克（Thomas D. Cook）和唐纳德·T·堪培尔（Donald T. Campbell）引用了一个 17 世纪进行实验的故事，这个实验是一组法国人为了检验帕斯卡（Pascal）的气压理论（atmospheric pressure）而进行的，他们在寻找托里切利式真空的原因。该实验的方法是，将一根试管内填满水银并上下颠倒，它的底部被放入水银盘内，水银柱下降到约 30 英寸高，真空停留在试管的上方空间中。是什么支撑着这段圆柱呢？帕斯卡认为是空气对盘子里水银的压力。在 1648 年的一个秋日，七名法国人带着两根试管、两个盘子和许多水银走进山中。他们在山脚下立起两根试管，发现水银柱的高度约为 28 英寸（约 0.7 米）。然后，留下一根试管和一个观察员，他们把另一根试管带到了 3 000 英尺（约 914.4 米）高的山上，进行了第二次测量。这次水银柱的高度低于 24 英寸（约 0.61 米）。然后他们改变了山顶的条件，在不同的位置和帐篷内进行测量，都得到了相同的结果。在下山的途中，他们在中间的高度停下，然后获得了中间高度水银柱的读数。山脚下的观察员证实试管中的水银柱没有发生改变。然后他们再一次立起从山上带下来的那根试管，看到现在的读数和之前在山脚下测量的一样。

　　帕斯卡的理论得到了支持。第二根水银柱作为控制组，显示出在山上不同的读数可以归因于海拔，而不是由于他们登山过程中环境的变化。通过在能想到的不同条件下进行测量，这个实验的备选假设得到了检验。并且通过下山中途的测量，他们展示了一种持续效果。他们的例子被库克和堪培尔评价为"因为具有现代科学的特点而芬芳"[6]。

现代实验设计

　　为了使喝酒年龄这一实验像那些 17 世纪的研究者所做的一样细致，我们必须做两次——一次在警察打击行动之前，一次在行动之后。这样做可以排除教堂山镇不断发生的其他可能性对在周六晚上更高的身份证出示率的影响。实验设计可以采用多种形式，并且如果做图表的话，就可以帮助你更好地了解。以下是一个根据萨缪尔·斯托弗（Samuel Stouffer）研究改编的表格[7]，他对第二次世界大战中美国士兵的开创性研究被引用在前面的章节里（见表 9—1）。

表 9—1　　　　　　　　　　　据萨缪尔·斯托弗研究改编的表格

	时间点 1	时间点 2
实验组	X_1	X_2
控制组	Y_1	Y_2

这个实验的条件——在教堂山镇的例子中，是警察的打击行动——在时间点 1 和时间点 2 之间被引入，只针对实验组。理论上，X_s 和 Y_s 的开始是相等的，但实际上这些条件可能很难实现甚至是不可能实现的。如果你对条件加以足够的控制，你可以以将 X 组或 Y 组随机分配，但警察的打击行动不是随机的，而且只在教堂山镇内实行。所以最好的选择就是尽量寻找与教堂山镇内相似的酒吧和便利店，做到这一点的方法就是寻找在同样的市场内，但属于不同的警察管辖范围。

如果遵循了完整的实验设计，数据分析可以采取以下的形式：

$$X_2 - X_1 = D(X)$$
$$Y_2 - Y_1 = D(Y)$$

这里"D"代表"不同"（difference）。如果警察的打击行动有效，那么 $D(X)$ 应该显著地大于 $D(Y)$。如果两者都发生改变，那么一些环境中的外界作用对全部社区都产生了影响，不是只对教堂山镇警察管辖范围内的那部分产生了影响。

事实上，这个例子中所使用的设计是：

$$X_2$$
$$Y_2$$

并且，出示证件在警察管辖范围之内比管辖范围之外更常发生，这个事实可以看做打击行动真正生效的证据。另一个可能的简短设计可以是：

$$X_1 X_2$$

这个设计表示教堂山镇实行打击行动之后的情况可以与之前的情况对比。在这种情况下，教堂山镇可以作为自己的控制组。

注意在这种情况下实验的处理（manipulation）不是可以由研究者控制的。这是一个自然实验（natural experiment），在自然实验中无论相关研究人员是否在场，处理都会发生。研究者的工作是测量和分析。有时你也可以引进实验处理，那能更好地控制潜在混杂变量的随机化。

举个例子，教堂山的新闻系学生对研究本镇居民比外镇居民更加有礼貌这个主题很感兴趣。这个镇的礼貌名声在外，但它是传说还是事实呢？并且，它能被客观地测量吗？把礼貌操作化的一个方法就是观察司机的行为，当人们坐在车里，被 2 000 磅（约 907 千克）的钢铁和织物外壳保护起来时，人们较少地压抑自己的社会交互行为。我们设计了这个简单的测试：学生们两人一组进入汽车，行驶到随机选择的红绿灯前，在周围转圈，直到他们是红灯前面线上的第一辆车。当信号灯变成绿色时，司机停住不动等后面的车鸣笛。同行者同时用一只秒表记录从绿灯亮起到后面的车辆第一声鸣笛响起所间隔的时间。假设是：在教堂山镇等待鸣笛的时间显著地长于在其他城市等待鸣笛的时间。当春假到来时，学生们分散到他们各自的家乡和度假地，然后在那里随机的十字路口重复实验。其结论是：教堂山镇的礼貌名副其实。教堂山镇的平均等待鸣笛时间多于 8 秒，是其他城市的两倍多。事实上，一些教堂山镇的人从不鸣笛，而是耐心地等待，直到下一个信号灯周期。

　　另一个著名的引入处理的实验是关于 20 世纪 60 年代加州南部的激进民权组织的。一位洛杉矶加州州立大学的教授招募了五名黑人、五名白人和五名墨西哥裔美国人在汽车保险杠上贴上"黑豹党"（Black Panther）的标签。所有人都按交规沿着洛杉矶高速公路往返校园。所有人在过去的 12 个月中都有完美的驾驶记录。所有人都签署了声明，保证不在城市中不熟悉的地方驾驶或在某种程度上引起警察的注意。

　　实验在 17 天后停止，因为留出来用以支付交通罚款的 500 美元已经用光。第一个人被拘捕是由一个不正确的变线引起的，发生于实验开始的两个小时后。一个人在三天内得到了三张罚单然后退出了。这 15 个过去表现完美的驾驶员由于他们展示的保险杠贴纸，在这 17 天中总共收到了 33 张违规行驶的传票。[8]

　　作为新闻记者，类似鸣笛和保险杠贴纸的研究可能已经听得够多了，但即使是新闻记者也需要知道这类研究的风险。如果实验没有控制好，来自实验者和研究对象的期待都可能造成虚假的效果。有证据证明教师的期待对学生在学校的表现有重大影响。罗伯特·罗森塔尔（Robert Rosenthal）的研究证明了这一点，他给教师一份名单，声称名单上小学生的心理测试结果显示会有卓越表现。这些小学生在现实中确实比他们的同班同学表现得更好，即使罗森塔尔是通过随机选择生成的这个名单。他将这种现象称为"皮格马利翁效应"（Pygmalion effect）。[9]

霍桑效应

　　当实验对象意识到针对他们一些特别的事情正在发生时，一个更为人知的问题就会出现。只要感觉自己是特别的，就可以让他们表现得不寻常。无疑，知道一个黑豹保险杠贴纸贴在自己的车上能让一个人感觉很特别。

　　这个现象被叫做霍桑效应（Hawthorne effect），是由于 1927 年在西部电气公司（Western Electric Company）位于芝加哥的霍桑工厂进行的一系列实验而获名。在一家制作电话继电器的大型工厂中，六名女工被从车间带出来，安置在一间实验室内。在实验室里女工们的工作环境可以变化，并且她们的产量可以被测量。分配给她们的任务相当简单：用四个螺丝把线圈、电枢、连接弹簧和绝缘体装配在固定装置上。这些活大约一分钟能干完。工人每完成一件产品，就把它扔进一个斜槽内，在那里，电子打孔器会把数量累加起来，从而计算每小时的劳动生产率。

为了建立事前—事后测量设计的基础，在这些装配工人没有意识到被测量的时候，就要对正常的生产率进行测量。然后再向她们解释实验过程：如何测试不同工作条件下的效果，例如工间休息、午餐时间或工作时间。她们被告知不必做特别的努力，只要按正常的速度工作就行。

但接下来发生的事情却在社会科学和工商管理这两类文献中处于截然相反的境地。对前者而言它被视为一个可怕的故事，对后者而言则是鼓舞人心的案例。①

实验中第二个变量（时间点 2）是五周以来在实验室的生产率，此时实验对象已经习惯了新环境。时间点 3 轻微地改变了计件工资率的规定。时间点 4、5、6 改变了工间休息的时间。这样就变成了 11 段分开的观察。对每段观察而言，产量都提高了——不是随着环境变化提高了又降下去，只是提高。

令人困惑的是，实验者将实验转向相反的情况后发生的变化。当他们取消了所有特殊的工间休息、计件工资和休息时段后，产量仍然提高了。他们恢复一些特殊的条件，产量继续提高。无论他们怎么做，产量都变得更高。

一些事情继续发生，这就是"测试效应"（testing effect）。这六名女工知道自己在参与实验，对此感觉很好，她们享受这种特殊的关注，渴望使别人满意。她们在工厂内建立了一个独立的社会环境，与管理层有频繁的联系，并且参与决定实验条件的处理。她们的参与和特殊感超过了最初"不必做特别的努力，只要按正常的速度工作"的提醒。这个研究没有给出工时休息、午餐时间或者支付方法的何种组合对提高生产效率有最佳效果。但也没有白费，公司意识到了当管理者对工人表现出关心，并且管理者和工人"组织起来共同管理，追求同一个目标"时，产量就会获得提高。[10]美国的管理专家在第二次世界大战后把这种理念带到了日本，在那里它蓬勃发展，并最终在 20 世纪 80 年代被重新引进到美国。那些霍桑工厂的女工就是第一个质量管理小组。

霍桑研究设计的一个缺点就是它想做的太多了。用图来表示，它可能看起来像这样：

$$X_1 \quad X_2 \quad X_3 \quad X_4 \quad X_5 \quad X_6 \cdots$$

按照萨缪尔·斯托弗的符号系统，我们看见许多不同时间点的观察。一个

---

① 对于社会科学的研究方法而言，霍桑实验中由于实验对象了解了研究者的意图，并对受到关注感到高兴，从而改变了自己的行为倾向，破坏了实验。而从管理学的角度来看，霍桑实验发现了员工参与管理可以显著地提高劳动生产率。——译者注

实验处理被插入每对相邻的观察中。一个更好的设计可以有一排 Y_s 平行于 X_s 来代表控制组，控制组应该有相似的特殊房间和等量的特殊关照，但是没有工作条件的变化。若想做得更好的话，可以给每个实验条件设置一个不同的组（当然是随机选择）。重复测量并且在中间某处插入一些变化——例如，在第三个和第四个观察之间。用这种方式你可以验证控制组和实验组虽然可能起点不同，但仍用相同的方式反映出时间的推移和被测量的影响。

与时间推移相关的因素是实地实验中持续存在的问题。你的实验对象变得更加成熟聪明，公共政策制定者改变了他们的方式，记录的方法改变了，做观察的人甚至是你自己都变了。传统的处理与时间相关的差异的方法是想象。斯托弗注意到基本的研究设计，所有的控制和保护措施都被移走，就像这样：

$$X_2$$

一个事物在一个时间点被测量一次。他批评了 20 世纪 40 年代的社会科学，但是他说的仍对 21 世纪的新闻学有重要意义。根据这样一份研究设计，一个现象可以立即被看出来，并且不用与其他任何事物比较。我们"对任何事情都了解不多"，他说，"但我们仍然可以用'绚丽的分析'填满页面，如果我们用貌似可信的推测来支持我们想象中缺失的细胞。因此我们可能发现今天的青少年有野性的思维，然后得出结论说社会正在变成狗的社会。"这个结果是一种事前—事后测量的比较：

$$X_1 \quad X_2$$

这里的 X_1 不是实际观测到的数据，而是"假想的数据，是关于我们自己的昨天的数据，这里 X_1 代表我们，X_2 代表现在的青少年。令人悲喜交加的是，大部分公众，恐怕也包括一些社会科学家，已经适应了这样的情况，以至于不再要求更好的数据"。

从斯托弗的时代开始，社会科学家变得更小心了，有增加更多控制组的趋势。举例来说，黑豹保险杆贴纸的实验，可以从这个设计上获益：

$$\begin{array}{cc} X_1 & X_2 \\ & Y_2 \end{array}$$

其中 Y_2 代表没有保险杠帖的控制组，检验警察在时间点 2 加大执法力度的可能性。控制组可以设计得更好，如 X 和 Y 的司机在每次旅行前都贴上黑豹贴纸或是中性贴纸，如果司机先上车，然后被随机地贴上贴纸，那么司机也不知道贴上的是哪种贴纸。

更周密的设计可以像这样：

$$\begin{array}{cc} X_1 & X_2 \\ & Y_2 \\ Y_1 & X'_2 \\ & Y'_2 \end{array}$$

这里没有贴纸或中性贴纸的 Y 组在时间点 1 被提出来验证它最初的可比性。X' 和 Y' 被提出作为一种可能性的检验，即实验会让初始的两组司机过分在意自己作为实验对象的角色，以至于使他们的行为不同，就像霍桑实验中的女工们一样。这种影响可以通过 X_2 和 X'_2 之间的差异，以及 Y_2 和 Y'_2 之间的差异来体现。

唐纳德·T·堪培尔（Donald T. Campbell）和朱利安·斯坦利（Julian Stanley）在早期对实验设计和准实验社会研究的评估中指出，过去的设计包括了四个对假设的彼此分离的检验。[11]如果警察真的对黑豹党有成见，那么在逮捕的数量上将会呈现出以下差异：

184

$$X_2 > X_1$$
$$X_2 > Y_2$$
$$X'_2 > Y'_2$$
$$X'_2 > Y'_1$$

当你返回到相同的被访者处去获得事前—事后测量的数据时，在调查研究中增加控制组是一个好主意。《迈阿密先驱报》在马丁·路德·金被暗杀后就是这样做的，就在该报刚刚在黑人中完成了一项调查之后。研究假设是马丁·路德·金的非暴力主张将随着他的死亡而削弱，并且对暴力的支持将增加。幸运的是，前期的调查问了关于这两种行为的问题，并且被访者的原始记录被保存下来了。在托马斯·佩蒂格鲁（Thomas Pettigrew）的建议下，《迈阿密先驱报》增加了一个控制组，控制组是新的调查对象，进行第二轮的调查访问。第一轮被访者有时间思考自己的回答，接受访问的经历可能会使他们有所改变，甚至可能在《迈阿密先驱报》上读到了他们自己。任何与时间点 2 的差异都可能只是调查过程的影响，而不是任何外部事件的影响。第二轮的控制组提供了一个针对它的检验。

调查结果显示，控制组的态度与那些固定样组①没有区别，这就给出了证据说明被访问的经历没有改变这些研究对象。知道这一点很重要，因为在时间点 1 和时间点 2 民众的态度有了巨大的变化。迈阿密的黑人，在马丁·路德·金逝世后，更加坚定了他的非暴力主张，对暴力感兴趣的比例没有变化。[12]

回归不连续设计

一个由唐纳德·T·堪培尔提出的设计对于自然实验来说很适合。他把它称为回归不连续设计（regression-discontinuity design）。如果相应类型的记录被保

---

① 固定样组（panel），指接受过两次调查的被访者。——译者注

存的话，它可以用来评估奖项或教育项目的效果。考虑一下评价尼曼奖学金效
果的问题。这个方法可以建立自己的内置控制组，而不用依靠随机方法来抽取
对象。在 30 个最终被遴选出来参加面试的人中，一个委员会评选出 12 个左右的
优胜者。根据每个人在第一轮投票时得到的票数，是非常容易把全部 30 人按连
续的尺度排序的。如果这是一个六人的委员会，可能出现的票数在 0 至 6 之间，
建立一个七点的尺度就可以了。

185

下一步花费的时间要长得多。追踪全部这 30 个人，不论是获得尼曼奖学金
的人还是接近获得的人，许多年过去后，根据一些客观的方法来给他们的成就
排名，来看他们在多大程度上符合了艾格尼丝·尼曼（Agnes Nieman）的理想，
提高了新闻学的水准。你可以依据他们在新闻学领域取得的成绩、获得的奖项、
建立的全国性声誉、在管理领域排名的上升、在专业机构提供的服务、在头版
发表的文章等对这些人进行打分。如果评选委员会的判断有预测能力，事业成
就和第一轮投票获得的票数之间会有关联。

这些已经非常明显了。堪培尔的贡献是意识到如果一个项目有效——在这
个例子中，是在职业中期到哈佛学习一年——在回归线上应该有一个不连续。
对无效果假设的预测是一条光滑的直线。如果尼曼奖学金确实有效，那么在
数据点的趋势中应该有一个中断点，这个点位于代表排名最高的失败者和排名
最低的成功者之间。图 9—1 展示出了它看起来应该的样子。

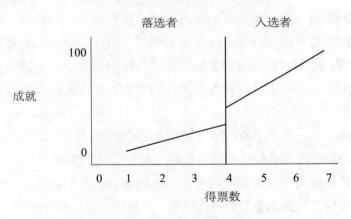

图 9—1　回归不连续

一旦你开始寻找虚假效果，很难知道在哪里停止。唐纳德·T·堪培尔，最
初与朱利安·斯坦利一起，后来与托马斯·D·库克一起做了更多的努力去探索
如何做到正确。为了达成目标，他首先列出了可能导致出错的因素。在哈佛
大学，他们习惯于把他的潜在变量来源称为"堪培尔的恶魔"。以下是部分
清单。

186

堪培尔的恶魔

（1）历史（history）。如果你在两个不同的时间点测量某个事物并且发现差异，可能是因为在中间一段时间内所发生的许多历史事件的影响。

（2）成熟（maturation）。在实验的进程中，实验对象和实验者两者都变得更老、疲劳、无聊以及其他的不同。

（3）测试（testing）。测量一个人对刺激的反应方式，能改变下一次他被测量时的反应方式。学业成绩测试声名不佳是因为老师们学到了考哪些内容，之后开始教授这些内容。在相当快的时间里所有学生都达到了平均线以上，就像在沃比冈湖①（Lake Wobegon）一样。

（4）统计回归性（statistical regression）。在统计回归性上，新闻记者最容易上当。学校董事会宣布了一个项目关注表现最差的学校，以提高他们的水平。它选取了前一年考试成绩最差的两或三所学校，给予关照并且采用了新的教学方法。果然，第二年这些学校都获得了更高的考试分数。问题是即使没有那些特殊的关照或新技术它们也可以做得更好。

其原因在于所有的测试和排名中都存在着一定程度的随机误差。在排名中垫底的学校一定程度上是偶然排在那里的。在第二年的测试中给了他们新的掷骰子机会，偶然因素会让他们更接近于平均值。这种现象也叫做趋向均值回归（regression toward the mean），因为它总是使极端表现者——最好的和最差的——发生改变，在第二次测试中趋近于均值。无论何时你选择分布的极端值进行处理都是危险的。大多数教育工作者都知道这一点，但知道这一点并没有让他们停止从中邀功。

（5）选择（selection）。如果对照组②没有严格地随机抽取，那么隐藏的偏差可能会破坏他们的比较。自我选择是最差的一种。如果你在做黑豹党的实验，并且你让学生志愿者来展示保险杠贴纸，你可能招募了爱冒风险的人，并且他们会成为最鲁莽的司机。

（6）退出率（mortality）。一个实验如果持续比较长的一段时间，在这种情况下，不是所有的研究对象都能坚持下来。那些退出实验或者失去联系的人可能存在着一些系统性的不同。举个例子，在评估针对学龄前儿童的启智计划（Head Start Programs）时，那些拥有最积极父母的孩子更可能完成处理。而那

---

① 在美国有一个历史悠久的广播节目，其中很受欢迎的单元叫做《来自沃比冈湖的新闻》（*News from Lake Wobegon*），其形式是由主持人盖瑞森·凯勒（Garrison Keillor）报道一周来他的故乡沃比冈湖又发生了哪些有趣的事。沃比冈湖是一个假想的美国中部小镇，镇上的"女人都很强，男人都长得不错，小孩各方面素质都在平均水平之上"。——译者注

② 对照组就是实验设计中用来比较的那一组，没有被实施实验处理（处理也称为刺激）。也称为控制组。—— 译者注

些不积极的家长选择性地退出带走了孩子，这些孩子家庭条件较差，并且可能碰到了困难。在最终比较时，他们的缺席让启智计划看起来比实际情况更好。

（7）工具（instrumentation）。测量尺度在中间可能比在两端具有更多的弹性。总统辩论不同时点的视听率在一个七点尺度表上围绕中间点大幅波动，比较而言，极端的高点或低点是比较稳定的。

（8）约翰·亨利效应（John Henry effect）。控制组成员可能知道他们身处控制组，并且更加努力在竞争中胜出。在一些教育学实验中，学生们就被怀疑这样做了。约翰亨利，你可能记得，是那个美国民谣里唱的"不会被气钻战胜"的钢铁般的英雄。

（9）怨恨性怠工（resentful demoralization）。这与约翰·亨利效应正相反。控制组看到了实验组所受到的优待，他们就停止了努力。

看完库克和堪培尔列出的长长的影响实验效度的威胁清单[13]，别因为它们而灰心。就像堪培尔多年前注意到的，"所有的测量都是复杂的，并且都包括可能产生明显影响的无关因素"[14]。完全没有必要因为恐慌这些无关因素而避免实地实验。我们要做的就是意识到这些因素可能导致错误，并且用适当的怀疑态度对待自己的工作。

古怪的测量

一种可以避免许多堪培尔恶魔的方法是寻找有新闻价值的现象的非反应测量（nonreactive measures）。这些测量有时发生在自然环境中。举个例子，为估算一个博物馆展览的参观者的年龄，你可以把玻璃柜上的鼻子印定位，然后测量它们距离地面的高度。这个例子和其他一些例子来自一本非常棒的书，它由尤金·J·韦伯（Eugene J. Webb）、唐纳德·T·堪培尔和其他作家一起写成，结集取名为《古怪的测量》（*Oddball Measures*）（"图书管理员的担心让我们停止了它。"作者们报告说[15]）。他们的非反应测量包括简单的行为观察，观察者不参与到情景中去。例如，他们引用的一项研究通过白人和黑人在教室里选择座位来观察种族聚合的程度，其目的是检验大学环境下白人和黑人的社会距离。也可以给坐成一圈的儿童讲鬼故事，然后观察记录圈子直径的缩小而评估鬼故事的效果。

内容分析（content analysis）也是非反应测量。通过确定它们在不同报纸和不同时间出现的相对频率，你可以追溯曾经被禁止的词语——像蠢驴和见鬼——的增长情况。档案记录在正常情况下不会因为被测量而发生改变。然而对于现代的电脑档案，这一点就不那么确定了。报纸出版业通过计量单词拼错率来评估报纸的编辑水平，可能导致报纸编辑在电子数据库中更正错误拼写。长期保存的记录的效能可能会发生变化。因此，档案数据可以显示出警方改革后犯罪行为的增加，如果该项改革被记录保存良好的话。

韦伯及其同事们也引用了芝加哥汽车经销商的案例。某经销商用技术手段检查了每辆来保养维修的车，看收音机都调到了哪个频道，然后这个经销商就把他的广告投放到最受欢迎的频道。其后还有个经典故事，是关于足球比赛关注度的测量，即通过在城市水务部门来监测水的压力表：观众越多，广告时间水压下降越多，因为整个观看比赛的地区都在冲马桶。

 ## 评估研究

政府部门经常使用评估研究（evaluation research）来检查政府项目的效果。了解堪培尔的恶魔可以帮助你评价这些评估者。

一个经典的案例是 1955 年亚伯拉罕·雷比科夫（Abraham Ribicoff）当州长时在康涅狄格州（Connecticut）严打酒后驾车。他强制实行了一个加强法律实施的项目，并且 1956 年交通事故死亡率下降了 12.3%。如果你只看这两年，你得到了一个简单的事前—事后测量设计，政府项目看上去产生了作用。但是如果你在更长的时间段来看，你会看到每年的变化都很大，而 1955 年刚好是一个交通事故发生的高峰年。改革措施经常在问题最严重的时候才会实施。因为偶然性本身可以导致这个高峰，第二年的测量根据统计回归性可能更接近于长期的平均数。统计回归性可能就是康涅狄格州情况的原因。

如果某项改革突然被引入，改革的效果是最容易测量的。之后你可以在长期趋势的背景下寻找它们的效果。

在教育改革中，把霍桑效应和选择性保留（selective retention）看成因子的话，可以让几乎任何学校的行政管理看起来不错。当尝试新技术时，学校获得了许多关注，并且他们的前测—后测研究显示出确实有成效。新闻记者将它吹捧一番。然后你再也听不到关于它的消息，几年后，这项技术就被遗忘了。这是因为霍桑效应逐渐消失，从长期来看，新技术相比旧方法并没有显示出优势。然而，没有人开新闻发布会来告诉你这些。

选择性保留（即堪培尔所说的"退出率"）发生在只有最积极的学生才会继续参与某个特殊项目的时候。为了证明项目有效，管理者把那些完成项目的人和退出项目的人进行了比较，很显然，完成项目的人当然表现得更好。但是有可能在没有新项目的时候他们就已经做到这一点了，因为他们更精力充沛、更有斗志，会以更强烈的动机开始。的确，当家庭背景被控制作为常量时，甚

189

至许多大学教育展现的有益效果也消失了。进入大学将你定义为一个有能力使收入高于平均水平的人。大学并不必然给你这种力量，你的基因、可能还有你的家庭关系给了你这些。

评估研究的一个令人沮丧的方面就是政治现实有不利于合理的研究设计的趋势。一个真正的实验需要随机化的实验处理，这是确保实验组和控制组平等开始的最好办法。但是如果有某些原因相信实验处理能带来一些好处，那么那些政治敏锐的人更可能这么做以便得到它。

在林登·约翰逊执政时期，一个由联邦政府设计的实验计划，通过简单方便把钱给贫困者的方式来消除贫困。这发生在新泽西州，并且把所有社区作为分析单位。用这种方式可以控制不会出现住在彼此隔壁的人们有相同的经济情况但是从政府得到不同的待遇。但是没有人可以提到一种方法来决定哪些社区可以得到救济，哪些社区需要作为控制组。

为了通过随机化平等地分配利益和成本，联邦政府最雄心勃勃的尝试是在越南战争时期抽签决定上战场的顺序。在理论上，武装部队的士兵应该是人群总体的一个代表性样本。但他们这个样本甚至不接近总体，因为越富裕的人越聪明，越能找到办法来反击这个体制，比如待在学校、加入国民警卫队、装病或者出国。事实上，涉及的因素远不止聪明，因为待在学校里需要花钱，而加入国民警卫队有时需要政治关系。

政府没有卷入的地方，随机化更容易。临床用药实验（clinical drug trials）使用了双盲方法（double-blind method），在实验中处理组和控制组是随机分配来测试药或采用安慰剂，并且不管是吃药的人还是发药的人都不知道谁在哪一组。甚至这个过程有时也给出政治正当性解释：新药是稀缺的，随机选择是一个公平的方法来决定谁能得到它。然而，使用市场手段来分配稀缺资源的传统根深蒂固，并且在教育和社会政策上的真正实验的机会总是很少。所以，新闻业以怀疑态度来关注与政策相关的准实验，是更加重要的。

【注　释】

[1] Phil Meyer, "Even Boors Get Break in Miami," *Miami Herald*, July 27, 1958, 26A.

[2] Melinda Stubbee, "Survey: Pharmacists Lack Knowledge of Safest Condom Types," *Durham Morning Herald*, December 7, 1988, 1B.

[3] Shawn McIntosh, "Wary Journalist Braves 'Good Ol' Boy' Hang-Out for Class Grade," *UNC Journalist* (December 1982): 10.

[4] Sissela Bok, *Lying: Moral Choice in Public and Private Life* (New York: Vintage Books, 1979, 212).

[5] Ernest Nagel, ed., *John Stuart Mill's Philosophy of Scientific Method* (New York: Hafner, 1950).

［6］Thomas D. Cook and Donald T. Campbell，*Quasi-Experimentation：Design and Analysis Issue for Field Settings* (Boston：Houghton-Mifflin，1979)，3.

［7］Samuel Stouffer，"Some Observations on Study Design"，*American Journal of Sociology* (January 1950).

［8］Frances K. Heussenstamm，"Bumper Sticker and the Cops," *Transaction* (February 1971).

［9］Cited in Cook and Campbell，*Quasi-Experimentation*，67.

［10］George Caspar Homans，"Group Factors in Worker Productivity," reprinted in *Sociological Research*，Matilda White Riley，ed. (New York：Harcourt，Brace & World，1963).

［11］Donald T. Campbell and Julian Stanley，*Experimental and Quasi-Experimental Designs for Research* (Chicago：Rand-McNally，1966).

［12］Philip Meyer，Juanita Greene，and George Kennedy，"Miami Negroes：A Study in Depth"，*a Miami Herald* reprint，1968.

［13］*Quasi-Experimentation*，chapter 2.

［14］Donald T. Campbell，"Reforms as Experiments," *American Psychologist* (April 1969).

［15］Eugene J. Webb，Donald T. Campbell，Richard D. Schwartz，and Lee Sechrest，*Unobtrusive Measures：Nonreactive Research in the Social Science* (New York：Rand McNally，1966).

第 10 章

数据库

有两种类型的数据库：一种是由你自己创建的；另一种是由他人创建的，这一种通常来说没有考虑到你的方便。

在早期的精确新闻报道中，对新闻记者有用的数据库在类型上多属于前者。创建数据库的先锋人物是《迈阿密先驱报》的克莱伦斯·琼斯（Clarence Jones），他曾在 1968 年通过 3 000 多例犯罪事件的分析，对达德县（Dade County）犯罪司法审判系统展开了一次研究。他雇了一些迈阿密大学法律系的学生，将来自法庭的记录进行信息编码，单独一例案件的数据信息就要储存在四张 IBM 卡片上。

琼斯主要的数据分析工具是交互表。利用软件可使得这个工具相当简单。当时密歇根大学有一套专门用在 IBM360 系统上名叫 Filter Tau 的交互表程序，而哈佛大学早就已经在为 IBM7090 系统第二次发布他们首创的"数据—文本"软件了。然而琼斯和他的计算机大师，即《迈阿密先驱报》信息系统经理克拉科·兰伯特（Clark Lambert），当时还不知晓这些技术发展，所以，兰伯特用 COBOL 语言———一种面向商业的通用语言———为每一张表格写了程序。[1]

很多图表会引发新的问题，从而需要更多的图表来解释，这种情况一直在出现。由于《迈阿密先驱报》繁忙的 360 系统上的计算时间是稀缺的，琼斯经常借助一台 19 世纪出现的计算—分类机器来处理他的交互表。不过在四张卡片的模式中，如果自变量和因变量没有储存在同一张卡片上，就不能计算交互表。

当琼斯被派往华盛顿并负责北方事务时，这个项目就被放弃了。不久，人们发现《迈阿密先驱报》的一位广告人员早已在《编辑与出版家》（*Editor and Publisher*）上买了全版的广告，来宣传提升这个项目。广告上有一句话"加入我们最新的报道团队"，并附上了一张琼斯严肃地盯着连续的数据输出表格的图片，以及一张带有卡通笑容的中央处理器画中画。[2]因此广告刊登的三周后，琼斯被重新叫回了迈阿密，并完成了这个项目。

尽管琼斯的发现司法系统腐败的初始目标没有完成，但在青少年犯罪率方面却有惊人发现，超过三分之一的被捕青少年被判有罪，并且显示出重大犯罪的大部分被捕人并没有坐牢。很可能最重要的发现是，这个县的档案记录保存系统是无效的。这个县的司法官曾经向《迈阿密先驱报》要过并且得到了一份报告，是关于某些接受调查的特定警察所逮捕的人的情况。如果手工查找这些资料可能要花上几百个小时，然而《迈阿密先驱报》的电脑在数分钟内便可生成这些信息。

如今，政府部门都保存有自己的电脑记录，并且很多都是对外开放的。但是，我们依然需要创建我们自己的数据库。在 2000 年总统大选中，新闻媒体对有争议的佛罗里达选票重新计票所做出的努力，就是一个例子。

在社会科学中也经常采用内容分析（content analysis）方法，而内容分析方法也会碰到在琼斯的早期研究以及更多近期的投票研究中所遭遇的问题。因为在任何研究中，首要的任务就是概念化（conceptualization）和操作化（operationalization）。你必须回答两个问题：你如何定义你正在探寻的事物，以及当你看到它时如何去了解它。如果你匆忙地开始一个内容分析的项目，并期望尽快地解决这些问题，那么你会失望并且要进行不必要的数据返工。

内容分析的关键就是确保你的工作是可复制的。你需要清晰地编写定义和编码规则，使得其他研究者能够重复你的工作，按照同样的编码规则和定义、分析同样的数据并且能得出同样的结论。这种情况的专业术语就是信度（reliability）。

另一项在初始就要做的琐碎工作是设计好记录表格以方便电脑分析。然后，你就可以创建编码表来匹配你的记录表格。这样一来，就轻松地以可以分析的形式来输入数据。2000 年大选佛罗里达重新计票，当《迈阿密先驱报》的记者与计录团队火速开始搜集数据时，没有人提及要确保记者和记录团队采用相同的表格或者数据结构，这带来了后续的问题，使得至少在一个重要的大县不能对编码员的内部信度进行核查。

证明信度的标准方法是，从要分析的个案中抽取一个样本，让多个编码员对之进行编码，然后再检查编码员之间的一致程度。如果大家编码结果一致，就证明了可复制性（replicability）。如果结果不一致，你就需要重新培训编码员、修改你的类目、改变类目的定义、更换马虎草率的编码员，或者这四项工作都需要进行。

193

多大的一致性才是必要的？一条经验法则是达到 80％的一致性。[3] 不过，如果你正在测量一些不经常发生的事物，那么单靠偶然性就可轻松达到这一点。假设你正在看 1 000 张老式的穿孔卡选票，并且想判断有多少有凹孔，凹孔表示投票给某个特定的候选人。如果其中 90％没有凹孔，那么单凭偶然性，你能期望得到 81％的一致性。

这类问题是由密歇根大学的 W. R. 斯科特（W. R. Scott）在 20 世纪 50 年代提出的，斯科特提出了一种测量方法，把观测值与预期的一致度进行比较。斯科特信度系数（Scott pi）公式测量了偶然性下两个编码员一致性的改善程度。[4]

 ## 如何计算信度系数 (Scott's PI)

两个编码员对 868 张佛罗里达州大选时的穿孔卡选票进行分类，以判断在一个给定位置，每一个孔是空白、平整、挂着的穿孔纸屑、凹孔的还是一个针眼（这一组数据是虚构的，但却描述出《今日美国》和《迈阿密先驱报》在 2001 年重新计票项目中的所作所为，重新计票针对的是 2000 年总统大选）。表 10—1 中两个编码员相一致的结果用粗体字标注出来了。

表 10—1　2001 年佛罗里达州大选穿孔卡选票分类

		A 编码员					
		空白	平整	纸屑	凹孔	针眼	合计
B 编码员	空白	**562**	6	1	3	43	615
	平整	3	**89**	0	0	0	92
	纸屑	7	3	**12**	0	0	22
	凹孔	0	0	0	**17**	27	44
	针眼	24	0	2	46	**23**	95
	合计	596	98	15	66	93	**868**

第一步是观察他们相一致的频率，把对角线上的数值求和为 703。在 868 次的比较中有 703 次两个编码员结果一致＝ 80.99％。

现在就要去找，单凭偶然性，我们一致性的期望值会是多少。计算每一单元格里一致性的期望值的公式是（$R * C$）/ N。

空白＝ 596 * 615/868 ＝ 422.28

平整＝ 98 * 92/868 ＝ 10.39

纸屑＝ 15 * 22/868 ＝ 0.38

凹孔＝ 66 * 44/868 ＝ 3.35

针眼＝93 * 95/868＝10.18

期望的一致次数合计＝446.58/868＝51.45％

期望值与观测值的差异是 80.99％－51.45％或者说是 29.54％。

那么单凭偶然性，编码员能获得的最大提高是多少呢？他们最高能达到 100％的一致性，比单凭偶然性所带来的一致高出 48.55％。

但是实际上两个编码员所达到的一致性比单靠偶然性所能达到的一致性高出了 29.54 个百分点。而且 29.54/48.55 相当于 0.608 的潜力，这个 0.608 就是斯科特信度系数值。常用的公式是：

$$\text{Scott's pi} = \frac{PO - PE}{100 - PE}$$

其中 PO 是实际观测到的相一致的次数，PE 是期望的相一致的次数。虽然对于最小的 Scott's pi 应该是多少没有固定规则，但是在大部分大众传播研究领域引用的文献中，这个值都在 0.75 或更高。最重要的事情是在内容分析项目早期，就检查你的每对编码员的工作，这样当你不得不修改编码表或更换编码员时，能及时采取行动。

没有必要在所有的项目中都采用多个编码员，但是每一个编码员都应该有足够多的样本与其他编码员配对，这样你就能够核实他的一致性。

当你分析文本，并且所用的可操作化定义是基于特定单词或词组出现的频数时，信度不是一个问题。如果对同样的资料进行检查，电脑总是会得到相同的结果。

在第 4 章中，你已经知道了如何运用数据库搜索来发现报纸上拼写错误的出现频率。其他类型的内容分析也是可能的。你可以追踪一个社会趋势，比如，计算与这个趋势相关联的词语出现的频率，并且观察它们随时间流逝而发生的变化，以及从国家的一个部分到另一个部分的变化。例如，公众关心的毒品问题，就可以追踪"毒品"一词在不同的时间中在报纸上出现的频率。又比如，通过分析总统的演讲，你就能发现总统所关注的问题是先于媒体的关注点，还是跟随着媒体关注点。你可以追踪民意调查的结果，这些结果存档在康涅狄格大学的罗珀中心（Roper Center of the University of Connecticut），再观察一下政府和大众媒体有没有关注公众关心的问题，或者看看公众关心的问题是不是由媒体制造的。为了最后完美的一笔，你可以再关注一下与吸毒相关的死亡的医学检查记录，然后，分析一下公众、媒体和政府的应对措施滞后于所出现的问题到底有多远。

标准搜索引擎能够给你提供要搜索的文本在报道中出现的频次，而不需要把整个报道都打印出来。通过这个功能，我就可以追踪一个老旧的词语是如何创造出新含义的——用 arguably 这个词来修饰最高水平、最高等级。这只需要花费非常少的时间。我发现东部的记者是第一批让这种表达方式大众化的人，之后逐渐传到了西部，并且到 1989 年，《洛杉矶时报》成为这种用法的重度使用者。在我所使用的数据库系统中，这种用法的第一条记录出现在 1978 年《费城日报》（*Philadelphia Daily News*）的里奇·阿雷古德（Rich Aregood）的评论[5]中："如果你发现我也要对'但愿'负责"，阿雷古德说，"请不要告诉我。"（If you find that I'm also responsible for 'hopefully', please don't tell me.）

如果你希望分析的数据内容只能以打印形式获得，或者必须要从一些不同的网络文档中来汇集，那么你能够相对容易地把这些整合到你自己的数据库中。我的学生建立了一个电脑可读的数据库，是关于公共报业公司的 CEO 们在年度报表中给股东的信息的。其中近期的报表可以从公司的官方网页上下载，而早期的报表是从图书馆或私人收藏中找到的，然后用光符阅读器扫描并且通过文字处理软件进行分析清理。

我们没有计算单个词汇出现的次数，而是创建了两个词典，一个词典包含一些与社会服务相关的词汇，另一个词典则与营利性有密切的关系。通过对两组中各个词汇出现的频率进行对比，我们就能够识别出企业文化中持续存在的不同，这些文化使得一些公司比别的公司更加关注社会责任。[6]

 ## 政府数据库

政府出版社（Government Printing Office）早就不是目前大部分政府信息的主要提供者了。如今，对时效性强的数据，任何人通过互联网就能将这些数据下载到自己的电脑上。需要量最大的图表多来自《美国统计摘要》（*Statistical Abstract of the United States*），大家只要登录 www. census. gov 网站就能获得诸如全国性健康支出的信息，可以按支付的来源和目的进行分解，以表格形式提供数据，可以进行进一步的分析。另外，大量数据如今由各级政府以光盘形式来提供。比如说，我的写字台上就有一张光盘，包含了北卡罗来纳州的每一位登记选民的姓名、住址、个人背景情况以及参与投票的历史。我把这些数据作为样本，来检验关于投票行为的假设。又例如，为了学生们的分析研究，北卡橙县的税务稽查员慷慨地向我提供了一张压缩光盘，包括了整个县所有的房产拥有者情况以及纳税评估情况。还有一些私人机构专门搜集和重新编辑政府的报表以方便分析，包括一些选举活动的捐赠情况。直到 20 世纪 80 年代，这种规模的数据集还只能靠大型计算机来进行分析。现在已经不再是这样了，记者们对信息系统专家解码数据的依赖越来越少了。

即便如此，当数据集出现罕见问题时，及时寻求帮助也无可厚非。最早使用电脑来分析公共记录的最有名的例子，是 1972 年由《费城问询者》报的唐纳德·L·巴勒特（Donald L. Barlett）和詹姆斯·B·斯蒂尔（James B. Steele）做的关于费城犯罪审判系统的研究。他们从纸板记录的样本着手，雇了一些人将信息进行编码，使之能够转化到电脑媒介。我帮助他们设计了编码系统，并且为 IBM7090 系统编写了一套程序。IBM7090 是一台令人惊奇的、看起来很忙碌的老式大型机（mainframe），需要用 10 台冰箱大小的驱动器来替代光盘存储器。程序语言用的是 Data-Text——早年间由哈佛大学开发的高级语言。当我们进行分析时，我本想把这套编程技术教给一个或更多的《费城问询者》报社的新闻记者，这样在未来的项目中，他们就可以自行编程了。但是我失败了。《费城问询者》的记者在那之后赢得许多奖项，但是他们却是别人帮助做的。当时大型机很难接触到，无论是物理上还是概念上都不可接近，这造成了部分问题。今天任何入门级的个人电脑都能够完成任何以前大型机才能完成的工作，主要的障碍已经被排除了。

1978 年我第一次与记者们一起运用非常强大的统计软件，分析来自政府部门的公开记录。与我合作的记者是来自《迈阿密先驱报》的里奇·莫林（Rich Morin）和弗雷德·塔斯克（Fred Tasker）。当时，我是迈阿密奈特·里德报业集团中的一员，我的研究助理刘易斯·麦克雷诺兹（Louise McReynolds）（他后来成为夏威夷大学的历史教授）就是老师。莫林、塔斯克和麦克雷诺兹一起从达德县的估税办公室获取了税务评估记录的磁带，然后将它安装到《迈阿密先驱报》的 IBM360 系统上，并用 SPSS 软件来分析。在前一年被卖掉的房产的案例中，他们可以把销售价格与所评估的价值进行比较，从而对比评估价值与公平市场价值相符合的程度，而两者相符是佛罗里达州法律所要求的。他们发现贵的房子相比便宜的房子所评估出来的价值占市场价格的比例更低，而商业用房比起住宅来说，往往被高估了。税务评估师辞职了。这项分析在接下来的一年再次进行，但评估价值与市场价格的差异却显著地缩小了。

与我在费城的失败经历不同，麦克雷诺兹在迈阿密的培训任务却是成功的。莫林接着研究了佛罗里达州莫利县（Monroe County）的犯罪审查记录，得出了一个结论：与毒品有关的案件相比与毒品无关的案件，更容易被宽大处理。他还在《迈阿密先驱报》建立了一个民意调查的运作机制，后来他到《华盛顿邮报》去管理民意调查与数据库调研。

在 20 世纪 80 年代就纯粹强度而言，没有一个新闻数据库的调查者能比得上《普罗维登斯月刊》（*Providence*① *Journal*）的艾略特·贾斯宾（Elliot Jaspin）。他建立了一个数据磁带图书馆，收纳了：

过去十年全州的所有驾照记录、所有的公司记录、所有的刑事犯罪的庭审

197

---
① 普罗维登斯（Providence）为美国罗得岛州的首府。——译者注

记录、所有的民事犯罪的庭审记录。还有过去三年的全州金融记录、过去两年的房产交易记录、所有选民的登记注册记录、过去三年的违反交规的记录。这就是说，假设你在罗得岛州因为超速而被捕，我们对此也有一条记录。[7]

在普罗维登斯，贾斯宾的工作建立在三个相当简单的分析工具之上，分别是：简单搜索、频数计算以及列表配对。接下来分别举例说明。

搜索（search）：罗得岛房屋与抵押金融公司是为了给中低收入的买房者提供房屋抵押贷款而成立的。贾斯宾获得了含有 35 000 条这类抵押记录的电脑磁带，按利率将它们分类，发现贷款利率最低，比同时期的最低值还要低很多——当市场利率是 13％～19％时，它们的只有 8.5 ％——这些低息贷款给了州高级公务员的子女。进一步的研究表明，一家参与银行无视价格限制、截止期限及其他步骤等条件，来帮助系出名门的借钱人。[8]

计算频数（frequency count）：某州的首席检察官在演讲中总结了她在位两年的工作，并且为对谋杀和福利欺诈案件的高判罪率而自豪。贾斯宾用电脑分析了每起诉讼案，并计算了判罪数量，然后发现真正的判罪比她陈述的数量少很多。至于福利欺诈案件，她的定罪率更是史无前例地降低了。[9]

记录配对（record matching）：贾斯宾将罗得岛州的交通事故记录与校车司机名单这两个文件结合在一起。他发现超过四分之一的司机至少有一起机动车事故，而且还有几个司机有重罪记录，从吸毒到诈骗都有。[10]

以上三种电脑操作方法中的任意一种，都能在个人计算机数据库软件中轻易实现，比如数据库 Access 软件。尽管用这些数据库软件能够完成很多工作，但是对于类似费城犯罪调查或者达德郡税收比较研究来说，数据库软件还不是最便捷的统计分析工具。对于费城犯罪或者达德郡税收研究来说，新闻报道主要基于各子群体的比较，通过以下方法来分析是最便捷的。

交叉分组列表（cross-tabulation）：例如，巴勒特和斯蒂尔报告称，当受害人是白人时，64％的黑人谋杀案会判超过五年的刑期，但是如果受害人是黑人，那么仅有 14％会被判这么长的刑期。

均值比较（comparison of means）：财产税公平性的评估，可以通过计算销售价格占税收评估价的比率，然后再看看不同等级的房产的平均比率。

对于这一类的数字问题，SAS 和 SPSS 是可选的软件工具。它们都能完成更多的基础性工作，诸如排序、按给定变量排序以及打印输出顺序清单。它们还能够轻而易举地从旧变量中生成新变量。比如，销售价格占税收评估价的比率就是电脑生成的数字，并且可以作为下一阶段分析的输入数据。尽管 SPSS 和 SAS 在概念上比简单的数据库软件更困难些，但是它们也能完成更复杂的任务。一旦学会了这些软件，就可以更容易地分析处理更多的工作，所以也是值得学习的。

复杂的数据结构

使用起来最容易的数据库是一个简单矩形文件格式（simple rectangular file format）。正如第 5 章中所解释的，矩形格式文件中每一个个案都有相同数量的记录，并且所有记录都有相同的长度。你可以相对直接地告诉电脑去哪里搜索每条记录。

我在伦理学与专业问题课程中所用的成绩册就是一个简单的矩形文件。每位学生都有一条记录，每条记录都有学生的姓名、学号、组号、作业成绩、期中成绩、读书报告成绩、期末考试成绩以及课程得分。一条典型的记录应该是这样的：

GRIMES 4534 86 102 76 85 90 85

我用电子表格程序来建立一个文件，并将其导入到 SAS。下面的输入命令就是在告诉 SAS 如何从电子表中来编译数字：

INPUT NAME SSN GROUP PROJECT PEER MIDTERM BOOKRPT FINAL COURSE;

因为这些原始数据的值是按空格分隔的，所以就不用专门地告诉 SAS 如何找到它们。我只需要给出正确的顺序就可以了。只要数据在 SAS 中，我们就能轻松地进行有效检查、分组比较、正态分布检验以及为转换为字母等级分（A、B、C、D、F）确定自然分割点。

任何大型而复杂的文件都可以是矩形的。联邦普查局发布一个县级的统计文件，包含有美国 3 000 多个县以及同级别地区的几百个变量。但是每个县都有相同的变量，它们的相对位置也是一样的。下面是 SAS 读取记录的输入命令的一部分：

INPUT＃1 FIPS 1－5 SEG 6 TYPE 7 NAME $ 16－45 MEDAGE 53－62.1

这个语句是让 SAS 在每个个案的第一条记录的 1 至 5 这个位置，找出这个县的五位联邦信息处理标准编码（Federal Information Processing Standard code，FIPS）。SEG 和 TYPE 是用来帮助定义这条特殊记录的变量。这个县的名字是以字母形式而非数字形式出现的（用"$"符号来标记），并且县名是在第 16 至第 45 的位置中。中位数年龄是在第 53 至第 62 的位置出现，而且告知电脑有一个小数位——就是说，把所发现的数字都除以 10。因此这里编码为 345 意味着中位数年龄的平均值是 34.5。

非矩形文件

　　一个矩形文件是直观易理解的：就是一个存储所有东西的地方，所有东西都放在自己的位置上。只要告诉电脑去哪里找某个个案的东西，电脑就知道到哪里找到它们的全部记录。

　　没有采用矩形格式的最普遍原因是，每个个案的属性的数量是不同的。比如，在犯罪诉讼的公共记录中，每一个起诉书可能包含了一系列犯罪违法或起诉理由。每起案件的数量都会不同，所以你可以用矩形文件来处理这种情况，只要将每条记录都制作得足够长，足以来储存最长的案件的信息。起诉理由少的诉讼会在记录中留有更多的空白空间。我们用这种办法组织了巴勒特-斯蒂尔的犯罪审判记录，以维持矩形文件的简易性。

　　另一种组织这类文件的方法就是把所有的识别信息——诸如被告人的姓名、负责拘捕的警官、日期、犯罪地点等——全都放入第一条记录，然后给出第一条起诉理由的数据。第二条记录可以重复识别信息，然后给出第二个起诉理由中的数据。每一案件有多少条起诉理由，就有多少条记录。

　　利用这种格式的文件，你就可以根据需要，把被告作为分析单元，也可以把每一件起诉都单独作为分析单元。无论是 SAS 还是 SPSS 都能轻而易举地处理这一类每个个案中记录长度不同或者是记录数量不同的问题。

层次或嵌套文件

　　刚刚介绍过的数据排列形式存在的问题就是它会浪费空间。因为对于每一项诉讼理由来说，必须要重复诉讼的关键信息。

　　如果被告人的基本信息和起诉内容可以只输入一次，而且诉讼的罪状能被一一列出，那么这就会变得很简单。SAS 或 SPSS 都能轻松地处理这一类型的嵌套。每一个系统都允许你把最顶层的基本信息扩展到下面各层的所有元素中去。

　　SPSS 指南给出了关于嵌套文件最清晰的阐述，这是我在其他印刷品中没有看到过的。[11]想象一个记录汽车事故的文件，那么基本的分析（或观察）单元就是每一起事故。每一起事故可以包括任何数量的汽车，而且每辆汽车可以包含任何数量的人。你希望能够按多种情况对数据进行归纳：按事故、按事故中的汽车或者是按事故发生时汽车中的人。

　　每一起案件都应该有一条带有事故通用信息的记录，每一台车都有一条记录，涉及的每位人员都有一条记录。每起案件中记录的数量是不同的，它取决于这起交通事故中涉及了多少辆汽车，每辆汽车中又包含了多少人。第一起交通事故的组织信息结构大致如下：

事故记录（类型 1）

车辆记录（类型 2）

人员记录（类型 3）

车辆记录（类型 2）

人员记录（类型 3）

人员记录（类型 3）

这是一起涉及两辆车的事故，第一辆车中有一个人，第二辆车中有两个人。每一种记录类型都有不同的格式。比如，第一种类型的记录会给出时间、地点、天气情况、事故的性质以及勘查警官的姓名；而第二种类型的记录则会给出汽车的样式、型号以及损坏程度；第三种类型的记录则会交代每个人的年龄和性别、告知他是否在驾驶、描述身体受伤情况以及所提出的犯罪指控，如果有的话。

在分析这样的数据集时，你可以把人员、车辆或事故本身作为分析单元，并把信息从一个层次水平扩展到另一个层次水平。SAS 或 SPSS 就是处理这类复杂数据集的最简单的程序。

汇总数据与个体数据

在刚才引用的例子中，所提供的信息可以向下追溯至单独的个人或事件。在很多大型的政府数据库中，信息量实在太大，以至于一般来说只提供汇总后的数据。

举例来说，美国人口普查（United State Census）所发布的数据是以不同的地理单位作为观察和分析单元的。这些数据不仅能进一步将这些地理单元分成不同的人口类型——比如年龄、种族和性别，还能告诉你不同类型的人口数量，以及变量的不同组合，但是你永远不会看到某一个人的情况。基于这个原因，你就不能使用前一章中介绍过的交叉表。不过，你可以将小单元汇总到更大的单元中来进行原创性的分析，使得进行更多的假设检验变得有意义。

在处理汇总数据时，要警惕层次谬论（ecological fallacy）。对总体的结论不一定适合于总体中的个体。例如，当乔治·华莱士（George Wallace）以种族隔离主义者的立场来竞选总统时，在南方的部分地区，人口中黑人比例比较高的县，华莱士的得票率就高。这种相关并不意味着黑人都投票给了华莱士。当时投票权改革还没有完全产生作用，在黑人数量多的地区，受到惊吓的白人支持华莱士，黑人仍然不能完全参与到投票中。

脏数据问题

一个数据库变得越来越庞大和越来越复杂，不完整或错误的数据出现的可能性也就越大。1988 年的《统一犯罪案件报告》（Uniform Crime Reports）显示美国东南地区的各种类型的犯罪大幅度下降。但再次检查后却发现，原来佛罗里达州的数据在数据库中消失了。当时佛州正在转变调查报告的方式，因此那一年就错过了 FBI 的调查报告。数据库的使用者必须检查再检查数据，不要因为这些数据来自电脑，就对这些电脑提供的数据充满敬畏。

在评估数据库信息时，你一定要问问是谁在何时用何种方式提供了原始数据。许多的政府数据库就像统一犯罪案件报告这样，就是把大量的个体数据汇总起来，但这些个体数据的可信度和准时度都不统一。

《今日美国》曾对一个来源于美国国家环境保护局（Environmental Protection Agency）的数据库进行过报道，这个数据库针对的是公众所认识到的、工业对地球臭氧层造成的高度破坏的产品：电子设备、电脑和电信。这些产品中含有大量的氟利昂 113、四氯化碳以及三氯乙烷都被排放到环境中去了。

利用电脑可以很容易地把所报告的 75 000 多家公司中的每一家所排放的这三种会破坏臭氧层的化学物质中的每一种加起来获得总的重量。把这些公司进行排序，《今日美国》就能够把破坏臭氧最严重的前 10 家公司报告出来。

接下来发生的事就具有启发性了。《今日美国》没有对计算机化的公共记录信以为真，而是核查了数据。特殊项目的职员卡萝·诺普斯（Carol Knopes）给名单中排放最严重的 10 家公司都打了电话，并且询问了三种化学物品的排放情况。10 家公司中有 8 家证实了电脑记录中的数量。

其中有一家来自阿肯色州史密斯堡的生产采暖和空调设备的瑞美工业有限责任公司（Rheem Manufacturing Co.）确实排放了一些氟利昂 113，但是这家公司把测量单元都混在了一起，报告的是体积而不是重量。这家公司与 EPA 一起提交了一个修正过的报告给报社，发现所得到的数据值相当低了，所以这个名单中剔除了这家公司。[12] 另一家在伊利诺伊州奥罗拉的全钢公司（Allsteel Inc.）对一个类似的文书错误提出了声明，但是这个并没有被 EPA 更正过来。因为《今日美国》的报告是基于政府数据的，所以报社仍然将全钢公司以 1 337 579 磅（606.7 吨）的排放量列在名单上的第五名，但是却加了一句脚注：

"公司说他们用 EPA 归类时出了错，正确的数据应该是 142 800 磅 （64.7 吨）。"[13]

普遍的规律是，数据库越大，提供原始信息的个体或者机构种类越多、差异越大，那么错误的或不完整报告的可能性也就越大。因此，对数据库进行研究应该遵守下列法则：

永远别把电脑告诉你的当做真理。一定要通过纸质文件或者人工数据核查来探究数据库。

当然，你不可能把电脑提供的每一条记录都检查一遍，但是你可以核查足够多的具有代表性的样本来确保数据和你的操作都是合理的。对于为了特别强调而挑出来的某些数据，就像最脏的 10 家公司名单一样，你可以也应该去核查每一个关键的事实。

美国人口普查

来自政府的数据库中既非常庞大又相当清晰的当属美国人口普查报告。人口普查也是唯一由美国宪法授权的数据搜集活动："点查计数工作应该在美国国会的第一次会议后的三年内进行，而且按照法律规定，在之后的每十年这样的行动都要进行一次。"[14]

第一次人口普查是在 1790 年进行，与之后几次的人口普查一样，那时候的数据是以便利的打印形式提供的。[15]

1965 年，联邦普查局第一次开始以电脑磁带的方式出售 1960 年的普查数据。这也提供了一个受欢迎的改变方式，随着科技的进步，这些磁带逐渐被压缩磁盘和可下载的在线数据集代替了。

大部分的人口普查数据都是以摘要形式出现的。就像本章前面提及的统一犯罪报告磁带那样，它们给出的数据不是针对个体的，而只是对很多的地理和人口单元给出了每个单元的总数。因此，可以使用的分析工具大体上限制在以下几个方面。

（1）搜索与检索。比如，一个发生在你所住镇上的犯罪案件显示出种族的动机。如果你手头有合适的人口普查文件，你可以把犯罪案件发生的邻近街区分离出来，并且检查它们的种族构成和其他的人口特征。

（2）汇总单元来生成相关的交叉列表。无论人口普查给出的类别是什么，你在这方面的努力是有限的。然而，它们又是相当细致入微的数据，把细小的单元合并生成更大的类别，就可以获得很多信息，从而阐明你的报道。例如，你可以建立一个表格，来比较你所在城市不同地区不同种族之间的房屋拥有率。

（3）汇总级别的分析。人口普查把全美划分为城市街区和它们的等价区域，这样最遥远地区的牧羊人小屋也在人口普查定义的街区中。对于分析人员来讲，这样就可以根据不同的维度对街区进行分类，从而进行比较。例如，你可以比较女性支撑的家庭所占比例与收入低于一定水平的家庭所占比例。那样就能告诉你穷人多的地区也有大量女性支撑的家庭。由于这个分析只是基于汇总的结果，所以它本身不能验证女性支撑的家庭就是贫穷的，但这至少是一条线索。

当汇总数据本身——指的是街区或其他小的地理范围——像构成汇总数据的个体数据一样令人关注时，汇总分析就最有用了。举例来说，国会重划选举区在你所在地区产生了一个新的选区。第一步就得将街区和投票选区相联系，你可以用汇总分析来看一下选区的哪些人口特征与某些投票结果是相关联的。

公开使用的样本

有一个很好的例外打破了所有涉及汇总数据的限制，那就是每 10 年一次的人口普查出版文件，包含了个体的数据，这样你就可以按自己的心愿进行个体层次的相关分析以及交互分析了。这些文件每一个都是个人记录的样本，略去了姓名和地址，并且地理识别信息也是概括的，这样根本就无法辨别出任何的个人。因为这些都是样本数据，所以它们都能像调查数据一样被分析，我们在之前的章节介绍过调查数据的分析。从原始数据本身来挖掘人口普查的潜在成果会非常丰富，尤其是当突发新闻启发你采用新方式来看待数据，而这个方法是别人之前没有想到过的时候。

关于公开使用样本的坏消息，就是它接近于最后出版的数据文件。通常，这类文件在人口普查完成两年后才会出版。到那个时候，负责人口普查的记者已经对此心生厌倦，而且可能过早地说服了自己，已经把所有的有新闻价值的数据都挑出来了。如果这种情况没有发生，两年的时间差也很难使一个人相信这些数据依旧足够新鲜、令人关注。但是它们确实是这样的，通过公开使用的样本，还有许多机会来检验有关人口特征的传统观点。

在线工具

美国联邦普查局是一个政府机构，它希望你来使用它的数据。为了鼓励使用他们的数据，联邦普查局不断地发展可以在线使用的互动检索和分析工具。其中最常用的工具之一就是数据抽取，利用这个工具，你可以从非常大的文件中获取有用的数据子集，从而减少了下载和管理全部数据文件的麻烦。

同时，用于显示数据并完成一定统计任务的可下载软件也越来越多。如果你想知道你住的地方的人口普查的边界，有一个很方便的地图软件也上线了。最后，对于购买光盘产品的买家，联邦普查局提供在线的更新和更正。

■ 人口普查的地理结构

一些普查文件是平层的，另外一些则是嵌套的。以下是普查中一般的层次结构：

美国

地区

区划

州

县

县的细分

地方（或部分）

普查区（或部分）

街区组（或部分）

街区

在美国的传统地区，街区（blocks）很容易定义成是由四条街所包围的区域。在我的青年时代，街区全都是矩形的，它们都有小巷。今天，许多人住的是住宅群，道路是一条死胡同，街区很难再被界定。人口普查的工作人员将街区定义为一个你和其他人生活的地方。街区现在是一个"由各个方向的可见的功能设施如街道、道路、溪流和铁轨，以及偶尔不可见的界限，如城市、城镇或县界限、财产线以及短的假想的街道延长线等所限定起来的区域"。并且从1990 年开始，整个美国和波多黎各已经着手划分街区。

在没有街区线的情况下，街区在街区组（block groups）中排布紧密。街区组是同样整齐有序地嵌套在普查区（census tracts）中的。在普查区的层面上，你有很好的机会来对比早期的人口普查数据，因为普查区的设计划分是相对固定的。普查区的设计划分原则是，每个普查区包含一个既定的社区或者包含相对相似的 2 500～8 000 的人口。现在，整个美国已经被划分为不同的普查区。你可以在所有的都市统计区和非都市的县中找到普查区。在 1990 年的人口普查中，不属于任何普查区的地方都用街区编号区（BNA，block numbering areas）来替代了，你可以把它们看成是普查区的等价区域，从而与 2000 年的结果进行比较。无论是普查区还是 BNA 都没有跨过县界，并且单个县从没有跨过州界。

　　普查地区（regions）和区划（regional divisions）的设计是为了符合各州分界线。所以你就有了一个类别明确和一致的层次结构。层次结构从小到大依次是街区、街区组、普查区或者 BNA、县、州、区划、地区，这种划分是直接的、简单的。每一个街区只在一个街区组中，每一个街区组则被完全包含在一个普查区或 BNA 中。但真正的美国地理其实更复杂一些，其他剩余的人口普查区划是为此而建立的。

　　有一件事要说明，许多州的城市跨越了县界，这是被允许的。其他类型的区域划分，如乡镇或自治区，有时可以互相重叠。将街区合并以方便统计人员工作，因为这些地方是我们熟悉的，有法律地位的，直观上是更重要的，人口普查也承认这类地方。在人口普查地理层次中，一个"地方"（place）可以是一个合并的镇或城市，也可以是一个因人口稠密或拥有地方认同和为人所认可的名称而进行统计的区域。

　　当人口普查的"地方"跨过了一条县的分界线或另一种更整齐的嵌套类别时，会发生什么情况？数据集给出的计数是关于层次结构的一个水平的，而层次也是从属于另一个结构中的。数据使用数字化的摘要水平代码，以保证用户把这些混杂的地方与整体链接起来。由于关注本地的报道，你可能要这么做。当需要比较通常认识上的与新闻上的地方时，也需要这么做。但对于遍及全州的摘要，按照以下指导去做就会很简单，即保留地理类别清晰地嵌套，没有重叠，即县、普查区、街区组、街区。

人口普查的时间安排

　　电脑可读的资料会比打印出来的报告更容易汇编。因此，在线数据一般会最早出现。最早发布的数据是宪法授权的人口计数，目的是为了确定众议院在各州的名额分配。在人口普查年的年底，总统就能拿到各州的人口总数。各州的人口数决定了下一届国会中每个州的议员的人数。

　　接着，根据《公共法案》（Public Law）第 94—171 条，每个州得到较小地理范围的详细数据，用于设定议会选区的分界线。这些选区在人口规模上应该是紧凑的、连续的、相当接近的。这样才能使州立法机构考虑到人种和种族问题，这些报告是按种族类型、西班牙裔和年龄分组进行细目列表的。这些资料的最后期限是人口普查下一年的 4 月 1 日。当所有的环节运行良好的话，这个结果就会早些公布。一旦联邦普查局提交了各州的这些数据，履行了其应尽的法律义务，按《公共法案》第 94—171 条，这些数据集就可以向公众发布了。

　　尽管按《公共法案》94—171 条公布的数据只是概要的信息，但它的及时性使其具有报道价值。这个明显的事实为重新划分选区提供了可能性，而在选区内，有投票权人口中种族和年龄构成比例也就已知了。

　　另一个明显的报道机会就是西班牙裔人口的增长。尽管自从 1848 年墨西哥割让领土以来，西班牙人就是美国人口的重要组成部分，但是人口普查在发展一种连贯的方法来进行统计方面已经放慢了脚步。在 1970 年的人口普查中，首次按照个人的自我定义来进行西班牙裔的分类。1970 年以前，人口普查都是依赖于二级指标来判断是否西班牙裔，如西班牙姓氏或所讲的外语。然而，自从 1970 年起，不断增长和迁移的西班牙裔人口（Hispanic population）就成了一个不间断的报道议题了。

　　两次人口普查之间，县的边界几乎很少变化，所以通过与 10 年前数据的比较，可以看出西班牙裔在美国不同区域的人数的相对变化。对本地报道来说，获得街区级别的数据，就可以对西班牙裔社区进行精确识别了。在某些地区，不同种族人群的增长或减少同样会具有报道价值。

　　随着时代发展，人口普查数据变得越来越好了。问题是这些数据也变得过时了。等到真正值得关注的资料出现时，人口普查已经是几年前的事了，同时读者和编辑们同样也厌烦阅读它们了。弥补这一缺点的捷径是提前计划，这样一旦新数据出现了，你就可以用事先写好以及一个深思熟虑的战略来分析它。

207

 ## 多重来源数据的分析

　　与其他来源的信息相比，人口普查信息很少用于种族隔离方面的研究。选举结果提供了一个明显的来源，但是还有很多其他来源，来决定这件新闻如何有报道价值。

　　举个例子来说，一位记者可以将人口普查数据与房地产税的记录相结合，以此来检验一种传统看法：当邻居从白人变成黑人之后，房地产价值将会缩水。《迈阿密先驱报》的胡安妮塔·格林查看了她所在小镇的真实房产交易记录，发现从长期趋势来看，那些邻居由白人变成黑人后的社区房价是不断上升的，与全部是白人的社区增长幅度是一致的。[16]对于用同样的方法对同样的课题做了研究的社会科学家来说，这并不是一个令人惊讶的发现。[17]但对于迈阿密的新闻读者来说，这是一个令人惊讶的结果，而且这些读者不会因为读了一位社会科学家的论著，就认为自己的直觉看法是错误的。为了说服迈阿密的读者们，你不得不像格林一样给出迈阿密的地址、迈阿密的日期和迈阿密的价格。

　　越南战争期间有一个议题就是选派上战场的公平性。为了减少公众对战争的反对，约翰逊总统监管了一个不利于无权无势者的选择系统。延长教育年限是主要的应对方法，但却不是唯一的办法。聪明而人脉广的人知道如何进入一个预备役部队，如何光明正大地拒服兵役，最后一种手段，就是如何离开这个国家。这种事态仅仅引起了公众一点点的注意。《华盛顿邮报》在 1970 年就揭示了一些信息，即社区的社会经济地位与他们对军队人力的贡献是相关联的。市中心的黑人社区相比更高级的乔治镇和克利夫兰公园社区，输送了更多年轻人上战场。若你还能为之加上一个数据的话，这样的情况会变得更可信。

《亚特兰大宪政报》（*Atlanta Constitution*）的比尔·戴德曼（Bill Dedman）获得了 1989 年的普利策奖（Pulitzer Prize），因为他利用人口普查中种族数据和联邦授权银行住房贷款报告的数据进行了调查研究，他的一连串要点在一个定量比较中展现出来：白人中产阶级的社区与仔细配对后的黑人中产阶级社区相比，白人社区的贷款比率是黑人社区的五倍。

一个数字不能构成一篇报道，戴德曼做了很多老式的外出搜集情况的工作来丰富他的发现。他的报道很好地把概括性的数据与具体事例结合起来，诸如富裕的黑人教师在获得家庭装饰贷款前，不得不跑三家银行，忍受对他所在社区的无理评论。最生动的插图是两张亚特兰大都市区的地图，一张显示人口普查表明有 50% 或更多黑人的区域，另一张显示了自住的房子从银行或者储蓄和贷款协会获得贷款的比例少于 10% 的区域。这两张图是近乎完美的对比。[18]

戴德曼得到了别人的帮助，在评估银行部分的种族歧视的证据时，他遵循了来自大学的学术研究者所建立的方法轨迹，德怀特·莫里斯（Dwight Morris）——这个项目的助理主编——负责电脑分析过程。不需要复杂的框架或者复杂的统计分析软件，这项工作用基本的文字处理软件、数据库管理软件、电子表格、通信软件以及制图软件就完成了。

在简单的数据背后躲藏着大量的好的、复杂的报道。诀窍是识别出能讲故事的数字，然后找到它。这些分析处理公开数据记录的新工具使记者更容易地找到并展现这样的闪光数字。

【注　释】

[1] Scott R. Maier, "The Digital Watchdog's First Byte: Journalism's First Computer Analysis of Public Records," *American Journalism* (Fall 2000): 75 - 91.

[2] *Editor & Publisher* (November 26, 1968): 1.

[3] Ole R. Holsti, *Content Analysis for the Social Sciences and Humanities* (Reading, Mass., Addison-Wesley, 1969).

[4] William A. Scott, "Reliability of Content Analysis: The Case of Nominal Scale Coding," *Public Opinion Quarterly* 19, no. 3 (1955): 321 - 25.

[5] Philip Meyer, "Trailing a Weasel Word," *Columbia Journalism Review* (Jan.-Feb. 1990): 10.

[6] 例如，参见 David Loomis and Philip Meyer, "Opinion without Polls: Finding a Link between Corporate Culture and Public Journalism," *International Journal of Public Opinion*

Research（Autumn 2000）。

［7］Elliot Jaspin，"Computer ＝ Reporting Tool," in *The Computer Connection*：*A Report on Using the Computer to Teach Mass Communication*（Syracuse，N. Y.：Syracuse University，1989），21.

［8］"Sons，Daughters of State Leaders Got 8 Percent RIHMFC loans," *Province Journal*，June 2，1985，2.

［9］Jaspin，"Computer ＝ Reporting Tool," 19.

［10］ "R. I. System Fails to Fully Check Driving Records of Bus Applicants," *Province Sunday Journal*，March 1，1987，1.

［11］*SPSS X User's Guide*（New York：McGraw-Hill，Inc.，1983），171.

［12］访问 Carol Knopes，1989 年 11 月 21 日。

［13］"Plants Sending Out Most CFCs," *USA Today*，July 13，1989.

［14］The Constitution，Article Ⅰ，Section Ⅱ，Paragraph 3.

［15］U. S. Bureau of the Census，*Historical Statistics of the United States*，*Colonial Time to* 1970，*Bi-Centennial Edition*（Washington，D. C.：U. S. Government Printing Office，1975），two volumes.

［16］*Miami Herald*，November 22，1964.

［17］Davis McEntire，*Residence and Race*（Berkeley：University of California Press，1960）.

［18］Bill Dedman，"Atlanta Blacks Losing in Home Loans Scramble," *Atlanta Journal-Constitution*，May 1，1988，1. The series ·has been reprinted under the title "The Color of Money" by the Journal-Constitution Marketing Department.

第11章
怎样解析选举

下述说法是正确的，尽管几乎所有参与选举民意调查的人都否认它。

关于选举的民意调查的目的就是预测选举的结果。

编辑、民意调查专家和权威人士会诅咒、规避或者忽视这个说法的正确性，有时也会表现得很强烈。但是这个说法确实是正确的。如果你去做民意调查，你就会习惯这个简单的事实：你的成功或失败是由你的民意调查是否很好地预测了结果来判断的。它是一个合理的而且公正的判断方法。

在民意调查中，没有很多机会来检验民意调查反映现实世界真实值的有效程度，我们假定民意调查的结果接近于真实值。原因显然也很简单：如果我们能测量现实世界的真实值，我们压根儿就不需要做民意调查了。

对于这个通则来说有两个例外。一个是美国人口普查，人口普查要接触到每个人，并且搜集关于每个人的一些基本信息。但即使在人口普查中也发现，如果在试图接触到每个公民的过程中结合一些抽样技术，就能得到关于人口的更精确的测量。评估一项标准民意调查的效度的方法之一，就是把民调样本的人口统计学特征与该样本从中抽取的总体的人口普查结果的人口统计学特征进行比较。这种方法在临近人口普查的年度中运行得非常有效。

另一个测量外部效度的机会就来自每一次选举。当样本中 56% 的人声称要选克罗克特（Crockett）为市长，并且抽样误差是 4% 时，如果克罗克特获得的选票在 52%～60% 的话，这项民意调查就通过了外部有效性的检验。这种检验方法把懦夫和勇者区分开来，这是把民意调查与人口普查相比较所做不到的。如果人口普查结果表明总体人口中黑人的比例是 22%，而民意调查样本中却只有 15% 的黑人，民调专家只不过是耸耸肩，把黑人的比例加权使其达到配额要求（一个有道德的民调专家将会报告出来加权的过程）。但是选举报道的压力迫使民意调查结果在效度评估前就发布了，这确实是报应呀！任何装饰性的加权过程都无法隐藏或者掩盖结果。

在任何全国性选举的最后两个星期去看报纸，你会发现一些影响力弱的民意调查突然变得沉默了。询问为什么，你会得到多种答案：民意调查的预算花完了、民调分散了议题的注意力、民调会影响选举的结果，诸如此类。别相信它们中的任何一个。真实的原因是民调专家不想将民调结果与选举结果进行比较。民调提前两周就停止了，不管选举结果如何，民调专家会声称民意调查是访问实施当时的准确结果。如果选举结果不同于民调的结果，一定是选民们改变了主意。确实，选民们有时是这样做的。

当然，一个关于选举的民意调查，除了可以对选举结果进行预测外，还有其他的用处：它能展现是什么议题激发着选民，它能测量选民对议题和候选人的熟悉程度，它能展现哪些同盟形成了或重组了，来自候选人所做的民意调查还可以提供对候选人策略的洞察。

但是得到以上这么多益处的前提是，民意调查必须是参与投票的选民的有效代表，选举结果是民意调查是否成功的检验标准。这一章的内容就是关于你所能做的一系列事情，以确保你的民调结果与选举结果相一致。

抽样

几乎没有机构满足于单次的选前民调。如果一次民调具有新闻价值，那么多次民调的新闻价值会更大。为了能做更多次的民意调查，就要削减单次调查的成本，抽样是削减成本的常见目标。因为面对面的入户访问对于现代媒介的竞争需求来说太慢了，实际上现在所有的选举民调都是通过电话或网络实施的。

从有电话的家庭中抽取一个有代表性的样本是简单的，可以用第 6 章讨论过的随机数字的方法。问题在于选择被访者的过程距离随机性的要求有多远。许多民意调查在随机选择的家庭中仍然利用配额方法来选择被访者。这种做法在 20 世纪 70 年代便有了理论根据，因为同一家庭中的成员有相近的政治观点而且投票也相似。罗纳德·里根（Ronald Reagan）改变了这种情况。两种趋势——妇女运动与共和党政治右倾运动的增长——结合起来使得投票行为与性别相关，这是前所未有的。当女性突然比男性更可能成为民主党人的时候，记者们把这种现象叫做"性别鸿沟"（gender gap）。

尽管用男性、女性配额的方法可以在某种程度上控制性别差异，但家庭一致性的解体增加了家庭成员在其他方面变化的可能性，这是配额控制不了的。因此，在个人层级上，进行概率抽样是最安全的步骤，但是它成本高。它需要花费时间来列出家庭成员的名单，然后从中随机选择一个人，如果那个人不在家就在以后回拨电话来约访。欧文·克雷斯皮（Irving Crespi）在他的优秀的关于目前选举民调的综述中谈到，缺少回拨约访将导致低估支持民主党的人数——在一个典型的夜晚，支持共和党的人更可能待在家里。[1]

民意调查使用的约访回拨通常设置好固定的尝试次数，经常是一次、二次或者三次，在民调结束的前一晚或前两晚进行约访回拨。回拨过程必然会延长民调的执行时间，在截止日期的压力下这也是另一项成本。

还有另一种抽样的方法。一些州——北卡罗来纳州就是一个例子——有一个已登记选民的中心数据库。这是一个非常好的抽样框，因为你不必浪费时间与那些没有进行选举登记以及拒绝承认登记的人进行通话。问题是这些数据不是整齐划一的准确和及时更新。在北卡罗来纳州 2000 年的总统选举中，我从那些被我操作化定义为"积极选民"的人中抽取了一个样本。一个积极选民是那些在之前的四年内与所在县的选举委员会保持联系的人，这种联系可以是投票、第一次选民登记，或者是报告了其地址的变化。我通过挂号邮件的方式寄出了问卷来进行检验，仅有 18％的比例因为无法投递被退回了。与随机数字的电话号码清单相比，这真是一个非常准确的名单。

 ## 拒答

在那些呆板的小方框里（nerd boxes）——报纸上用小号字体来说明民调方法和局限性——很少提到拒答问题。但是拒答是所有民意调查中主要的误差来源之一。拒答的影响远远大于抽样误差，因为你不能估计它们的大小，而概率抽样的抽样误差是能够估算处理的。事实上，令人抓狂的是源自拒答的误差通常是完全不可预测的。通常拒答会导致完全无法察觉的错误。有如下法则来证明以上说法是正确的：

样本中的偏差既看不见也无害，只要这个偏差与你要测量的任何事物都无关。

为了使这个偏差无害法则（harmless bias rule）直观且清晰，请想象一下现在有一桶苹果，你想要估计桶中青涩苹果与醇熟苹果的比例。在被抽取之前，青涩苹果和醇熟苹果是充分混合的。这样，你能从桶的顶部开始抽取苹果样本，这是最容易的方法，而且能很好地进行估计。苹果在桶中的位置与成熟程度无关。

现在假设这个桶被某种阴险力量所控制，它不想让你找到青涩苹果，所以把它们都放到了桶的底部。在顶端抽取一个样本，再推及整个桶的情况，你就会得出错误结论。这一次，你抽样中的偏差就与你所测量的事物有关。

这个偏差无害法则听起来像是给民调专家的礼物。但它不是。只有一种方法能确定偏差无害，就是把有偏样本与无偏样本进行比较——或者，在选举或人口普查中，把有偏样本与人口总体相比较。民调中偏差无害的想法能给你一种不正当的自信感觉，而且有可能在下一次民调中带来灾难。这种事情就发生在 1936 年的《文学文摘》（*Literary Digest*）上，它的样本是基于电话号码簿和机动车登记表，它们都代表了相对富裕的人群。1932 年，这种生活富裕与选民的选择无关，而它的民调结果预测是正确的。然后罗斯福总统建立了他的新政（New Deal），联合了农民、工人和少数民族，进行了历史性的政党改组，这就使得选民的投票选择与经济地位密切相关。在 1936 年，《文学文摘》自信地重复了 1932 年的有偏差的抽样方法，结果是极其错误的，最终导致《文学文摘》也无法生存继续进行民调了。乔治·盖洛普（George Gallup）运用了一种无偏差的样本，得到了正确的预测结果，从而成为所在时代的举足轻重的民调专家。

当我们考虑到拒答的时候，这段历史是值得被记住的。民调行业不喜欢谈论这个，但电话抽样中拒答率——曾经相对稳定在三分之一——随着时间的流逝一直在增长。研究显示，拒绝配合调查呈现出与年龄相关（年龄较大的人同意接受访问的可能性更小）、与受教育程度相关（受教育程度低的人是最不情愿的）、与城市居住（城市居民更不愿意配合）相关。比起电话访问，居住地对于面访来说更是个问题。[2]

在电话访问中这些因素给出了有利于共和党人的偏差（Republican bias）。幸运的是，它们也为选举调查面临的另一个问题提供一些修正：在样本中将放弃投票者剔除。不愿意参加电话访问的人倾向于成为不去投票的人。这对于民调专家来说是幸运的，但是这也与 1932 年《文学文摘》所"享受"的是同种幸运。一个良性的相关模式可能在未来某次选举活动中变坏。而且除了小心警惕那些涉及老年人、受教育程度较低人群和城市居住人群的议题外，民调专家也做不了其他什么。总有一天他们会做一些传统民调不能发现的重要事情。想象一下如果你是一个想在民意调查行业扬名立万的年轻人，如果你能预见到终会到来的那一天，并避免那些会使传统民调专家避犹不及的偏差，你将会成为 21 世纪的盖洛普。

识别可能的投票人

在美国，选举参与率低使得民调专家的日子并不好过。在民调中有不足 50% 的合格投票人口表示要参与投票是很正常的。低参与率导致了两个明显的问题：

（1）你需要一个更大的样本。为了使样本达到 1 000 人，以保证边际误差为 3%，你必须要访问多于 2 000 人才能有效完成 1 000 位选民。

（2）你必须能区分出来，在你的超大号样本中哪些人属于会去投票的少数人。

目前为止，第二个问题是最难的。当然，你可以只是问人们是否打算去投票。这个策略的麻烦是投票被认为是一个对社会有益的活动，所以被访者不愿意承认他们不去投票。大约 80% 的人说他们已经登记了，但是只有大约 65% 的人确实这样做了。而且那些完成选民登记的人也会高估自己投票的可能性。

多年来，民调专家开发了一系列淘汰不投票者的办法。在这一点上，盖洛普民调（Gallup Poll）用九个问题来预测选民投票（turnout）的可能性，把九个问题做成一个量表，在选举结束后查看公开记录，看谁真正投票了。根据这些信息，基于九个问题中每题的预测能力，设计了一种统计加权的方法。九个问题中的一些问题是直接的，一些是间接的。例如：

一般说来，你觉得你对政治有多大兴趣——是非常有兴趣、一般、仅有一点兴趣，还是完全没兴趣？

你认为你参与投票的频率是常常、接近常常、有时、还是很少？

216

这幅画上是一架梯子。我们把梯子顶端标识为 10，代表一个人在今年 11 月份的选举中一定会去投票；梯子的底端标识为 0，代表一个人一定不会在这次选举中投票。你将会把自己放在梯子的哪个部分？[3]

最好的预测问题包括一个关于选民登记的问题，一个直接询问被访者是否会在即将到来的选举中投票的问题，一个阶梯量表，以及关于投票频率的问题。[4] 所有的九个问题用来构建一个累加量表。量表的最高分代表人们每道题都给出完全赞成投票的答案，结果显示平均有 87% 的人参与了投票。在量表的最低分中，仅有 8% 的人参与投票。

应用此量表最直接的方法，也是盖洛普民调多年来采用的方法，就是根据参与投票可能性的量表得分，将所有被访者进行排序，然后估计投票率。如果预计投票率为 50%，那么样本中投票可能性排名在后半部分的人将被忽略，将会根据剩下的那部分人群的情况进行预测。盖洛普的工作人员为保留尽可能少的偶然性，也使用他们的投票率量表来预测投票率本身。

这种自助的方法是高效的，但是一个勤奋的民调人克服重重困难才访问了几百个或几千个人，不愿意就这样将被访者中的一半都放弃掉。哥伦比亚广播公司的选举和调查部（the Election and Survey Unit at CBS News）找到了一个方法来避免这么做。为了利用同样类型的公开记录的数据来找出调查中哪些被访者真正投票了，他们构建了一个投票率量表，与盖洛普公司的原则相同，但是问题更少。然后，在整个样本中使用这个概率作为权重。一个有 89％ 可能性投票的人得到 0.89 的统计权重，仅有 3％ 投票可能性的被访者得到的权重为 0.03。这样每一个被访者都被用于计算，而且在理论上、在预测选择的准确性上，概率模型应该至少与去除掉最不可能投票者的方法同样精确。然而，克莱斯皮提到，与那些直接从样本中去除掉低可能性投票者的预测机构相比，运用这种权重模型的民意调查机构，成功预测选举结果的可能性更低。保罗·佩里（Paul Perry），这位在 1948 年后一直领导着盖洛普民调方法改进工作的安静的统计学家，尝试着用盖洛普的数据使用加权模型，发现该结果与去掉低可能性投票者的方法得到的结果几乎完全一致。所以他热衷于前文所述的去除部分样本的模型，因为它较为简洁——这是一个在截稿日期压力下的真理。[5]

　　哥伦比亚广播公司（CBS）成功的原因之一是运用了一种内部核查机制来找出那些谎说已经进行选民登记（being registered）的选民。它问了如下三个问题：

你最近一次参加投票的任何类型的选举是什么？（追问）是在哪一年？

你最后一次选民登记是什么时候？是哪一年？

你现在住的社区与您两年前居住的是同一社区吗？

217

　　这些问题有可能甄别出没有进行选民登记的选民，因为一些州对选民有居住年限的规定。《机动车选民法案》（Motor voter laws）① 改变了这种情况。但是 CBS 创造了一个有效的净化数据的方法，就是给那些自从上次搬家到现在为止没有投票或没有登记的人的权重设为 0。

　　在 2000 年的选举中，根据他们过去的投票频率和他们对选举的兴趣，保留下来的选民被分成九类。每一类都被设定了一个不同的概率，范围从 88％ 到 11％ 不等。在 2000 年 10 月 30 日之后，CBS 增加了第十类人——他们是已经通过邮寄或非面对面的方式进行投票的人群。他们投票的可能性是 100％，即使在上一次登记后他们已经搬过家。在 2000 年大选中，CBS 的民调结果是所有的媒体民调中最接近大选结果的。[6]

一种更便宜的方法

　　CBS 的方法是有效的，但是却很复杂。简单的方法会更加便宜。很多民调

---

　　① Motor voter laws 是 1993 年《全国选民登记法案》（National Voter Registratior Act of 1993 ）的昵称，是克林顿签署的一系列旨在提高选民登记率和投票率的措施。——译者注

专家试图在访问初期就要找出不可能投票者，那样就能立即将其忽略掉。如果在数据分析阶段你要把某人从样本中剔除，为什么还要在他身上花费20分钟时间进行电话访问呢？如果一个人的回答表明他不会投票，访问员可以礼貌地结束谈话并且开始拨打下一个号码。

但是请注意！如果还没有搜集基本的人口数据，访问员就挂断了电话，那么就无法对照已知的人口普查特征来核实样本的代表性了。所以一些预算低的民调专家在设计调查时至少要搜集不可能投票者的人口信息，这样他们就可以有一个来自总体的样本，可以与人口普查信息进行比较。遵照人口普查信息对样本进行加权，然后将不投票者剔除。

以下是另一种方法。在不放弃根据人口统计学总体进行加权的情况下，从不投票者身上搜集人口统计资料也是可以避免的。联邦普查局在美国人口现状调查① （Current Population Survey，CPS）项目中问到了投票参与情况。根据这项调查，人们可以估计投票者的人口统计学特征。对你的样本中的可能投票者进行加权，以符合CPS估计出来的投票者的人口统计特征，这样你就完全不用再理会那些不投票者了。

但是仍然有一些问题存在。其中一个就是人口普查的数据也是众所周知的不准确。与真实的投票数量相比，更多的人声称参与了投票。另一个潜在问题是过去选举的模式可能与当前选举的模式不一样。人口普查是全国范围的，而你所调查的城市或州的参与投票的人口构成可能会很不同。

盖洛普公司将不投票者剔除的方法看起来仍旧很好用。那套系统是基于入户面访的。电话访问增加了复杂性，电话本身就是一种不投票者的过滤屏，因为电话调查偏向于排除受教育程度低的人。这个偏差，你能回想起来，与在受教育程度低人群中拒答率高的结论有关，也与电话普及率不均衡有关。因此，如果你期待50％的投票率，并且从你的样本中剔除掉其中的50％，你就剔除得太多了。如果所打电话中有三分之一的人拒绝访问，并且恰巧他们都是不投票者，你就已经消除了不投票者问题中的大部分影响了。

到此为止，民意调查已经从一门科学变为一门艺术。你需要在你的州或城市里获得一定的经验，以找到最好的修正不投票者的方法。一些民调专家找到了一个简短可行的方法：询问一个关于登记的甄别问题以及一个投票可能性的问题，然后只针对那些自称已登记并且确定会去投票的人进行计算。这个方法通常剔除的不投票者的数量比理论上需要的更少，但是其他人员由于没有电话或者拒绝访问而趋向于将自己从调查样本中剔除。这样的捷径是快速的、容易的、便宜的。然而，克莱斯皮提到，运用这种调查方法的民意调查不如用更严

---

① 美国人口现状调查是国际上著名的抽样调查项目之一。它调查的内容多，调查对象的分布范围广，调查实施的难度大，设计科学精巧，实施管理系统有序。它由美国联邦普查局和美国劳工统计局联合组织。其核心数据是劳动力市场的信息，包括失业率、就业状况、行业收入等。——译者注

格甄别——有更多筛选问题——的精确。在克莱斯皮所研究的民意调查中，无论问题是被用做预先的筛选器，还是事后被用于剔除不投票者，都没有表现出明显的差别。[7]这种事后的方法，听起来更有理论依据，因为它为你提供了一个来自完整总体的样本，可以依据人口普查进行比较评估。

提问

大多数民意调查都与盖洛普的提问方法极其相似，仅有微小变化：

如果总统选举在今天举行，你将会投票给谁——是共和党候选人布什（Bush）和奎尔（Quayle），还是民主党候选人杜卡基斯（Dukakis）和本特森（Bentsen）？（如果还未决定的话）就今天而言，你是更倾向于布什和奎尔，还是杜卡基斯和本特森？

给出党派的身份认同是很必要的，因为党派标签是选民做出决定的一个基本依据。候选人被提及的顺序也同样对选举结果有所影响。遗憾的是，对这种差异的性质，文献解释上存在着很大不同。"卡罗来纳民调"1988 年在北卡罗来纳州针对总统选举进行了实验，从中我们发现了一个近因效应[1]（recency effect）。我们设置了计算机辅助电话访问系统（CATI system），将被访者随机分成两部分，访问员对其中一半被访者先提到民主党候选人，对另一半被访者先提到共和党（GOP[2]）的候选人。后提到布什和奎尔的那一组中，人们对他们的投票率较高。碰巧，他们在北卡罗来纳的投票名单上是后来被提及的，这个版本被证实是最能精准预测选举结果的。这个结果至少是与理论保持一致的。调查问题的形式应该与选票的形式尽量相似，小到候选人提名的相对位置。因为在选票上副总统候选人的名字是与总统候选人名字相伴出现的，所以在调查问卷上两人的名字也都应该出现。

内在顺序效应（internal order effects）从没有得到太多关注的一个原因可能是，选票上候选人名字的顺序在全国范围内是很好地随机排列的。然而，当盖洛普民调在进行面访时使用一张纸质选票，他们特意让候选人排列顺序与每个州内实际选票上的候选人顺序相一致。每个州选票上候选人名字的排列顺序是不一样的，因为每个州的执政党都为了自己的利益试图操纵其顺序。政客们习惯上认同首因效应（primacy effect），这意味着第一个被提及的候选人应该是最

---

① 近因是指个体最近获得的信息。近因效应与首因效应相对，是指在多种刺激一次出现的时候，印象的形成主要取决于后来出现的刺激，即在交往过程中，我们对他人最近、最新的认识占了主体地位，掩盖了以往形成的对他人的评价，因此，也称为"新颖效应"。——译者注

② GOP，大老党，是 Grand Old Party 的缩略形式，是美国共和党的别称。——译者注

219

受欢迎的。但是如果在北卡罗来纳州所做的实验是具有代表性，那么政客们就错了——把自己的候选人放在选票的首位，实际上反而伤害了那些候选人。

　　经验说法通常是很接地气的，没那么容易被动摇的，不会轻易地被一个实验所推翻。在早前时期，或许首因效应是起主导作用的，那时人们有更多的时间去观察事物并仔细衡量候选人。而近因效应则可能是我们所处的这个信息过剩时代的产物。如此多的信息输入到我们的头脑中，很少有任何微小事件能在头脑中长久停留。如果是这样的话，最近新加工的信息将会被记住。也可能是首因效应在书面传播上占主导地位，而近因效应在口语传播中占主导地位。如果这是真的，匹配选票上候选人的顺序便不重要了，你可能应该用轮换候选人顺序的方式来中和这些效应。

处理犹豫不决的选民

　　选举和民调之间的一个差别是，站在私密的投票室中，除了个别人，所有的人都能拿定主意。在民意调查中有相当数量的少数人还没有决定投票给谁。如果以选举结果作为评判民调的标准，就应该找出一些处理犹豫不决者的方法。

220

　　随着选举日益临近，犹豫不决者所占比例开始下降，但是最后几天通常还会有 10%～15% 的选民没有拿定主意。一些媒体民调专家对此非常高兴，如果民调结果令人扫兴，这些犹豫不决者就是一个很好的解释。如果民意调查显示双方以 40% 对 40% 打成平手，另有 20% 的选民未做出决定，那么选举结果可以向双方中的任何一方倾斜到 60% 对 40%，民调专家可以声称他的预测结果是非常正确的，那些令人讨厌的起初犹豫不决的人都投向了同一方（民调专家总会做出古怪的解释。我曾经读到过，一个做出很差预测的民调专家声称这是被访者的错误，因为他们对访问员说了谎）。

　　盖洛普机构的保罗·佩里（Paul Perry）多年来一直致力于解决如何分配犹豫不决者的投票意向问题，他得出的结论是，减少犹豫不决者数量比找出他们将会如何选择更加容易。测试"倾向"问题（leaning question），先前引用过的盖洛普两部分问题中的第二部分，可以把犹豫不定者的数量减少一半。这个方法非常简单。仅仅是将这些具有倾向者加入到已做出决定的人中，然后报告两种结果的合计，但是要清楚的是你做出的选举预测是基于包括了有倾向者在内的总体。这种方法无疑提高了预测能力。[8]

　　在面访过程中，采用无记名投票（secret ballot）会更加减少犹豫不定者的数量。不是询问被访者他计划怎样投票，访问员提供一个印好的模拟选票，并展示一个有着挂锁的盒子，这个盒子上贴一个大标签"无记名投票箱"。模拟选票尽可能地复制真正投票的实际尺寸，这样在实际选举中任何的位置偏差都会包含在民意调查中。这在允许一致投票①（straight-ticket voting）的州内将会成为一个重要优势。在纸上模仿一致投票比用电话访问更容易一些。也可以在电话访问里模仿一致投票，但是，你应该考虑到这个州是不是一致投票的方式，并且州候选人和当地候选人是否能从知名的全国候选人身上得到一些"裙摆效应"②（coattail effect）。

分配剩余的犹豫不决选民

即使在用投票倾向问题筛选之后，仍然会剩下一部分犹豫不决者。我们怎样处理这些人呢？保罗·佩里发现他们中的多数人根本就不会去投票。举个例子，在 1976 年的盖洛普民调中，通过倾向性问题已经将犹豫不决者的比例降低到了 5%，再剔除不会去投票的人，犹豫不决者的比例降到了 3.7%。[9]

很多种方法被用来处理那些最后剩余的犹豫不决者，其中既有复杂的也有简单的。一种复杂方法就是用逻辑斯蒂回归（Logistic regression），根据人口统计变量和议题偏好变量来预测候选人的选择。还有类回归模型来处理分类变量。一些民调专家试过根据党派偏好来给这些犹豫不定的选民分类。来自市场份额公司（Market Shares Corporation）的尼克·帕纳戈斯（Nick Panagakis）认为在州和地方选举中，犹豫不决的选民倾向于与现任在职者唱反调。从我自己在卡罗来纳州民调的工作经历中来看，从预测选举的数据中剔除犹豫不定者是难以避免的。这么做的主要优点是简单，而且它还基于一个合理的理论：很多死硬的犹豫不决者不会去投票，那些最终去投票的选民的投票结果，将会与那些早已决定的选民的投票结果相一致。克莱斯皮在综合了一系列民调的记录之后支持了这种做法，尽管他也相信以所属党派（party affiliation）分隔作为基础也是可行的。[10]

221

加权

在考虑是否对你的数据进行加权的时候，记住以下差别是很重要的：一些

---

① 一致投票是指在同时举行的不同公职人员的选举中，选民将票投给相同政党的候选人。——译者注
② 裙摆效应，也称衣尾效应、燕尾服效应、衣摆效应，字面上的意思是外套的下摆。在美国政治术语中，通常表示拉抬候选人声势。如果总统候选人魅力十足，那么大选年时，他会前往各州巡回造势，与本党参选的参、众议员候选人同台造势。所到之处，沾总统候选人的光，总能号召大批仰慕者、支持者共襄盛举，达到"水帮鱼，鱼帮水"的效果。——译者注

权重是用于抽样过程中的设计权重（design weights），另一些是在调查实施之后采用的修正（或掩盖）样本瑕疵的修正权重（corrective weights）。后者的使用是有争议的，而前者的采用则毫无争议。

在电话调查中关于设计权重的一个明显的例子就是家庭规模。大多数电话调查设计的是每家访问一个人，而这个家庭是按照与其他家庭概率相等的原则抽取出来的。这意味着大家庭中的成员比小家庭中的成员获得更少的被访问机会。这种机会不等可以很容易地通过对家庭规模加权来进行修正。一个来自四个成年人家庭的成员的权重是独居者的四倍。

在还没有广泛应用电脑的日子里，加权是通过复制卡片来实施的。对一个来自四口之家的被访者，需要将这个访问卡片复制三遍。SAS 和 SPSS 软件使得加权变得更加容易，加权完全由计算机内部进行数学处理。为了使加权不扩展样本量并且摆脱统计检验，你可以用每个家庭人口数除以平均家庭人口数，来得到最终的权重。例如，如果平均家庭规模是两个人，来自四口之家的被访者将得到数值为 2 的权重，来自单身家庭的被访者将得到 1/2 的权重。

修正权重则是另一码事，支持它们的理论听起来没有那么可靠。在"卡罗来纳民调"中我们通常能得到 15％的黑人被访者，尽管适龄选民中黑人的真正比例达到了 22％。将 15％加权到 22％是基于这样的假设：电话访问到的黑人与电话未访问到的黑人在特征上是完全一样的。而我们已经知道这个理论假设是错误的，事实上，没有被访问到的黑人更穷、更年轻、更孤立、更有可能是男性。但是我们仍然做了加权处理，为什么？加权有助于预测选举。不具代表性的黑人总比没有任何黑人要好一些。

在卡罗来纳民调中另一个仅有的权重的是年龄分类。在一些选举中它也会带来不同，如当社会福利是一个议题时。我们的民调通常需要在每个类别中进行不多于 1％或 2％的调整。

数据加权的依据是联邦普查局两年一次的出版物。每个选举年的初期，它都为每个州做一份关于投票适龄人口特征的报告。该报告基于最近的人口普查的估计和推测，但是它已经是你能得到的最好的估计了。[11]

一些民调专家特别看重加权。以下是加权的三种基本方法。

（1）序贯加权（sequential weighting）。每次只对一个变量加权。每次加权后，运行一个新的频数分析，检查你想要加权的下一个变量，这样你就能计算它需要多大程度的调整。按照这种方式进行，直到所有的权重都包括在内。

其存在的问题：一个权重影响另一个。比如，如果你第一次的权重是提高了黑人的比例，那么你将破坏性别平衡，因为黑人被访者在性别分布方面女性更多。如果调整了性别平衡，那么种族又不相符了。

（2）单元加权（cell weighting）。根据人口普查数据，找到你的加权分类的每个可能的组合的人口比例。如果你加权的变量是年龄、性别、种族和教育程度，那么找出每个组合中的人口比例，按照单元格依次找。

其存在的问题：会有很多单元格。年龄分为 4 类，性别分 2 类，种族分 3 类，教育程度分 5 类，那一共就有 120 个单元格，其中一些单元格会非常小，甚至一些单元格可能是空的，一些极其不正常的个案可能被夸大以至于产生一些大而奇怪的影响。

（3）边缘加权（rim weighting）。一个电脑程序将权重应用于序贯方式、变化顺序，检验边缘分布以找到最佳解决方式。当它发现一个简单的权重组合后才停止，此时对加权变量而言，这个权重组合产生了好的边际（合计频数）近似值。

其存在的问题：这是一个特别的电脑程序。当我上一次看的时候，SAS 和 SPSS 都没有提供边缘加权的算法，尽管在你读到此处时它们可能已经有了这一功能。

"卡罗来纳民调"的经验表明，对于加权保守点是好的。在北卡罗来纳州，至少电话本身就是一个非投票者的天然甄别。当我们试图对教育程度进行加权时，我们增大了低学历非投票者的影响，从而毁掉了那个特征。我们最好的选举预测是根据种族、年龄、必要时还有性别加权时产生的。克莱斯皮报告说在他研究过的民意调查中，最常用的加权变量就是种族、年龄和性别，用这些变量进行加权的民调比那些没有加权的民调能得到更好的预测结果。[12]

223

何时该做什么

过去这通常很简单。民调专家花费时间，通过邮件收集被访员的结果，并且储备了更复杂的程序，包括调整犹豫不决者和非投票者、调整选前最后一次民调。这么做在全国性民调的初期，结果偏向于民主党。不投票者多支持民主党，所以把他们剔除能给共和党带来最后一分钟的提升。

竞争使得全国性民意调查更加诚实。甄别不投票者现在更早地开始实施。当全国性民意调查在夏末给出完全不同的答案时，这些差异有时候是源于甄别不投票者的时间点不同。

在另一种重要的方式上，过去的民意调查与今天的民意调查是有所不同的。过去的民调假设选民决定模型是相对静止的，假定选民一旦下定决心，他们就不会有太大变化了。当所有主要民意调查都预测托马斯·E·杜威（Thomas E. Deway）会击败哈利·S·杜鲁门（Harry S Truman）总统的时候，这个假设是 1948 年大灾难的其中一个原因。民意调查专家退出得太早了，有很多不满的民主党人早期发誓不会投票给杜鲁门，但在最终的投票中又返回来支持杜鲁门了。①

　　当今媒体主导的选举活动以及相关的党派忠诚度下降使得选举变得更加不稳定。民意调查数据表明，在 1980 年的大选中，吉米·卡特（Jimmy Carter）是在最后 48 小时的选战活动中输掉了。

　　这样的不稳定性增加了选举预测的难度，但是严肃的民调专家的成绩记录仍是很好的。时间的把握现在被认为是最具决定性的。先前讨论过的所有方法的具体细节都需要时间。什么时候你停止调查做出预测？你的预测是基于选举前一晚的民意调查吗？

　　众所周知进行一个晚上的民意调查是不准确的。他们没有为那些预约回拨电话留出需要的时间，以找到那些不会总是待在家的人。但是你可以计划一个三夜或四夜的民意调查，结束时间能及时赶上在周日发布或者在选前的周一。通过追踪每个晚上的结果，你可能注意到最后一分钟的明显变化，尽管因为抽样的变动性和每天不平衡的完成率你不能确定。在一个周末完成是很方便的，因为你能在白天对那些晚上不在家的人进行回访。一个广受欢迎的时间表是在星期天的下午完成回访工作，并用傍晚的几个小时进行最终的加权和筛选，这样能及时做出最终预测，赶上周一早晨的报纸。

224

邮件和网络调查

　　随着配合率的下降，对于预测选举来说，邮件调查和网络调查开始变得更加有吸引力。由《哥伦布电讯报》（Columbus Dispatch）定期做的邮件调查，相比来自俄亥俄州立大学（Ohio State University）用传统方法进行的巴克艾民调（Buckeye Poll），已经创建了良好的记录。乔恩·克洛斯尼克（Jon Krosnick）——一个对《哥伦布电讯报》的成功迷惑不解的社会科学家——对它进行了研究并提出了一些解释。其中一个解释就是回复邮件问卷调查的少数人可能是最有可能投票的人，另一个解释是在私密的自己家中填答问卷的选民，更像在投票站时的情景，有时间来进行反应，不存在着电话调查中没时间思考直接给出答案的社会压力。

　　但是选民众所周知的易变性怎么样呢？一个邮寄问卷调查需要几天甚至几周的回收时间，这给了选民太多的时间以至于有可能改变主意。或许，克洛斯

① 1948 年美国总统选举共有四位候选人，共和党的杜威、民主党的杜鲁门以及两位独立候选人。其中杜鲁门是在任总统，谋求连任。选前的民调中都预测杜威将获得胜利。但最终大选结果是杜鲁门获得的选票比杜威多 4%，连任美国总统。大众媒介过分相信了民调结果，以至于大选结果出来后，大吃一惊，措手不及。《芝加哥论坛报》登的是杜鲁门获胜的照片，标题却是杜威获胜。这场灾难，短期内使得民意调查的可信度受到了怀疑。另一方面，预测错误也促使调查行业更加重视科学的调查研究方法。——译者注

尼克认为，选民们并不像传统民意调查促使我们相信的那样容易改变主意。或许他们心中一直有坚定的选择，但是电话访问并未发现这一点。自填问卷的调查方式避免了访问者这个误差来源。

自填问卷式调查的想法非常有吸引力，以至于商业性民意调查机构想要花大价钱通过网络来获得调查数据。两家公司——哈里斯互动（Harris Interactive）和知识网络（Knowledge Networks）——在 2000 年进行了尝试，所得到的结果可以与那些传统民调相媲美。随着互联网普及率的提高，互联网调查将是我们拭目以待的方法。

当问卷结构复杂的时候，自填式问卷尤其具有价值。在 2000 年秋季"卡罗来纳民调"中，选民被问到了以下问题："你是支持还是反对发行 30 亿长期公债以改善公立大学和学院的设施的计划？"

在电话调查中，83％的被访者回答这道题时表示他们支持这个债券发行。但是邮寄问卷调查询问此问题的形式就像在选票上出现的那样：

> 支持还是反对：北卡罗来纳州高等教育改善证券的发行，设立普通债务债券，由州通过承诺用信用、贷款以及州的税费能力做担保，目的是提供基金，与其他的任何可用基金一起，在这 31 亿美元当中来支付以下所有或部分花费（ⅰ）更新实验室、教室、教学楼和职工培训，提供其他主要改善在北卡罗来纳社区大学系统内的 59 个研究所的资金。（ⅱ）更新和更换教室、实验室、教学楼，主要用于改善 16 个校园的组织机构和附属机构，以及北卡罗来纳州立大学的公共电视中心系统。

225

当这样写在邮寄问卷中时，仅有 75％的被访者表示他们支持发行债券。实际投票的支持率是 73％。

报道什么

一个好的记者会把整个过程的每个阶段的数字都报道出来：对一致选举意向问题的回答、加入了有倾向者之后的回答，以及加入了有倾向者和所分配的犹豫不决者之后的回答。但是应该强调哪种情况呢？

我们能做的最诚实的事情就是强调那些能与选举结果进行最直接比较的数字——加入了有倾向者和所分配的犹豫不定者以后的回答，这种情况加起来一共是 100％。这是唯一的方法以确保成者王侯败者寇。盖洛普民调机构多年前就发现了这一点，但是其他的一些机构没有意识到这一点。下一章将探讨对于精确新闻来说，民意调查的原因和结果。

选举之夜的预测

选举日打开了数据搜集可能性的一个全新世界。报纸和广播都对在官方投票计数之前探询选举结果很感兴趣。电视网在此领域付出的努力最多，做了更多的工作，但是有更早截止时间的报纸也同样对提早预测结果感兴趣。以下是两种基本方法：

（1）利用提早报告结果的选区进行预测。

（2）出口民意调查。

电视网在选举之夜所做的第一次提早预测的尝试是简单而原始的。在 1960 年，CBS 利用一个基于回收时间的模型，在选举之夜的空隙时间里，利用计算机观察民主党和共和党总统候选人获得的选票的数量，并且与 1956 年同一时刻的选票数量进行比较。在此基础上，一个提早预测便产生了，该模型称理查德·M·尼克松（Richard M. Nixon）会打败约翰·F·肯尼迪（John F. Kennedy）。

计算机不知道的是那些选票来自哪里。堪萨斯州在 1956 年至 1960 年间引进了一套更快的选票计数的方法，因此当堪萨斯州共和党的得票结果传过来时，就引进了四年前康涅狄格州同一时间的结果。当更多的选票被计数后，误差便被修正了。[13]

一个更好的方法是将模型基于地理位置。挑选一个随机的选区样本，这是最安全的做法，或者挑选一个你认为会更早报出选举结果的选区。如果样本是随机的，你能用它简单地推断出整个选举的结果。如果是有意识地选取的，你必须假定这个结果有可能偏离总体，偏离的程度就像在前一次选举中的一样。

这种方法可行。在 1976 年的选举之夜，我待在纽约市的 ABC（美国广播公司）的工作室，通过大卫·奈夫（David Neft）——路易斯·哈里斯（Louis Harris）的助手——的肩膀看过去，奈夫准备好一个基于提早报告（early-reporting）选举结果的模型。当第一轮反馈传来时，我注意到在很多不同的地点投票率都低于 1972 年。因为 1972 年是自从 1948 年以来投票率最低的年份，我曾经写过一篇文章，称这次选举的投票率是"一代人中最低的一次"。

我的总编辑很失落。所有的电讯都在报道他们认为会有一个高的投票率，有些甚至在谈论投票率将会创纪录。这是一个普遍的选举日现象，对选举活动已经进行了数月的报道，电讯记者们在选举日的下午没有什么可写的了，所以他们致电选区官员并且询问投票率。官员们则看看窗外，注意到排队投票的队伍很长，说一些类似这样的话："哇，我们已经得到了一个相当高的投票率。"他们忘记考虑的是，他们内心里用来比较的上一次选举，并不是总统大选。而且，人口在增长，所以要得到同样的投票率，就需要更多的人来参加投票。或许最重要的是，高投票率会使他们的工作看起来更有成效。我对以上方面进行了解释，而且我的报道上了电讯。最令人欣慰的是，下一期的《哥伦比亚新闻评论》（*Columbia Journalism Review*）并排出现了两个大字标题。其中一个是来自奈特·里德报业我所写的低投票率的报道，另一篇是来自一份更大的报纸关于想象中的高投票率的报道结果。最终投票率数字是 53.5%，对比之前 1972 年的投票率是 55.2%，1968 年的投票率是 60.9%。自从 1948 年杜鲁门对杜威的选举之后，就没有这么低的投票率。

如果报纸所处地区选举结果出来得晚，并且报纸的截稿日期早，那么报纸有时需要从大选之夜的预测中来获得益处。对于《底特律自由报》（*Detroit Free Press*）来说，选举之夜是持续不断的失败来源，直到迈克·马丁伯格（Mike Maidenberg）在 1969 年引进了一个早期预测的系统。后来成为一名出版商的马丁伯格曾使用过一个概率抽样，从底特律 1 111 个选区中抽取 20 个选区。这个样本数量不是很多，但是他利用两个维度进行分层的方法降低了风险。

种族是那次选举的一个影响因素。黑人候选人理查德·奥斯丁（Richard Austin）正与史瑞夫·罗马·吉布斯（Sheriff Roman Gribbs）进行竞选。在此之前，底特律从未有过黑人市长。为了更好地反映种族态度倾向，马丁伯格从一个名单中抽取样本，这个名单已经根据 1968 年总统选举中投票给乔治·华莱士（George Wallace）的比例分为两组，一组是高于华莱士平均支持率，另一组是低于平均支持率。

在每个组中，选区是按照他们历史上民主党的影响力程度来排序的。马丁伯格使用了随机起点，并按照相等的间距抽取了 20 个选区。作为核查，针对 1968 年的选举，他把这 20 个选区的结果与总的结果进行了对比。两者是相近的，但不是完全精准的。为了完美而违背了一点科学性，他增加了两个黑人选区来提高模型的精度，在 1969 年初选中进行了试水，并小心地在早期版本中避免预测。预测结果在每个种族中的最大误差都低于 2%。

受此鼓舞，马丁伯格为总统大选修正了模型，把初选当做了基准。他又增加了三个选区使样本选区总数达到了 25，可以证明这样准确率就在一个百分点之内了。一些文书上的误差使得赢家史瑞夫·罗马·吉布斯领先优势比实际要大，所以《底特律自由报》那晚比它应有的要更加辉煌。但是这个系统很快变得惯例化了。当底特律终于选出了第一位黑人市长科尔曼·杨（Coleman Young）时，黑人选区选举结果出来得最晚的事实使得那个夜晚特别充满悬念。库尔特·利德基（Kurt Luedtke）当时是执行编辑，而尼尔·夏因（Neal Shine）是总编辑，预测结果认为杨能赢得选举。以下是夏因所写的接下来所发生的事情：

所以最新版本的第一页用头版头条来表明杨是赢家，报道是这样解释的，

尽管在已开出的投票中尼科尔斯领先，但尚未计入的选区会将杨推向市长一职。

然后我们结队去了伦敦排骨餐馆（London Chop House），在那里我们接到了一个神经日益紧张的新闻编辑的一连串电话，他告诉我们自从午夜之后，杨仍然大比分落后，我们可能希望弱化"杨成功当选成为第一位黑人市长"的大标题。

我们决定继续保留标题，如果我们预测错了，现在已经太迟了，我们就保不住工作了。所以我们点了更多的炒鸡蛋和一瓶香槟来增强故事性，这样《底特律自由报》的下一代记者就可以讲述那个夜晚，当利德基和夏因在小饭馆中吃着鸡蛋喝着香槟的时候，他们的职业生涯如何突然崩溃。但是杨胜利了，我们保住了工作。[14]

迈克·马丁伯格那晚并没有喝香槟。他带着《底特律自由报》的稿件去市政厅并且给大家传阅。选举结果公布在一个黑板上，它们显示科尔曼·杨失败了。市政厅的人群看看黑板，再看看《底特律自由报》的头条，抓抓头。然而晚些时候，当他们把印好的报纸拿到手时，黑板上的数字开始变化。黑人选区的结果加入进来，科尔曼·杨赢得了选举，而且这看起来几乎是《底特律自由报》所带来的结果。"这就像魔法一样，"马丁伯格回忆道。

马丁伯格离开《底特律自由报》后，他在选举之夜的角色由蒂姆·吉斯卡（Tim Kiska）继承了，吉斯卡发扬了每个选举日都买一套新西服穿的传统。他解释说，当他不得不说服编辑和作者用正确的方式来解读数字的时候，新衣服使得他看起来更有权威性。而如果他的预测结果是错误的，他在另找工作时也有了一套新行头。

出口民意调查

如今电视网采用选区样本调查和出口民调（exit polls）相结合的方式来进行提早的预测估计。当然，出口民意调查有一个崇高的目标，它们是找到选举中潜在影响因素的最佳工具。通过比较议题偏好与所支持的候选人，你就能发现什么样的竞选主题带来了最大的影响。如果新的相关联盟形成了，你就能识别出它们。并且，既然当你完成分析时已经知道了谁赢得了选举，你也不会因为候选人的竞争对抗形势而心烦意乱了。

出口民意调查的系列方法是简单易懂的。从选区中抽取一个随机样本，从这些选区中出来的投票者，每间隔 n 人访问一人，使用一页纸（双面的）、自填式的问卷进行调查。确保问卷顶部有 24 磅或更大的字体标明"无记名投票"的字样。让每个访问员拿一个顶部有窄孔的盒子，用来装模拟选票。这种方式的调查有以下明显的优势：

（1）你知道你的被访对象都参与了投票，因为你是在投票点拦截了他们。

（2）在那个时刻没有一个人仍然犹豫不决，大家都已做出了投票选择。

（3）抽样不是根据家庭或者电话号码进行的，因而你的样本会是投票者人口统计学变量的最佳见证。

而且你可以很快地再次确信你的样本是具有代表性的，因为你能把样本的选举决定和选举本身的结果进行对比。在所有的调查研究中，没有比这更好的外部效度检验了。

然而，仍然存在着拒答的问题。出口调查中有大约三分之一的被拦截者拒绝接受访问，那些拒访者通常的理由是他们要赶时间。因为组织良好的出口民意调查结果是相当准确的，毫无疑问，赶时间与投票者的决定并没有相关性。

当然，像任何其他事情一样，出口调查也能以草率敷衍的方式进行。一些出口民调专家像抽取选区一样来抽取时段。比如，A 选区抽取的时段样本是 8：00—10：00，然后访问员在 11：00—13：00 转移到 B 选区。这样做增加了样本中选区的数量，但是也带来了管理上的混乱。我个人偏好于抽取不超过 25 个选区，但是访问者要全天都待在那里，以保证每个选区都能得到一个好的样本。

一定要建立一个规则以防止访问员主观挑选被访者。每个地点至少要配有两个访问员，一个人来计算投票者的数量并拦截，另一个人恳请被拦截者帮助并发放问卷。这样一来，就可以强制执行每间隔 n 个人访问一个人的法则。如果你让访问员来挑选被访者，他们将挑选那些看起来温和、友好或者性感的人。看起来邋遢或者凶巴巴的可能与投票偏好相关联。这就能解释《纽约时报》在 1972 年总统初选中所进行的最早的出口民调尝试，那次调查被发现低估了乔治·华莱士的得票，当时他所主张的种族隔离政策只对贫穷的白人有吸引力。

简单、短小的问题在出口民调中是最有效的。一张"同意—不同意"的列表可以迅速地将被访者按一些重要议题划分成不同类别。非常简单的多项选择题也很有效。大多数出口调查都会问被访者是何时做出了支持谁的决定，这有助于解释竞选活动的力度。

一些州的立法机关试图阻止出口民调，规定禁止在投票点的某个距离内进行调查访问。这些规定是违反《第一修正案》（First Amendment）的。这种做法流露出对于精确新闻报道以及相伴的可能成果的担心。这种不安担心的根源将在下一章节探讨。

【注　释】

［1］Irving Crespi, *Pre-Election Polling*：*Sources of Accuracy and Error*（New York：Russell Sage Foundation，1988），44.

［2］Robert M. Groves and Lars E. Lyberg，"An Overview of Non-Response Issues in Telephone Surveys," in Robert M. Groves et al., eds., *Telephone Survey Methodology* (New York: John Wiley & Sons, 1988), 203 - 205.

[3] Paul Perry, "Certain Problems in Election Survey Methodology," *Public Opinion Quarterly* 43, no. 3 (Fall 1979): 320 - 21.

[4] Paul Perry, "Certain Problems in Election Survey Methodology," *Public Opinion Quarterly* 43, no. 3 (Fall 1979): 322.

[5] Crespi, *Pre-Election Polling*, 93.

[6] Kathleen Frankovic, personal communication, August 2, 2001.

[7] Crespi, *Pre-Election Polling*, 82.

[8] Crespi, *Pre-Election Polling*, 115.

[9] Perry, "Certain Problems in Election Survey Methodology," 317.

[10] Crespi, *Pre-Election Polling*, 116.

[11] 有关 2000 年大选的报告可以在线获得，网址为：http://www.census.gov/population/www/socdemo/voting/tabs00.html. 早期的打印报告，查阅 "Projections of the Population of Voting Age, for States: November 1988," *Current Population Reports*, Series P-25, No. 1019, Bureau of the Census (January 1988)。

[12] Crespi, *Pre-Election Polling*, 39 - 40.

[13] Nelson Polsby and Aaron Wildavsky, *Presidential Elections*, Third Edition (New York: Charles Scribner's Sons, 1971), 209.

[14] Neal Shine, "The Story behind the Receding Hairline," *Detroit Free Press Magazine*, April 9, 1989.

第 12 章

精确新闻报道中的政治

　　技术的进步和社会系统对待技术进步并没有同步发展，当旧有的社会和文化系统致力于处理新事情新方法时，这种适应配合有时是棘手的，甚至是痛苦的。对这种痛苦的反应是历史上常见的主题。在 19 世纪早期的英格兰，反对技术进步的卢德派分子（Luddites）试图通过破坏机器来阻止节省劳力的机器所带来的经济混乱状态。大约就在同一时间，伊利运河委员会（Erie Canal Commission）错过了建造一条铁路的机会，而是建设了水路航道，其实当时的技术水平是可以建造铁路的，只不过水路的概念当时是更熟悉的、应付自如的。[1]这是可想而知的，同样的文化滞后现象不仅在工业革命时期使人备受折磨，在今天的信息时代中也是同样存在着。不管是新闻的从业人员还是客户，都需要一些时间来适应精确新闻报道。

　　在精确新闻的早期应用中，覆盖的主题包括 20 世纪 60 年代以及 20 世纪 70 年代的政治和社会活动——民权、反对越南战争以及青年人的反主流文化——似乎不需要范式的转变。社会和行为科学研究方法的应用通过其他方式简单地延展了新闻学。"基本的规则与我们一直在采用的没有不同"，在 1973 年本书的第一版中，我告诫我的记者同事们，"找出事实，告知它们的含义，并且做这些时不要浪费时间。如果有新的工具方法可以保证我们更快速、更准确以及更深入地完成任务，那我们就应该最大限度地利用它们。"[2]

232

这段描述暗示着精确新闻报道在保持记者的传统角色上是没有差别的，只有一个适度的在准确程度和速度上的定量改善。当量变达到了一定程度时，就会带来质的变化。目前对精确新闻的反对是基于一种假定，即这种数量上的改变正在发生或者将在未来发生。这些反对开始导致建议规范精确新闻——可以直接通过法律，或者间接地向媒体施压，使之接受自愿的自我抵制。有些民主国家禁止在投票前进行民意调查，就是一个控制的例子。另一个例子就是，美国的电视网自愿扣压出口民调的信息，直到民调覆盖区域的投票结束后才公布。对其他形式控制的压力可能还在构建中。

 ## 隐私关注

一名记者应该关心可能侵犯隐私的观点似乎是令人惊讶和自相矛盾的。侵犯隐私几乎是记者的职位描述的一部分。然而，在某些环境下注意要自我控制是有先例的。一些主要的专业性新闻协会的守则赞成对隐私提供保护。有意或是无意，大多数记者所采用的是功利主义的伦理系统，隐私权很容易被一个更迫切关心的公众知情权而践踏。对精确新闻来说，问题是其方法的力量是否增加了道德负担，而这个负担对于不这样强有力的方法来说是不存在的。

艾略特·贾斯宾和玛丽亚·米罗·约翰逊（Maria Miro Johnson）在揭露罗得岛的校车司机过去的犯罪情况就是一个例子。[3]被提及的人都是校车司机，并且他们有犯罪记录，两者都是重要的公共信息。在《密尔沃基日报》（*Milwaukee Journal*），詹姆斯·罗文（James Rowen）把醉酒驾车定罪的公共记录与飞行员执照联结在一起，写了一篇关于航空安全的报道。[4]离开了电脑，没有记者可以把两者联系起来。花费了大量时间和努力去搜索和联结这样的记录，记者可以发现的这些事物在数量上的变化导致了本质的改变。

这是新闻通过其他方式的延伸，本质上还是新闻，或者这是应该被监管的崭新并且不同的事物呢？监管者注意着我们。虽然出版自由的实践活动不能被直接监管，但可以在记者和信息源之间放置屏障。当前一种尚未被充分检验的规制理论（theory of regulation）认为，公共文档只有在一张纸上可以被一个人阅读时才能公开。如果同样的信息是存储在可以通过机器阅读的介质上，这种理论认为，它就不是一个公共文档——或者至少不是同样类型的公共文档，并且不服从同样类型的规则。

233

这种理论是天方夜谭并且不能被普遍接受。律师和法官喜欢类推原因，并且在纸质记录和电子数据库之间的类推是很容易理解的。但是一些政府部门已经开始声称在这两类记录之间存在着本质的不同。当《波士顿环球报》（*Boston Globe*）为了一篇关于洗钱的报道，要求得到电脑化的财政部（Treasury Department）相关记录，财政部勉强提供了资料，但规定了一些基本原则，它要求详细陈述如何查找信息以及信息是如何被使用的，并要求签署一份协议，规定分析信息的电脑程序不能给出个人或者企业的身份。

"如果数据库的搜索结果无意中泄露了个人的标识符，"财政部规定中指出，使用者必须"终止搜索，直到采取了相应的安全措施；放弃所有的有个人标识符的记录给财政部官员；并且不再泄露信息。"[5]

民主理论认为，公众的信息应该同等地向所有成员公开。对于纸质记录这相当容易，任何人都可以轻易地进入和检查。但复杂的电脑记录需要特殊的设备和特殊的技能，不适用于普通公民。应该由谁来支付获取资料的成本仍然未有定论。一些政府部门对使用或者复制电子公共记录收取特殊费用，这些费用可轻易地被操纵，成为信息自由（freedom of information）的障碍。但是，时代站在我们这边，政府机构正在认识到把报告和原始数据放在网上的便利性，这样可以避免回应不断地索要副本的请求。

当一名记者或好奇的市民想要得到某一特定信息并且可以描述出其中的某些细节：比如说一份房地产交易、一份出生证明，或者竞选捐款人的列表时，检索信息是比较容易的。这通常是相当明确的，政府有责任提供这样的信息，并且支付提供此信息的费用或者收取象征性的复印费。但是政府是否应当支持一项蓄意搜寻呢？合并两个数据库进行浏览，来看看会出现什么状况，这样的活动应该服从相同的获取规则吗？1974 年的《隐私法案》（Privacy Act），已故参议员山姆·欧文（Sam Ervin）发起的最后提案之一，在政府机构交换和匹配数据方面设置了障碍。里根政府期间，曾有一个提议将联邦普查局从商务部（Commerce Department）转移到财政部，这个提议被当场否决了，理由是掌握所得税记录的机构不应该同时保存人口普查记录。另一方面，一个资源丰富的记者有时可以得到政府记录持有者的帮助，从而匹配记录。例如，《密尔沃基日报》有来自联邦航空管理局（Federal Aviation Administration）提供的一组有飞行执照的人员的名单，要求威斯康星州运输部（Wisconsin Department of Transportation）提供名单上飞行员的开车记录。威斯康星州的官员热情地向记者詹姆斯提供了 302 名威斯康星州飞行员的名字，这些飞行员都曾因为酒后驾车被判有罪，其中 17 人有驾驶客机的执照。[6]

《华盛顿邮报》的发行人凯瑟琳·格雷厄姆（Katharine Graham），在她2001 年去世前不久，警告新闻自由记者委员会（Reporters Committee for Freedom of the Press），由于担心通过计算机和互联网的力量使潜在的侵犯隐私成为可能，"善意的立法者"可能会采取过度的反应。

"联邦和州政府官员目前正在考虑是否要改变规则以及拒绝公众获取法庭文

件，这些法庭文件以前一直是向公众开放，仅仅因为这些文件现在是以电子的形式来获取的，"她说。[7]

　　针对这样的搜寻工作将来会竖立起什么样的壁垒，可能取决于记者的自我约束，记者应该知道如何处理电脑化的公共记录。识别出开飞机或开校车的酒鬼符合于一个明确的公共目的，只有少数人会认为，飞行员或校车司机的隐私权优先于他们所服务的乘客的安宁。但如果记者使用电脑揭露令人尴尬的私人隐私，只是为了炫耀他们的高超技巧，并没有任何明确的公共利益，那么监管部门的激烈反应是不可避免的。至少，记者应该对自己要有同样的道德标准和同样的约束，就像通过其他方式搜集信息时所应当遵守的那样。如果我们认为电子记录与纸版记录有同样的法律地位，我们在处理电子记录时至少要同样谨慎。

 ## 定义民意

　　精确新闻最擅长分类整理各个特殊利益群体之间的冲突，测量利益集团所支持的，估计他们可能产生的影响。如果它确实这么做了，它就背离了民意的全民公决模式，全民公决模式唯一的优点就是容易理解。

　　通过全民公决模式，我想说明的一个民意观点是，在任何给定的议题上，政策制定者应当遵循大多数人的意见。在全民公决模式中，每个公民的投票计数都是完全相等的。

　　在现实世界中，并非如此，甚至那些很少的几个实际上是由公民投票决定的议题也不是如此。甚至在那些事例中，是由那些付出了投票成本——时间和精力消耗——的人来做出决定的。在这个国家中，没有什么是由一个来自公众的代表性样本所决定的。

　　那么为什么我们还要那么麻烦地去获得并且访问一个有代表性的公众样本呢？也许，因为它的存在。因为我们直觉上对全民公投、多数人决定的模式的公平性感到欣慰舒适。一定程度上也要归咎于乔治·盖洛普——美国民意调查的先驱，因为他促使我们习惯于认为一个民意调查就是一个持续的全民公决，大多数人的意见可以表达出来。[8]

　　但是自阿历克西·德·托克维尔①（Alexis de Tocqueville）以来的美国政治观察家已经知道，纯粹的多数原则既不可能也不可取。托克维尔担心纯粹的多数人控制会阻止最聪明和最好的人利用他们的天赋为公共利益服务。他赞成形

---

　　① 阿历克西·德·托克维尔（1805—1859），法国历史学家、社会学家。主要代表作有《论美国的民主》（第一卷）（1835）、《论美国的民主》（第二卷）（1840）、《旧制度与大革命》。《论美国的民主》使他享誉世界。——译者注

成利益集团，以集中少数人的力量来创造一个"防止多数人暴政的必要保证"[9]。

精确新闻最初的构思出现在 20 世纪 60 年代的社会抗议活动中，它作为一种方法扩展了记者的工具包，使得记者得以报道以前无法进入的或只能粗略接近的容易遭受新闻审查的主题。对于难以获得表达机会的少数族裔和持不同政见的团体来说，精确新闻是一个特别有用的发出声音的渠道。

在美国的代议制政府总是涉及竞争派系之间的分歧，就像詹姆斯·麦迪逊（James Madison）——第四任美国总统以及 1787 年的宪法制定者之一——已经预见到的一样。[10]但对于大型和冲突不断社会中的代议制政府的复杂性来说，全民公投模型太简单了。大多数人需要的事情是相互矛盾的。在从一个议题转变到下一个时，大多数人的构成也发生了变化。[11]一些选民对某一议题的感觉如此强烈，以至于换取他们愿意在其他几乎一切的议题上做出让步，以换取在自己关心的问题上达到目的。这样的交易被称为互投赞成票（logrolling）。在当选的代表中互投赞成票的情况发生得很明显，但你可以在单一议题压力群体的工作中看到它的根源。像大多数现代民主国家一样，我们是由临时联盟统治治理的。形成这些联盟的过程——比起欧洲的议会民主国家总是不太正式的和更难沿袭的——是值得探究的，但它需要一种特殊类型的民意调查，包括承认并不是所有的观点都是平等的。我们可以更好地为民主服务，通过花较少的精力了解大多数人的想法，花更多的精力探究特殊子群体的态度，帮助他们了解彼此。

选举

参与投票的人是全部人口中的一个有趣的并且特异的子集。近年来，他们通常是少数。测量他们的态度和行为是有重要意义的，并且特别具有挑战性，这种努力一直是精确新闻最流行的应用之一。

对很多记者来说，努力测量乃至预测选举行为的动机来自简单的竞争心理。关于选举最有趣的事实是谁会获胜。如果你能提前知道这一结果，它就是新闻。《文学文摘》（Literary Digest）杂志从 1916 年到 1936 年以一系列的调查展示了选举预测的新闻价值，直到它们的技术失败了。乔治·盖洛普证明了它可以更加完善，他进行一次民意调查成功地预测了三件事。他不仅预测到富兰克林·罗斯福在 1936 年的选举中将以压倒性优势赢得大选，同时也预测到了《文学文摘》的民调将得出相反的结果，他甚至对《文学文摘》的民调中支持阿尔夫·兰登（Alf Landon）的比例给出了一个准确的估计（他从《文学文摘》杂志用来招募 200 万受访者的相同的电话和汽车用户的名单中，抽取了一个小样本进行调查，从而做到了这一点）。这一切建立了盖洛普的声誉并且使得民调可信。自那时起，民意调查技术已经提高到了这个程度，即在全国性的民调中，如果与总统大选的结果相差两个以上的百分点，该项民意调查就被认为是失败的。在1988年的总统选举中，没有民意调查预测失败。[12]

20世纪60年代当我还是一个驻华盛顿的记者时，民调观察家重点关注两个全国性的在多家报纸上发布的调查结果，就是来自乔治·盖洛普和路易·哈里斯（Louis Harris）的民调结果。访问员进行入户面访与市民进行交谈，并且把结果邮寄到公司总部，对每项民意调查的结果进行分析和报告，要花上几个星期的时间。

竞争加剧、技术改进以及快节奏的总统选举过程改变了这一切。现在已经有很多的全国性民意调查机构涉及这一领域，在竞选活动的最后几周，每天都有新的民调结果发布。公众和媒体对如此密集的民调数据都不太适应。因为总统选举的过程本身正在发生变化，有人把一些不受欢迎并且令人不安的变化与民意调查联系在一起，并且开始指责民意调查。

 ## 投诉清单

对于选举民调的主要投诉集中在以下五个方面。

（1）**"民意调查太多了"**。专栏作家杰克·格蒙德（Jack Germond）抱怨道："每家报纸和电视台都认为必须有自己的民调，因此我们对毫无新意的事情进行量化。"[13]这至少是一种自我限制性的问题，民意调查产生的根源是回应自由市场对信息的需求。当民意调查只是重复了毫无新意的事情时，需求将会下降。

（2）**"民意测验不够准确"**。在总统竞选活动的早期，在几天内公布的不同民意调查，结果看起来也是不同的，这时常常会听到这种抱怨。当然，假设它们不可能都是准确的。

这个问题的主要原因，如果不是全部的话，是调查机构会把它们最好的和最贵的方法用在它们后期的测量上，那时的民调将与选举结果进行对比，以对民意调查进行评估。早期的民调由于多种方法方面的原因，给误差留下了更大的空间，包括小样本以及不太严密的识别可能投票者的方法。在只有大约一半的选举人口参与总统选举投票的国家里，识别出那些会去投票的人既重要又困难。

新闻惯例也夸大了民意调查中的差异，新闻报道关注两位候选人之间的得票差距，而不是领先者得票数量的规模。例如，回到1988年的总统大选，最后一次的盖洛普民调报告说乔治·布什领先12个点，同时，哈里斯的最后一次调查给出了布什领先 4 个点。当然，这样看起来，其中的一个或者两个民调都存在着严重的误差。事实上他们不是。盖洛普给出布什将会获得 56％的选票，哈里斯给出布什会获得 52％的选票。实际结果是布什获得了 54％的选票，所以两个调查都精确到了 2 个百分点，很好地处于正态抽样误差之中。其他的在选举周进行的全国性民调的结果甚至更接近最终大选结果。

下一个投诉是与一种不准确性有关。

（3）"民意调查经常被错误地解释"。这似乎也是一个可以自我解决的问题。30 年前，我为《哥伦比亚新闻评论》（Columbia Journalism Review）写了一篇关于记者错误理解民意调查的文章，重读这篇文章，显示了在理解和解释选举民调方面，媒体已经取得了很大的进步。[14]那时一些常见的问题，如把在一个城市或县里进行的民调的结果推广到整个国家，或者用 8 月份的民调结果预测 11 月份选民的决定，已经不再那么普遍存在了。今天仍然存在着解释错误，但这些错误更加细微不宜察觉。例如，未能区分民调是针对达到选举年龄的成年人，还是针对有意投票的选民。民意调查数量的剧增当然会促使记者更精通于解释民调结果，信息市场要求这一点，但是这样只会加重清单上的下一个投诉。

（4）"民意调查太准确"。这个抱怨背后的逻辑是，即使多数时候都是错的，民意调查也是相对无害的，因为没有人把它们当回事。但是当民调是正确的时候，公众相信他们并且对他们做出反应，从而可能影响投票行为。这个逻辑类似于 17 世纪英国的诽谤法，认为诽谤声明中事实越多，侵权就越多。

以下这个投诉，可能是讨论最多的一个。

（5）"民意调查影响选举的结果"。直到最近，民调从业者倾向于认为民调本身对选举过程的影响是不存在的或者是可以忽略不计的。[15]最近的 1980 年，阿尔伯特·E·戈林（Albert E. Gollin）认为这样的忧虑"已经消失了，因为缺乏证据"[16]。没有更多的。因为研究已经变得越来越复杂，这种状况已经变得难以维持，特别是当研究者通过政治捐款人、竞选活动的志愿者以及代言人关注间接影响时[17]。早期的民调是一个特殊的问题，这些调查是知名度测试而不是预测谁会赢。没经验的民调数据用户并不是总能意识到这个局限，并且这会让一个鲜为人知的挑战者吸引所需要的支持，对著名的现任者发起重要的挑战变得很难。潜在的支持者错把知名度数据当成了大选预测结果，被吓跑了。这种错误就对休伯特·汉弗莱（Hubert H. Humphrey）1968 年被理查德·尼克松（Richard M. Nixon）击败产生了影响。汉弗莱在早期民调中落后，未能获得经济支持，以至于他无钱购买一个需事先预定的后期竞选活动的电视广告。因为那次选举结果是非常接近的，一次后期的媒体推广活动可能带来不同的结果。

竞选捐款人仍然会犯这样的错误。"如果一项民意调查显示现任总统以 47％对 30％领先，那么挑战者就很难筹集资金了"，民调专家戈登·布莱克（Gorden S. Black）说，"但实际上，我们从研究中知道，现任总统少于 50％的支持率就有大麻烦了。"[18]民主的解决方案，当然不是限制民调，而是教会那些使用民调数据的人合理地做出决定。

民调结果对选民的直接影响如何也被关注，这种效果往往很轻微，缺乏统计上的显著性，但这并不意味着它们缺乏实质性的价值。在一场势均力敌的选举中，没有什么影响是可以忽略不计的。在 1960 年、1968 年以及 2000 年的总统选举中，许多在正常情况下无足轻重的因素都可能导致结果向另一方向倾斜。

对选举影响的抱怨让人不禁想问，这种影响效果对民主来说是好是坏。甚至民调专家为保护自己，经常也先假定这种效果是不好的。但另一个观点也需要考虑，在今天媒介驱动下的选举，民意调查所提供的信息——从初选民调到选举之夜的提早电话调查——可能实际上有助于选举过程。

这听起来像一个激进观念，测量的是我们已经忘记民主理论根源的程度。

在美国，人们对选票的神圣性有一种近乎神秘的、严肃的情感，仿佛民主是一种宗教，而不是让人统治管理的实践方式。美国是一个移民国家，对于那些来自非民主或缺少民主的国家的人来说，投票权象征着暴政和民众控制之间的区别。我们往往忘记了无记名投票是源于澳大利亚的舶来品，并且在我们的历史中是相当近期的一个新生事物。无记名投票的初衷不是为了保护公民的隐私，而是使腐败的政客贿赂选民变得更加困难。一个公民的投票是未知的，就不容易被收买按确定的方式投票，因为他无法证明他完成了约定。最早美国殖民时期的选举是在大庭广众之下公开进行的。例如，在弗吉尼亚（Virginia），选民进入法庭，站在法官前，并宣布他的投票结果。在某些情况下，候选人甚至亲自出席当面表示感谢。如果候选人没有亲自出席的话，他们的代表会待在那里记录选票。[19]

在新英格兰地区市民会议（New England town meeting）上的投票，是美国民主模式的原型，是在大庭广众之下公开完成投票的，并且公开投票结果是立法机构的标准做法。策略性投票（tactical voting），即一个人一直握着自己的选票，直到了解了其他人的投票情况，并基于这些信息做出自己的投票选择。策略性投票在立法机构是一个可被接受的实践，并且它是非常有道理的。

共识的建立

在大型复杂的国家中，代议制民主面临的一个问题就是从许多小的和多样化的利益细分群体中形成一个有效的多数。永远不会有足够的资源让每个人都能得到他想要的一切。把相互冲突的目标整合为一个整体以制定出最好的和最连贯的政策，从有记录的人类思想以来一直是一个困扰哲学家的问题。经济学家称之为最优化（optimization），对它表示担心的伦理学家称之为实用主义（utilitarian），政治学家称之为共识形成（consensus formation）。在所有要考虑这个问题的领域，信息对于解决方案来说都是至关重要的。在政治中，共识形成的主要办法是联盟的建立（coalition building），使得信息的需求尤为重要。为建立一个联盟，你必须知道每个群体需要什么以及需要的程度，换句话说，为了得到所需要的，这些群体愿意放弃什么。

在欧洲议会民主制度下，联盟建立过程主要是在选举之后，代表不同规模少数人的特定政党的成员彼此达成协议以组建政府。在美国是两党制的赢者通吃制度，联盟的建立发生在选举之前。这种结构性差异至少部分导致了长期以来美国的投票参与率低于欧洲。如果这两个主要政党的工作已经做到位，共识达成的过程将使他们在选举时非常紧密，导致选民对于最终选择相对无关紧要。

但美国主要政党的工作不像过去一样灵巧。发生在党派全国提名大会上的协调安排，通过一系列的投票表决逐渐越来越接近一个有效多数，这是一个相当有效的联盟建立的方法。但最后一次的多次表决发生在 1952 年，当时民主党在第三轮投票中提名阿德莱·斯蒂文森（Adlai Stevenson）为候选人。信息流动经由大众媒体已经变得很有效率了，所有的重要参与者在到达开会城市之前就已经知道了，谁有什么谈判筹码以及结果是什么。

1970 年党派改革使得权力脱离了党内专业人士，权力交给了普通党员，这使得媒体的作用变得更大。这个改变产生作用的机制主要是鼓励各州通过初选选出它们的会议代表。这个所谓改革带来的一个影响就是，候选人的选择权落入到非专业人士手中，这些人对促进他们狭隘的意识形态目标更感兴趣，而不是找到一个胜出可能性最大、能捕捉广泛中心的候选人。1972 年的乔治·麦戈文（George McGovern）（他领导委员会起草了民主党的新章程）以及 2000 年的乔治·布什（George W. Bush）就是新的非温和派候选人的例子。

联盟的建立在美国制度下从来都比在欧洲议会制下更困难，政党变弱使得情况更加困难，而且它给大众媒介的传播带来了很重的责任。现在必须向普通选民来提供信息，而这些信息以前只有政党专业人员才需要。向选民提供准确的信息包括各方情况、不同组别选民在选举中相对的投票强度和偏爱，可能是帮助而不是伤害，这种假设是合理的吗？

策略性投票

就拿早期的初选来举个例子。假设你是一个民主党人，你的第一选择是拉尔夫·纳德（Ralph Nader），第二选择是比尔·布拉德利（Bill Bradley），最后

240

的选择是阿尔·戈尔（Al Gore）。你需要根据民意调查的信息来做出理性的选择。如果民意调查显示戈尔领先，布拉德利有机会击败他，而纳德在第六场后出局，假使你投票给你的第二选择，那么你的投票将价值最大。为什么你没有从这个信息中获得好处呢？

这里是另一个例子。在1980年，总统候选人是罗纳德·里根（Ronald Re-agan）、吉米·卡特（Jimmy Carter），以及一个持不同政见的温和派、从共和党中退出的约翰·安德森（John Anderson）。一个中间派选民可能喜欢卡特，只要他看起来有机会获胜。给定的信息表明卡特会输，这个选民可能想投安德森一票，以抗议共和党右翼里根的获胜。

考虑另一种可能性。当总统和国会都掌握在同一个政党的手中时，美国的体系运行起来最有效率。一个理性的选民意识到这个事实，并认为这很重要，就可能会合理地利用民意调查关于谁会赢得总统大选的信息，来决定如何投票给国会议员候选人。

最后，还有参与投票的问题。选民可以合理采用选举是否决出胜负的信息，来判断影响结果的可能性是否足够大，从而确定是否去投票。不是每个人都想在这个方面成为理性的人。我在加州的表兄弟说，在他们还没有进行投票之前，媒体就告诉他们选举已经结束了，这使他们不满，感到无能为力。另一方面，我认为他们应该心存感激，因为比起我，他们有更多的信息来决定如何行动，而我住在东海岸，必须盲目地投票。有一天，我告诉他们，将会有一场近期的选举，电视网的主持人会看着他们，告诉他们选举结果将取决于西海岸的选民。我西部的表兄弟们那时就可以迅速离开浴缸，充满力量地前往投票地点。[20]

民意调查真的能以这种方式向选民提供策略指南吗？或者这只是空的理论？让我们来看看极端情况，电视网在大选之夜提前宣布结果（early calls）。研究在极端情况下产生的后果是最佳机会，因为它们没有给微妙之处留下空间。极端的例子是一个提前宣布的结果表明，选举一方获得压倒多数选票，选举结果出来了。最好的例子是1980年的选举，当时总统吉米·卡特谋求连任，与挑战者罗纳德·里根对决。根据出口民意调查和样本预测数据，NBC在晚8点后不久就宣布，里根赢得了选举。卡特总统立即承认败选，而此时从纽约到加利福尼亚的许多州的投票点仍然开放着。

提前宣布结果对选民投票行为影响的大多数研究，是由政治学家进行的。密歇根大学的约翰·E·杰克逊[21]（John E. Jackson）利用固定样组（panel）调查的数据，以及罗格斯大学的迈克尔·X·代利卡皮尼[22]（Michael X. Delli-Carpini）观察国会选区层次上的累积投票数据，这两个研究发现了证据，表明受卡特已经承认败选的影响，选民投票参与率下降。换句话说，这种反应是合理的。

此外，代利卡皮尼还发现有趣的证据，表明选民沿着更微妙的线路合理地使用信息，就是我刚刚提到过的。在 NBC 提早宣布结果后开放投票点的地区，支持民主党的选票下降，并且支持约翰·安德森的选票暴涨 2％，并且有近 5％的比例在国会议员投票中转投共和党的候选人。能否把这些老练的选民细分出来呢？当他们知道卡特失败了，就去投安德森的票来表示抗议，或者当他们预计共和党人入主白宫时，就在国会议员选举中投票给共和党人。代利卡皮尼发现，共和党国会席位的增多，来自收入和教育水平较高的地区——刚好来自那些被期望这样算计的人。杰克逊的个人层面的数据包含了一致性的关系——尽管统计上并不显著，在听说提早宣布结果或者卡特承认败选后，共和党人比民主党人更可能踌躇，不去投票，而共和党倾向于比民主党人有更高的社会经济地位。

242

预测错误的时候

如果提早宣布的结果是错误的，当然，所有的这些好处是没有实际意义的，就像在 2000 年总统大选时佛罗里达州打开选票箱后出来的结果。但出口民调不应该归咎于那次惨败。大选之夜的预测从各州的出口民调开始，此时各州的投票还没有结束，然后逐渐转向依赖模型，这些模型是利用所抽取的选区建立的。2000 年佛罗里达的模型存在着几个问题，而不仅仅是由于沃卢西亚县（Volusia County）216 选区的一个有缺陷的存储卡。各个选区的结果应该通过网络传送到县总部，但一个通信故障迫使工作人员亲自携带存储卡。这一路走来，存储卡损坏了，当它被输送到主计算机时，它显示投给阿尔·戈尔的票数是负的16 022票以及投给乔治·布什的是正的 2 813 票，而这个选区只有 412 人投票。[23]这足以使全州范围的模型高度向有利于布什的方向倾斜。在错误被发觉并被修正之前，媒介就宣布布什获胜，并且戈尔已经过早地承认败选。事实上，全州范围的投票结果是旗鼓相当的，联邦最高法院最终裁定布什是获胜者。

很难证明如果媒体未能提供准确的信息，选民可以理性地使用选举数据。一些数据来源的多样性将会有所帮助。但为了省钱，主要的新闻机构合伙进行数据搜集工作，这样如果一个机构错了，它们就都错了。在 2000 年唯一的例外是依靠自己的记者网络的美联社，避免了过早预测布什获胜。

即使是最精确的选举预测也被政治家们厌恶，政治家们认为他们被选举预测伤害了。州和地方政府的候选人希望有长尾效应或者一个高投票率，可以公正地说提早宣布的结果损害了他们的利益。但这些效应是视情况而定的。它们经不起被转变成意识形态问题。抱怨倾向于忽视这些伤害是否不公平的问题。

投票结果是选民前往投票站所需要的外部动机，没有民主制度理论认为，选举应该由不关心结果的选民来投票决定。

　　总的来说，可以证明，合理使用其他选民做什么或将要做什么的信息有助于民主进程。选民一直是利用这种信息来采取行动的。新鲜之处在于民意调查使信息更少出错。当早期的预测显示选举就要结束了时，他们可以刺激投票率。1968 年理查德·尼克松曾期待以绝对优势击败休伯特·汉弗莱，但选举结果却是两人获得的选票非常接近。如果好的早期预测结果最后被替代了，是因为有些选民意识到他们有一个特别机会来制造不同的结果，这种想法激励着他们去投票，使得投票率大幅上升。

　　这种理性选民理论不能解释所有的问题。仍然会有选民不理性地使用信息。但在民主国家这并不违法。毫无疑问有选民反对迈克尔·杜卡基斯（Michael Dukakis）是因为他的希腊血统，或者有人投票反对乔治·布什是因为他来自得克萨斯州。我还没有听到过有人认为应该禁止公布候选人的出身信息，因为选民可能会不理性或不公正地使用这些信息。一个民主制度如果试图防止选民获取可能会不理性使用的信息，这就不再是一个民主制度了。强迫选民在无菌的、无信息的环境中做出投票决定是做不到的，也不应该这样做。[24]

媒体的担心

　　赞助民意调查的大众媒体对于它们的新角色感到不安，但它们除了完成任务别无选择，就像普通选民必须承担起新的并且更重的责任。当《迈阿密先驱报》详细报道加里·哈特（Gary Hart）① 性丑闻事件时，就是应对这种新的需求。现在一个候选人的全部情况都呈现给了普通选民，在以前，这些情况只会局限在烟雾弥漫的房间内，由有权势的人来协商确定。现在因为预选系统已经把决策权从这些房间里拿出来，直接交到了选民的手中，所以媒体的责任就在不断增加，要向这些选民提供信息，以便有助选民行使这种权力。

　　"花车乐队效应"（bandwagon effect）是一个术语，最初应用于全国提名大会的代表，某位代表的目标是在能够发挥作用时，站在获胜的一方，从而使得获胜者对这位代表负有某种责任。这是一个有用的现象，有助于建立联盟。不过当表演舞台从一个会议厅扩大到全国范围时，这种现象就没有那么有用了。然而，媒体仍然对导致了花车乐队效应感到愧疚，即使这种贡献来自准确的

---

　　① 加里·哈特，美国民主党参议员，曾参加 1984 年民主党党内预选，但未能获得民主党总统候选人提名。1988 年再次角逐党内候选人，其间爆出绯闻，并被媒体质询，一度退出预选，几个月后又宣布参加预选，受到民主党内的批评和媒体、民众的嘲讽，最终退出党内预选。—— 译者注

信息。

　　当涉及定量数据时，这种自责是特别强烈的。选举过程需要信息，媒体不能也不应该避免提供对结果有潜在影响的信息。但是，当信息是关于选民自身的时候，一个特定循环引入到过程中，这使媒体人不安。民意调查包含数字这一事实带给民调一些特殊的神秘感，比起一个新闻媒体采用纯粹的定性方法来进行深入调查研究，民调看起来更像一个"伪事件"（pseudo-event）。[25]同时，使用数字和科学方法使得民调信息比来自从传统报告模式的信息更加可信。矛盾的是，如果信息是错误的，这种增强了的可信度就增加了社会成本。所以，为避免这种脑力的自我伤害，一些机构想尽办法以模棱两可的方式来报告数字。为达成此目的，它们不理会民调机构费尽力气得到的可以直接与选举结果相比的一个数字（这样牺牲了对民调效度的一个直接检验），同时过于强调未决定（undecided）以及摇摆（leaning）的选民，就好像他们的存在预示着选举结果有巨大的不确定性。

　　举个例子来说，《纽约时报》在 1988 年 11 月份报道最后一次盖洛普民意调查的结果时，删除了盖洛普机构关于在两党选票中布什将赢得 56％的选票的基本预测，只报道了较不重要的精练数字，隐瞒了盖洛普对未决定的那部分选民的分配。[26]《纽约时报》显然不认为它的读者也能应对这些知识。《今日美国》在头版以图形的方式展示了戈登·布莱克（Gordon Black）的直接预测：布什获得 55％的选票，但在相应的报道中没有提到这一点，而是强调了摇摆者（leaner）和未决定者。[27]三大电视网的民调没有对未决定者进行预测分配。任何想把民调结果与选举结果进行比较的人，必须从百分比的分母中去掉未决定者才能比较。有些报纸甚至对把摇摆者合并到最终结果中心存疑虑（从前一章你可以知道，摇摆者就是只有问一个后续问题才能给出选择的人——例如，"截至今天，您倾向于谁"）。对这种离奇行为的一个解释是，媒体想避免明显的效度检验，把摇摆和未决定的选民定位在掩盖它们民调的可能错误上。一个更微妙的解释也是貌似有理的：对民调的抱怨使媒介经理们对自己的精确感到愧疚，所以他们试图把这种精确掩盖起来。

　　反过来说，这种内疚感可能是基于对一条新闻准则的违背：媒体应该用超然不参与的态度来观察和报道。发布民调似乎有接近参与的危险，这样的立场表明了对美国民主制度的无知。决定什么应该公布以及什么不该公布，归根到底也是一种参与。

　　民主从来就不是在无菌的、无信息的环境中运作的。然而一位媒体民调专家在 1988 年 11 月选举后发表的一篇文章写道，共识的形成是"媒体民调的真正危险"[28]。这一观点被广泛接受，它显示了一些美国人对我们的体制以及背后的理论了解得是多么少。共识形成是选举过程的目的。如果精确新闻报道以选前调查和出口民调的形式，帮助选民进行自我沟通并达成共识，那么就有希望到达大众传播技术试图带给我们的、直接民主的、勇敢的新世界。精确新闻就是这种技术的一部分。

如果精确新闻能够全心全意地拥抱科学方法的开放性，其潜在的危险和滥用将会自我修正。一个基于科学方法的新闻留下了痕迹，通过痕迹可以发觉错误和验明真理。选举民调就是最好的例子。公众信任民调的程度，就像民调值得信任的程度，不多也不少。把民调与选举结果进行比较，是公众进行判断的绝妙方式，记者不应该创建壁垒来抑制或混淆这种判断。如果其他形式新闻的准确性也可以进行这样的检验，那么思想市场将持续而高效地把真理奖励给那些记者。作为记者，应该欢迎这样的检验机会。

【注　释】

[1] Roger Burlingame, *March of the Iron Men* (New York：Grosset & Dunlap, 1938)，239.

[2] Philip Meyer, *Precision Journalism* (Bloomington：Indiana University Press，1973)，15.

[3] Elliot G. Jaspin and Maria Miro Johnson, "R. I. , System Fails to Fully Check Driving Records of Bus Applicants," *Providence Sunday Journal*, March 1, 1987, 1.

[4] James Rowen, "3% of Pilots Have Record of Driving while Drunk," *Milwaukee Journal*, February 12, 1989, 1.

[5] Cory Dean, "Computer Use for News Raises Legal Questions," *New York Times*, September 29, 1986, A12.

[6] Rowen, "3% of Pilots Have Record of Driving while Drunk."

[7] 2001 年 5 月 22 日在纽约，凯瑟琳·格雷厄姆 (Katharine Graham) 获得了新闻自由记者委员会颁发的终身成就奖，在颁奖仪式上她发表了关于法庭记录与隐私保护方面的演讲。

[8] George Gallup, *The Sophisticated Poll Watcher's Guide* (Princeton, N. J. ：Princeton Opinion Press，1972).

[9] Alexis de Tocqueville, *Democracy in America* (New York：Schocken Books, 1961)，192. (Originally published 1835.)

[10] James Madison, Federalist No. 10, *The Federalist* (New York：Putnam, 1888).

[11] 有关多数主义者模式的困难的更多讨论，请参见 James M. Buchanan and Gordon Tullock, *The Calculus of Consent：Logical Foundations of Constitutional Democracy* (Ann Arbor：University of Michigan Press, 1962)。

[12] 在两党选票中，乔治·布什获得了 54% 的选票，不同来源的民调（电视网的民调是基于做出决定的选民，其他来源的民调还加上了所分配的未做出决定的选民）给出的结果是：《今日美国》（戈登·布莱克）55；CBS，55；ABC，55；NBC，53；哈里斯互动，52；盖洛普民意调查，56。

[13] 引用 Michael Traugott, "Marketing the Presidency：Is There a Tyranny of Media Polls?" *Gannett Center* Journal (Fall 1988)：60。

[14] Pillip Meyer, "Truth in Polling," *Columbia Journalism Review* (Summer 1968).

［15］例如，参见 the chapter on bandwagon effects in Gallup's 1972 book *The Sophisticated Poll Watcher's Guide*。

［16］Albert E. Gollin, "Exploring the Liason between Polling and the Press,", *Public Opinion Quarterly* 44, no. 4 (Winter 1980): 445 – 61.

［17］Richard L. Henshel and William Johnston, "The Emergence of Bandwagon Effects: A Theory,"*Sociological Quarterly* 28, no. 4 (1987): 493 – 511.

［18］Gorgon S. Black, personal communication, January 16, 1989.

［19］Neil Spitzer, "The first Election," *The Atlantic* (November 1988): 20.

［20］存在着这样的选民，我在加利福尼亚州丹维尔的表妹马瑞林·蔻基（Marillyn Cozine）告诉我，她在 1980 年的选举中就基于电视的报道对约翰·安德森（John Anderson）进行了策略性投票。

［21］John E, Jackson, "Election Night Reporting and Voter Turnout," *American Journal of Political Science* 27 (1983): 615 – 35.

［22］Michael X. Delli Carpini, "Scooping the Voters? The Consequences of the Networks' Early Call of the 1980 Presidential Race," *Journal of Politics* 7 (February/March 1984) 48 – 50.

［23］Philip Meyer, "Glitch Led to 'Bush Wins' Call," *USA Today*, November 29, 2000, 15A.

［24］对此争论更好的阐述来自西班牙背景，参见 Jose lgnacio Wert, "Uses and Misuses of Survey Polls in the Media," paper presented at the IAMCR－WAPOR joint session on Mass Media and Public Opinion, Barcelona, July 1988。

［25］把民意视为伪事件是由丹尼尔·波尔丁（Daniel Boortin）在 1961 年所倡导的，那时的民调以及新闻媒介使用民调都不如今天这样精细和富有经验。对这个概念的有益讨论，参见 Gollin, "Exploring the Liaison between Polling and Press," 449。

［26］"Bush and Dukakis Travel to West for Final Jousts of Campaign," *New York Times*, November 7, 1988, B14.

［27］《今日美国》1988 年 11 月 7 日第一版。负责图表绘制的编辑，与最终审核报道的编辑，在应该报道什么内容方面存在着不同的观点。

［28］Michael Traugott, "Marketing the Presidency," 64.

可用人口普查数据测量的三件事

种族多样性

当 1990 年人口普查的第一批结果公布时,我和肖恩·麦金托什(Shawn McIntosh)——他当时在《今日美国》工作——意识到日益增长的种族多样性是一个可以报道的好故事。因为一个全国性的报纸覆盖很多地理区域,我们需要一种方法用一个数字来表示人种(racial)和种族(ethnicity)多样性(diversity)的概念。

我们是用一个简单的基于概率的指数来做的。[1] 10 年后,2000 年的人口普查在处理这个复杂问题时,建立了多种族的类别,并且把亚洲裔/太平洋岛民这个类别一分为二。保罗·奥弗贝格(Paul Overberg)——他那时已取代了麦金托什在《今日美国》报道有关人口普查事宜——与我一起工作,针对新体系采用原有的指数,结果它比我们预期的更容易。

为解释它,让我们先从简单的 1990 年人口普查开始。全国性种族有两个类别，西班牙裔和非西班牙裔；人种分为四类：白人、黑人、印第安人以及亚洲裔或太平洋岛民（自 1970 年以来，人口普查把西班牙裔身份作为一个单独的维度，与人种相区分。因此西班牙裔可以被归到任何的人种类别）。

简单说来，多样性指数（the diversity index）就是个概率，表示从给定总体中随机抽取的两个人，至少在人种或种族中的一个类别不同的概率。因为可能是任何概率，它可以表示为十进制或百分比。

在以下所有的计算中，所用的比例是基于一个特定类别的人口。"其他"是从基数中去掉的。

步骤 1：计算随机抽取的两人属于同一人种的概率。

$$P_R = (A^2 + B^2 + C^2 + D^2)$$

其中 A、B、C 以及 D 表示总体中白人、黑人、印第安人以及亚洲裔或太平洋岛民所占的比例。例如，如果某个总体中有 50％ 的白人，那么随机抽取两个白人的概率是 25％。可以算出随机抽取的两个人分别属于这四个组别的概率，然后加起来。

步骤 2：计算从一个总体中随机抽取的两个人都是西班牙裔以及都是非西班牙裔的概率。

$$P_H = (H^2 + N^2)$$

其中 H 表示西班牙裔所占比例，N 表示非西班牙裔所占比例。

步骤 3：计算随机抽取的两个人属于同一人种并且属于同一种族（西班牙裔或非西班牙裔的状态）的概率：

$$P_R * P_H$$

这里是相乘，因为人种和种族这两个维度是独立事件，这是一个"或"的问题，而不是像步骤 2 中那样的"和"的问题。

步骤 4：从 1 中减去结果。

$$1 - (P_R * P_H)$$

计算结果表示随机抽取的两个人至少在两个维度中的一个不同的概率。

修正以适应 2000 年人口普查

2000 年人口普查中最重要的一项变化是把亚洲裔或太平洋岛民（Asian-Pacific Islander）的类别分为两部分：亚洲裔（Asians）以及夏威夷原住民/其他太平洋岛民（Native Hawaiian/Other Pacific）。我们用 D 代表亚洲裔，用 E 表示夏威夷原住民和其他太平洋岛民。

这样，把它们结合在一起来，就创建了适用于 2000 年人口普查的公式，我们有：

$$DI = 1 - [(A^2 + B^2 + C^2 + D^2 + E^2) * (H^2 + N^2)]$$

224

属于多个种族的人群怎么办？我们在计算这个方程中用到的百分比时，他们包含在分母中，但在这个方程中没有包括他们。在默认的情况下，这让他们代表了多样性。这个决定背后的逻辑是，在多种族组合中的每个人至少有一个人种的特征，这个特征至少与其他人种的一个特征不同。因为他们的数量以及夏威夷原住民和其他太平洋岛民的数量很少，这种变化带来的影响很小，与早期的普查（1970 年至 1990 年）相比，结果是很接近的。如果在你所处理的总体中，亚洲裔以及夏威夷原住民/其他太平洋岛民所占的比例非常大，为了更好地与此前的人口普查对比，你可以把他们合并成一个类别。

 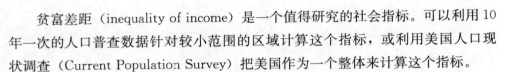

贫富差距

贫富差距（inequality of income）是一个值得研究的社会指标。可以利用 10 年一次的人口普查数据针对较小范围的区域计算这个指标，或利用美国人口现状调查（Current Population Survey）把美国作为一个整体来计算这个指标。

通常，新闻媒体通过比较五分组的情况来报道收入不平等：把人群分为五组，每组人数相等，把最富裕一组的收入与最贫穷一组的收入进行比较。这种方法是非常直观的，但它没有考虑中间三个组的信息。基尼系数（Gini coefficient）用一个数代表了所有的信息。

它是基于以下模型：

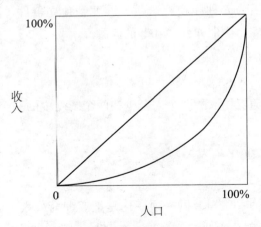

收入和人口的尺度是累积的。横轴是累积的人口百分比，纵轴是累积的收入百分比。

直的对角线是平等线（line of equality）。这么称呼它是因为它代表了一种假设状态，10％的人口获得 10％的收入，等等。如果这是真的，基尼系数就是零。

曲线显示实际发生的情况。起初，收入积累比率低于人口累积比率，最后，收入积累比率超过了人口累积比率。直线下面的曲线凹陷越多，意味着更大的贫富差距。如果曲线下垂到图形的底部和右边界，就意味着一个人拥有全部的收入，基尼系数等于 1。

基尼系数的算法很简单，计算了对角线与曲线所包围的面积占全部面积一半的比例。按公式计算时要考虑到收入数据是按组别来报告的。对于人口普查数据，使用家庭而不是个人作为收入单位，是更合理的。

$$\text{Gini} = 1 - \text{SUM}(X_i - X_j) * (Y_i + Y_j)$$

其中 X 是累积的家庭比例，Y 是累积的收入比例。i 是一个给定的类别，j 是前面的那个收入类别。找出最高类别的宽度需要一些估计。[2]

在一个旧信封的背面来试试看，如果你在曲线下建立了一系列的矩形，每个矩形表示一个收入的类别，并且面积与代表的数量相符，那么你就会看到这些矩形与曲线下的面积接近。收入类别分得越细，这些矩形就会更准确地接近曲线。

一个电子表格工作起来远好过铅笔和纸，J. J. 汤普森（J. J. Thompson）在《测量收入不平等的工具》（*A Tool for Measuring Income Inequality*）中给出了计算步骤，这篇文章出自《尼曼报告》（*Nieman Reports*）1997 年春季号。

当进行历史比较或地理区域比较时，像基尼系数这样的数字就更有意义，所以这里有一些比较。在美国历史上基尼系数最低的是 1968 年（当时林登·约翰逊是总统）的 0.388。从那时起，它就一直上行（有过小幅波动），1998 年基尼系数达到了 0.456。

相比之下，世界银行给出的数据涵盖了不同国家的不同历史时期和不同形式的政府。在南美，贫富差距有变大的趋势，例如，巴西是 0.601（1995），智利是 0.565（1994）。[3]

在我们经常把美国与之进行比较的一些国家里，贫富差距要小得多，像瑞典是 0.250（1992），加拿大是 0.315（1994）。因为极端的贫富差距常常是与政治不稳定联系在一起的，不管在什么国家，基尼系数都是值得追踪研究的。

 ## 种族隔离

251

"种族隔离"是一个相关名词，所以你必须建立一个比较的基础。一个逻辑基础是进行评估的单位是嵌套在更大的总体中，例如，一个县中的一所学校。这就是相异指数（Dissimilarity Index）背后的逻辑。相异指数是社会学家常用的一个单一数字，用来测量一个总体中种族隔离的程度。

它生成一个在 0 和 1 之间的一个数字，这个数字表示的是，为满足以选区作为整体，各个学校有同样的种族混合，各个种族的学生不得不换学校的比例。换句话说，这个数字越高，种族隔离程度就越高。

其公式[4]如下：

$$D = St_i \mid p_i - P \mid / 2TP(1-P)$$

t 是在各个学校的学生数量。

p 是在相同的学校白人学生的比例。

P 是在整个选区中白人的比例。

T 是在整个选区中总的学校学生数。

S 和下标 (i) 意味着要对每个学校进行同样的计算，然后把结果求和。

垂直的线 $\mid \mid$ 意味着取绝对值，符号里面的差异是绝对的（不允许出现负值）。

下面是一个假设的例子，在某地区四所学校共有 1 800 名学生（见附表一1）。

附表一1　　　　　　　　　　　　四所学校学生情况

学校	白人	黑人	合计
A	300	100	400
B	250	250	500
C	100	300	400
D	250	250	500
合计	900	900	1 800

处理这个公式最简单的办法就是创建一个电子表格，每个学校占一行（见附表一2）。表格右下角的数值就是利用这个公式计算出来的分子。

附表一2　　　　　　　　　　　四所学校学生情况电子表格

学校	规模 (t)	学校白人比例 (p)	地区白人比例 (P)	$\mid p-P \mid$	$t(p-P)$
A	400	0.75	0.50	0.25	100
B	500	0.50	0.50	0.00	0
C	400	0.25	0.50	0.25	100
D	500	0.50	0.50	0.00	0
总和					200

分母是可以直接计算的。在这个例子中：

$$2TP(1-P) = 2 * 1\,800 * 0.5 * (1-0.5) = 900$$

这样，$D = 200 / 900 = 0.222$

为了验证这一点，回到前面的表格，并且指出谁必须转学，使得所有学校中白人与黑人学生是一半对一半。可以从 A 学校转移 200 名白人学生到 C 学校（或者从 C 学校转移 200 名黑人学生到 A 学校）。

无论哪种方式，某个种族或其他种族有 22.2% 的比例不得不转移，以使整个选区的各个学校的种族平衡。

对相异指数 D 的另一种解释是，作为每所学校白人比例与整体白人比例的偏差均值的加权，用分数表示了理论最大值。

在这些计算中使用白人的比例是为了举例，使用黑人的比例也是一样的。这个公式是限制在两个分类的情况下。如果你有更多的种族，你就需要把它们分为两个类别，例如，亚洲裔以及非亚洲裔。

使用电子表格的提示：在 Excel 中 $|p-P|$，可使用 ABS（　）函数。把减法放在括号中，并且你不会得到负号。

【注　释】

[1] 我们的努力成果发表在"The USA Today Index of Ethnic Diversity" *International Journal of Public Opinion Research*（Spring 1992）上。

[2] 我的来源是 J. J. Thoompson, *The Journalist and the Gini Coefficient：A Statistical Approach to Covering Income Inequality*，M. A. thesis，University of North Carolina at Chapel Hill，1955. She credits the estimation formula for grouped data to Mike Fuller, *Economic Letters* 3（1989），189。

[3] 这些数字可以在以下网址找到：www. worldbank. org。

[4] David R. James and Karl E. Taeuber, Measures of Segregation in Nancy Tuma, ed., *Sociological Methodology 1985*，published by Jossey-Bass.

索　引

（所注页码为英文原书页码，即本书边码）

Precision Journalism: A Reporter's Introduction to Social Science Methods, 4e

By Philip Meyer

Copyright © 2002 by Philip Meyer

图书在版编目（CIP）数据

精确新闻报道（第四版）：记者应掌握的社会科学研究方法/（美）迈耶（Meyer, P.）著；肖明译.—北京：中国人民大学出版社，2014.11
（新闻与传播学译丛. 国外经典教材系列）
书名原文：Precision journalism：a reporter's introduction to social science methods，4e
ISBN 978-7-300-18923-9

Ⅰ.①精… Ⅱ.①迈… ②肖… Ⅲ.①社会科学-研究方法-应用-新闻报道-教材 Ⅳ.①G212

中国版本图书馆 CIP 数据核字（2014）第 243266 号

新闻与传播学译丛·国外经典教材系列
精确新闻报道（第四版）
记者应掌握的社会科学研究方法
［美］菲利普·迈耶 著
肖明 译
Jingque Xinwen Baodao

出版发行	中国人民大学出版社	
社 址	北京中关村大街 31 号	**邮政编码** 100080
电 话	010 - 62511242（总编室）	010 - 62511770（质管部）
	010 - 82501766（邮购部）	010 - 62514148（门市部）
	010 - 62515195（发行公司）	010 - 62515275（盗版举报）
网 址	http://www.crup.com.cn	
	http://www.ttrnet.com（人大教研网）	
经 销	新华书店	
印 刷	三河市汇鑫印务有限公司	
规 格	215 mm×275 mm 16 开本	**版 次** 2015 年 1 月第 1 版
印 张	16.5 插页 2	**印 次** 2015 年 1 月第 1 次印刷
字 数	316 000	**定 价** 45.00 元

出教材学术精品　育人文社科英才

中国人民大学出版社读者信息反馈表

尊敬的读者：

　　感谢您购买和使用中国人民大学出版社的＿＿＿＿＿＿＿＿＿一书，我们希望通过这张小小的反馈卡来获得您更多的建议和意见，以改进我们的工作，加强我们双方的沟通和联系。我们期待着能为更多的读者提供更多的好书。

　　请您填妥下表后，寄回或传真回复我们，对您的支持我们不胜感激！

1. 您是从何种途径得知本书的：

　　❏ 书店　❏ 网上　❏ 报刊　❏ 朋友推荐

2. 您为什么决定购买本书：

　　❏ 工作需要　❏ 学习参考　❏ 对本书主题感兴趣

　　❏ 随便翻翻

3. 您对本书内容的评价是：

　　❏ 很好　❏ 好　❏ 一般　❏ 差　❏ 很差

4. 您在阅读本书的过程中有没有发现明显的专业及编校错误，如果有，它们是：＿＿＿＿＿＿＿

＿＿

＿＿

＿＿

5. 您对哪些专业的图书信息比较感兴趣：＿＿＿＿＿＿＿＿＿＿＿＿＿＿＿＿＿＿＿＿＿＿＿＿

＿＿

＿＿

6. 如果方便，请提供您的个人信息，以便于我们和您联系（您的个人资料我们将严格保密）：

　　您供职的单位：＿＿＿＿＿＿＿＿＿＿＿＿＿＿＿＿＿＿＿＿＿＿＿＿＿＿＿＿＿＿＿＿＿＿

　　您教授的课程（教师填写）：＿＿＿＿＿＿＿＿＿＿＿＿＿＿＿＿＿＿＿＿＿＿＿＿＿＿＿＿

　　您的通信地址：＿＿＿＿＿＿＿＿＿＿＿＿＿＿＿＿＿＿＿＿＿＿＿＿＿＿＿＿＿＿＿＿＿＿

　　您的电子邮箱：＿＿＿＿＿＿＿＿＿＿＿＿＿＿＿＿＿＿＿＿＿＿＿＿＿＿＿＿＿＿＿＿＿＿

请联系我们：

电话：62515637

传真：62510454

E-mail：gonghx@crup.com.cn

通讯地址：北京市海淀区中关村大街 31 号　　100080

中国人民大学出版社人文出版分社